학교 글쓰기의 민주주의

호모
스쿨
라이터스

학교 글쓰기의 민주주의

호모
스쿨
라이터스

초판 1쇄 인쇄 2022년 5월 11일
초판 1쇄 발행 2022년 5월 18일

글쓴이 정은균
펴낸이 김승희
펴낸곳 도서출판 살림터

기획 정광일
편집 조현주·송승호
북디자인 꼬리별

인쇄·제본 (주)신화프린팅
종이 (주)명동지류

주소 서울시 양천구 목동동로 293, 2215-1호
전화 02-3141-6553
팩스 02-3141-6555
출판등록 2008년 3월 18일 제313-1990-12호
이메일 gwang80@hanmail.net
블로그 http://blog.naver.com/dkffk1020

ISBN 979-11-5930-225-1 03700

학교 글쓰기의
민주주의

호모
스쿨
라이터스

정은균 씀

머리말

이 책은 글쓰기에 관한 책이면서 글쓰기에 관한 책이 아니다. 제목에 글쓰기라는 말이 담겨 있고, 본문에서 글을 왜 쓰고 어떻게 쓸 것인가에 관한 내용이 다뤄지고 있으니 글쓰기 책이라고 할 수 있다. 그런데이 책에는 글쓰기에 관한 이론이나 실제 글쓰기 사례같이 일반적인 글쓰기 책에 나오는 내용이 별로 없다. 이런 내용을 기대하는 독자에게 이책은 글쓰기 책으로 보이지 않을 것이다.

나는 이 책을 2년여에 걸쳐 썼다. 처음에는 학교 글쓰기의 가나다를쓰고 싶었다. 학교에는 학교생활기록부(생기부)를 작성하는 학기 말이나 학년 말 즈음에 교사들이 문장 하나를 놓고 씨름을 하는 풍경이 곳곳에서 펼쳐진다. 학생의 행동 특성을 정리하는 짧은 글 한 편을 쓰다가머리를 쥐어뜯는 동료를 보면 동병상련이 인다. 그때마다 논문 작성이나자기소개서를 쓰는 데 도움을 주는 안내서처럼 학교 글쓰기의 실제 방법과 절차를 하나하나 설명하는 책을 써서 글쓰기 자체를 힘들어하는교사들에게 도움을 주고 싶다는 생각이 들었다.

글 몇 편을 써서 인터넷 개인 누리집에 올리면서 생각을 바꾸었다. 글을 쓰는 데 도움이 되는 팁들을 세세하게 설명해 놓은 개성 넘치는 글쓰기 책이 차고 넘친다. 오프라인 서점에 가면 전용 코너가 마련되어 있을 정도다. 이런 현실에서 기존의 글쓰기 책과 별로 다르지 않은 책을 내는 일이 어떤 의미가 있을까 싶었다. 조그만 책 몇 권 낸 게 전부인 변방의 교사가 글쓰기 책을 낸다는 것도 민망했다.

아리스토텔레스B.C.384~B.C.322의 《니코마코스 윤리학》에는 행복을 재미있게 논증하는 대목이 있다. 아리스토텔레스는 행복을 본격적으로 살펴보기 앞서 행복의 "제1원리에서 출발하는" 논의와 행복의 "제1원리를 향해 나아가는" 논의를 구별했다. 아리스토텔레스는 우리에게 제1원리라고 알려진 것들에서 출발하는 논증 방식을 선택했다. 알려진 것들은 둘 중 하나다. 알려진 것이거나 무조건 알려진 것. 이것들을 듣고 제대로 이해하려면 좋은 습관 속에서 자라야 한다. 좋은 습관 속에서 자란 사람은 이미 제1원리를 가지고 있거나, 쉽게 가질 수 있다.

'제1원리' 자리에 글쓰기를 넣어 보자. 글쓰기의 가나다를 하나하나 짚으면서 설명하는 일반적인 글쓰기 책은 좋은 글쓰기에서 출발하는 방식이다. 좋은 글이라고 알려져 있거나 무조건 알려진 것을 정의하고, 그것들을 분석하다 보면 좋은 글쓰기를 규정해 설명할 수 있다. 평소 글을 쓰는 습관이 있는 사람은 좋고 훌륭한 글의 개념이나 원칙을 알고 있거나 손쉽게 깨닫는다. 그런 사람은 굳이 글쓰기 책을 읽을 필요가 없을 것이다.

이 책을 쓰면서 적용한 방식은 아리스토텔레스가 취한 입장과 정반대의 것이다. 나는 이미 알려진 좋은 글쓰기에서 출발하지 않고 미지의 좋은 글쓰기를 향해 나아가는 방식에 초점을 맞추었다. 좋은 글을 정의하는 관점은 사람마다 다르고, 좋은 글쓰기 역시 글을 쓰는 목적과 방법에 따라 달라진다. 좋은 글, 훌륭한 글쓰기는 그것이 이루어지는 장소, 배경, 맥락의 영향에 따라 다양하게 실현될 수 있으므로 한두 마디로 규정하기 어렵다.

교사는 좋은 글을 쓰면서 학교교육의 질과 수준을 높이는 데 도움을 받을 수 있다. 교사들 각자가 어떤 교육철학이나 교육 활동을 중시하느냐에 따라 좋은 글, 훌륭한 글쓰기를 보는 시선이 달라진다. 그래서 좋은 글과 훌륭한 글쓰기를 먼저 정의하고 거기에서 출발하는 방식이 아니라 글을 쓰고자 할 때 고민하고 실천하면 좋은 것들이 무엇인지 생각하면서 좋은 글과 훌륭한 글쓰기를 향해 나아가는 방식으로 글을 썼다.

더 본질적인 측면도 고민했다. 글은 왜 있고, 우리는 무엇 때문에 글을 쓰는가. 사람들은 글이 매우 특별한 존재라고 생각한다. 신이 문자를 내려 주었다는 식으로 설명되는 문자의 신화적 기원설, 역사적으로 글이나 텍스트가 갖는 신성한 권위 같은 것들이 이런 관점을 뒷받침한다. 사람들은 글이란 모름지기 그것을 쓰는 감각과 능력을 제대로 갖춘 사람만이 쓰는 것이라고 여긴다.

그러나 문명사회를 살아가는 현대인 대부분은 거의 날마다 메모하고 기록하면서 산다. 문자를 다루고 글을 쓰는 일은 호모Homo 종에 속하는 우리 인류가 두 발로 걷고 말을 하고 도구를 만들어 사용하는 것과 비슷하게 보인다. 만약 글쓰기가 인간됨을 뒷받침하는 필수 증표라면 글 자체의 성격이나 글쓰기관을 근본적으로 바꾸어야 한다. 그런 생각에 이르렀을 때쯤 머리에 어떤 단어가 떠올랐다. 호모 스쿨 라이터스Homo

School Writers, '학교에서 글을 쓰는 사람'이었다.

학교에서 글을 쓰는 사람은 소수다. 교사들은 매일 길고 짧은 글을 쓰지만, 그들의 글과 글쓰기는 똑같지 않다. 어떤 교사는 글쓰기를 하고, 어떤 교사는 글짓기를 한다. 어떤 교사는 문서 편집 작업처럼 보이는 일을 한다. 이 모두를 글쓰기라고 부를 수 있을까. 글짓기와 문서 편집 작업을 글쓰기와 똑같이 간주하기는 힘들다. 글을 쓰는 것도 쓰기 나름이다. 모두가 글을 다루지만 더 나은 글이 목표여야 한다. 그렇게 생각을 조금 더 해 보니 교사들이 쓰는 글과 학교의 글쓰기 문화를 통해 학교 글쓰기의 민주주의 문제까지 짚을 수 있을 것 같았다.

가능성과 한계가 함께 존재했다. 교육청 같은 행정기관에서 '○○ 운영 계획' 같은 제목으로 내놓는 공용 문서들이 있다. 이 문서들에는 대개 인간적인 냄새를 맡기 힘든 건조한 행정 용어들이 개조문 형식으로 나열돼 있다. 이들 문서를 몇 쪽 읽고 있으면 온몸이 황량해지는 느낌이 들고 머리가 지끈거린다. 행정기관에서 공문서를 작성하면서 수필체를 구사할 수는 없으니 그런 메마른 글을 쓸 수밖에 없는 사정을 이해 못 할 까닭이 없다. 그러면서도 의문이 든다. 개조식 문장이 우리를 비인간화나 탈인간화의 길로 이끄는 게 아닐까.

언젠가 인터넷에서 1980년 5·18 광주민주화운동에 관한 다큐멘터리 프로그램을 검색해 시청하다가 당시 공수부대 소속 군인들이 작성한 '상황 일지'를 보여 주는 장면에서 한참 동안 멈춰 섰던 일이 기억난다. 속으로 생각해 보았다. 일지를 작성한 군인은 사망자 수, 시위 현장 상황, 진압 대책 관련 내용 들을 어떤 감정 속에서 적었을까. 눈앞에 펼쳐진 사태의 진실을 고민하고 밝히려는 생각이 얼마라도 있었을까. 정치적인 격동의 현장에서 상황 일지를 작성하는 것은 단순한 사실들의 메모가 아니라 비극적인 역사의 현장을 서술하는 일에 가깝다. 엄중한 일이다. 그 군인은 펜을 쥔 손을 함부로 놀려서는 안 되겠다는 생각을 한 번이라도 해 보았을까.

교무실에서 행정 처리 업무를 하다 보면 어느 순간 기분이 이상해질 때가 있다. 1년 내내 교실에서 함께 지낸 학생들의 성품과 태도와 역량을 상투적인 단어와 문장 몇 개로 규정할 수 있다는 듯이 컴퓨터 앞에 앉아 타자 작업을 하고, 여러 사람이 서로 투닥거리며 힘들게 진행한 부끄러운 일을, 갈등과 부끄러움을 모르는 몇 개의 단어와 숫자로 공문에 기입해 넣으면서 성과처럼 활용한다. 타자 작업은 영혼이 없고 공문에 숫자를 채우는 일은 별다른 감정을 필요로 하지 않는다.

나는 기계처럼 키보드 자판을 누르는 내 모습이 낯설다. 단어와 문장들은 가슴속 생각의 저장고가 아니라 손가락 끝에 웅크려 있다가 출력 명령을 받고 자동적으로 튀어나오는 것 같다. 기계가 만들어 낸 것 같은 매끈한 언어들. 그것들은 온기가 없다. 사람 냄새가 나지 않는다. 그때 나는 하나의 언어 기계, 더 냉소적으로 표현하면 학교 관료주의 시스템의 최말단 부품이나 교육행정의 최하수인이 된다. 누가 기계나 시스템의 부품처럼 살라고 강요하지 않았지만 나도 모르게 그렇게 되었다.

독자 중 일부는 문서 편집이나 공문 작성을 중심으로 하는 '작업(또는 노동)'과 일반적인 글쓰기를 구별해야 하지 않느냐고 반문할 수 있다. 사실 내가 기계처럼 수행하는 그 일은 글쓰기라기보다 작업이나 노동에 가깝다. 글을 쓰게 되는 배경, 실제 글을 쓰는 과정과 절차와 방법이 일반적인 글쓰기와 다를 수 있기 때문이다.

그러나 학교는 물건을 찍어 내거나 제작하는 공장이 아니며, 교육은 작업이 아니다. 공문서나 보고서라도 기계의 차가운 기운 대신 사람의 따뜻한 숨결이 담기면 더 좋다. 나는 교육에 대해 이야기하는 교사가 기계적인 작업이 아니라 글쓰기를 하기를 소망한다. 작업처럼 보이는 일을 하더라도 사람을 먼저 생각하는 글쓰기 태도를 잊지 말았으면 좋겠다. 학교 글쓰기의 가나다가 있다면 이런 일을 가능하게 하는 내용으로 채워져야 할 것이다.

1장은 "왜 쓰는가"에 관한 생각들을 담고 있다. 학교는 행정기관이 아니라 교육기관이며, 교사는 행정가이기 전에 교육자다. 교육이라는 말은 학교와 교사가 어떤 상황에서도 놓쳐서는 안 되는 절대 원칙이나 기준이다. 글쓰기는 학교와 교사로 하여금 교육을 끝까지 가슴에 안게 하는 중요한 방책 중 하나다. 학교 민주주의에 이르는 길 또한 여기서 찾을 수 있다. 오늘날 학교에서 이루어지는 글쓰기 문화와 교사들이 글을 쓸 때 유념해야 하는 학교교육의 현실을 짚으면서 새로운 글쓰기를 해야 하는 이유를 살펴보았다.

2장에서 다루는 주제는 "무엇을 쓰는가"다. 책 부제인 "학교 글쓰기의 민주주의"라는 표현은 글쓰기의 개인성과 공공성을 모두 함의한다. 민주주의는 개개 인민people의 통치를 바탕으로 유지되는 정치 체제다. 민주주의의 힘은 집단으로서의 추상적인 인민들peoples이 아니라 수많은 '한 사람', 개인individual에게서 나온다. 개인이 공공의 것인 언어를 통해 세계에 동참할 수 있는 가장 민주적인 통로가 글쓰기다. 이러한 원칙에 유념하면서 '나'와 '우리'를 중요한 열쇳말로 삼아 교사가 글에 담았으면 하는 학교 글쓰기의 내용과 주제들을 짚어 보았다.

3장에서는 "어떻게 쓰는가"의 문제, 곧 교사의 글쓰기와 학교 글쓰기의 방법을 다루었다. 어떻게 쓰는가 하는 문제는 글쓰기 방법뿐 아니라 글의 형식이나 표현과 관련된다. 일반적인 글쓰기 책에서처럼 실용적이고 실제적인 글쓰기 팁을 세세하게 다루거나 하지는 않았지만, 이 책에서 상대적으로 실용적인 내용을 보기를 기대하는 독자라면 3장에 눈길을 주는 것이 좋을 것이다. 3장에 실린 글들은 글쓰기 방법론 자체가 아니라 글쓰기 방법론이 전제해야 하는 기본 방향을 살핀 쪽에 가깝다.

4장은 글쓰기를 실천에 옮기는 데 도움을 받을 만한 내용으로 구성돼 있다. 우리나라 중·고등학교의 작문 교과서에는 다독多讀, 다작多作, 다상량多商量이라는 유명한 글쓰기 3원칙이 실려 있다. 많이 읽고 많이 쓰고 많이 생각하라. 나는 4장에서 다섯 꼭지의 글들을 글쓰기 3원칙인 다독('책 읽기에서 글쓰기로'), 다작('밤의 책상', '교육의 정부'), 다상량('언어는 힘이 세다', '1인 연구자')을 구성 기준으로 삼아 그것들을 순차적으로 배치하고, 각 원칙을 뒷받침하는 근거, 경험, 사례 들을 제시하려고 했다.

사람들은 글을 쓰는 사람이 어떤 운명 같은 힘에 이끌려 글을 쓴다고 말한다. 글쓰기에 관한 일반적인 관점은 소수의 사람이 특별한 이야기를 남기고 싶을 때 하는 일이라는 것이다. 그들은 사람마다 글쓰기 재능이나 감각을 타고나기 때문에 그것이 특별하지 않은 사람이 함부로 글을 써서는 안 된다고 본다. 그들은 누구나 글을 쓸 수 있다고 생각하지 않는다. 아무나 글을 써서는 안 된다고 믿는다.

내 생각은 다르다. 우리는 각자의 글쓰기를 실천하면서 진정한 민주주의자로 성장할 수 있다. 나는 이 책을 쓰면서 글쓰기의 민주주의, 또는 민주주의의 글쓰기를 잊지 않으려고 했다. 누구나 할 수 있고 아무나 할 수 있는 글쓰기가 글쓰기의 민주주의다. 글쓰기의 민주주의가 이루어질 때 비로소 우리 삶을 더 깊고 넓게 하는 민주주의의 글쓰기가 완성된다. 이 책이 그 일에 조그만 도움이 되었으면 한다.

차례

들어가며

　학교는 공공의 공간이다. 글쓰기는 공적인 행위다. 교사가 교무수첩
에 교직원 회의 내용을 메모하는 일, 생기부의 과목별 세부 능력 및 특
기 사항 칸에 학생 개인의 교육 경험을 간추려 입력하는 일, 사회 관계
망 서비스SNS에 학교 이야기를 올리는 일은 모두 공적 행위의 범주 안
에서 이루어지는 것들이다. 학교 글쓰기는 공적인 성격의 일이다.
　우리는 직관적으로 공적 공간, 공적 행위, 공동의 것, 공적 영역과, 사
적 공간, 사적 행위, 사사로운 것, 사적 영역을 구별한다. 학교 글쓰기는
교사 개인의 손안에서 이루어지는 행위이므로 사적 범주에 속하는 유
형처럼 보인다. 그런데 학교에서 글쓰기 경험을 제공하는 토대는 공동의
것이다. 교사가 학교에서 하는 경험은 개인의 것처럼 보이지만 따로 숨
겨 두거나 사사로이 전용할 수 있는 사적 소유물이 아니다.
　공적인 것과 사적인 것을 늘 명확하게 구별할 수 있는 것은 아니다.
어떤 사람이 공적인 공간에 있으면서 사적인 영역에 있을 때처럼 행동
하는 것은 문제라고 한다. 무엇이 사적인 영역에서 하는 행동인가. 수업

---

1. 다음부터 '에스엔에스'로 표기한다.

이라는 공적 시간을 교실이라는 공적 공간에서 실시해야 하는 교사가 사적인 시간과 공간에 어울리는 심리 상태를 취한다고 하자. 무엇이 사적인 시공간에 어울리는 심리인가.

　나는 책 읽기 수업을 즐겨 한다. 책을 펼쳐 들고 교실 중간에 선다. 자리에 앉아 서로 장난치고 떠들던 학생들이 눈짓을 주고받는다. 책을 읽기 시작하면 교실 분위기가 천천히 조용해진다. 여전히 엎드려 자거나 다른 일에 몰두해 있는 학생들이 있지만 신경 쓰지 않는다. 나는 목소리에 진지한 기운을 담아 분위기를 한껏 살리면서 책을 읽는다. 엎드려 잠을 자던 학생이 고개를 들고 나를 바라본다. 다른 학생이 하던 일을 멈추고 한참 동안 쳐다본다.

　여느 수업 때와 다른 무언가가 공기 중에 퍼진다. 여백의 시간과 침묵의 공간 사이에 절제와 배려가 조용히 가라앉아 숨을 쉬고 있는 것 같다. 나는 학생들의 눈빛이 여느 때와 다르다는 걸 직감한다. 그 안에는 조그만 깨달음, 다른 세상과 사람에 대한 호기심, 평소 거의 떠올리지 않았던 상상의 세계, 알 수 없는 뜨거운 마음 같은 것들이 섞여 있다.

　교실에서 책을 읽다 보면 말로 설명하기 힘든 순간이 종종 찾아온다. 보이지 않는 영감과 불가해한 통찰의 느낌이 온몸을 감싸고 돈다. 감정과 의식이 고양되면, 나는 목소리를 더 높이거나 낮추고, 어조를 뚜렷이 하기 위해 단어들을 또박또박 끊어 읽는다. 사이사이 학생들과 눈빛을 마주친다. 누군가 종이 위에 사각거리며 내는 연필 소리와, 책장 넘기는 소리가 오롯이 들려온다. 엎드려 자는 학생의 고요한 숨소리마저 들려오는 듯하다. 어느덧 수업의 끝을 알리는 종소리가 울린다.

내 책 읽기 수업은 누구 것일까. 나는 내 수업 방식을 스스로 결정했고, 내 마음은 교실 분위기에 맞춰 자유롭게 흘러갔다. 책을 읽으면서 내가 취한 태도, 표정과 말투는 공적인 것인가 사적인 것인가. 학생들은 교실이라는 공적인 공간에서 수업이라는 공동의 시간을 보내면서 공적인 행위에 참여한 것이라고 말할 수 있다. 그런데 수업 시간에 홀로 머릿속 상상의 세계를 여행하는 학생은 사적인 시간을 보낸 것이 아닌가.

사적인 것과 공적인 것은 한데 섞여 있다. 사적 영역에서 사사로운 행동을 하고 생각을 하는 주체가 그대로 공적 영역의 행위자로 생활한다. 사적 공간에서 살아가는 사람들의 욕망과 심리가 공적 공간의 제도와 시스템에 영향을 준다. 우리는 어떤 사람이 공적인 일을 하면서 사적인 힘에 이끌리는 경우를 자주 목격한다.

보통 공公과 사私는 엄격하게 구별되면서 상호 대립적으로 쓰인다. '公'은 '八(팔)'과 'ㅿ(사=私)'가 결합된 글자다. '八'은 어떤 대상을 둘로 나눈다는 뜻이 있는 글자다. 사사로운 것, 개인적인 것, 사유재산 같은 의미가 있다. 칼刀을 써서 두 쪽으로 나눈다는 의미가 있는 '分(분)'의 '八'과 같다. 'ㅿ'의 자원字原은 어떤 사람이 자기 마음대로 땅에 그린 둥그런 경계선이다. 자기 소유임을 나타낸다. 갑골문이나 금석문을 보면 'ㅿ'가 동그라미에 가까운 모양으로 되어 있다.

'八'과 'ㅿ'의 어원을 함께 풀이하면 '公'에는 사사로운 것, 개인적인 것, 사유재산 같은 것을 쪼개거나 나눈다는 뜻이 있다는 것을 알 수 있다. 그래서 '公'은 한 사람이 아니라 여러 사람과 관계되는 것, 특정 개인에게 치우치지 않고 공정하고 공평하게 나누는 것 등의 의미로 쓰이게 되었다.

'私'는 '禾(화)'와 'ㄥ'로 이루어진 글자다. '禾'는 '벼, 곡식'이다. 'ㄥ'는 '公'의 하단에 있는 'ㄥ'와 동일하다. 'ㄥ'만으로 '私'의 의미를 포괄할 수 있다. 그래서 '私'의 옛 글자로 'ㄥ'만 쓰기도 했다. '禾'는 근본적인 의미가 'ㄥ'와 대동소이하므로 불필요해 보인다. 그런데 '禾'를 후대에 덧붙인 까닭은 농경 사회에서 사적 소유물을 대표하는 곡식을 첨가해 의미를 더 분명히 드러내려는 의도에서였을 것이다.

나는 '公'과 '私'에서 경계 허물기[公]와 경계 나누기[私]라는 함축적 의미를 읽는다. 몇 가지 의문이 있다. 나와 이웃, 내 것과 남의 것 사이를 가르는 경계선이 무엇이고, 우리는 그것을 어떻게 받아들여야 할까. 공과 사의 선후 관계는 어떠한가. 처음에 경계선이 먼저 있었다가 사회와 정치가 생기면서 경계선을 허무는 공의 세계가 펼쳐졌을까, 아니면 처음부터 경계선이 없는 공적 상태로 시작했다가 경계선을 가르는 의식, 제도, 문화에 힘입어 사적 영역이 만들어졌을까.

몇 년 전 한나 아렌트[1906~1975]의 책 《인간의 조건》을 읽다가 공적public, 공론 영역, 공통적인 것과 사적private, 사적 영역, 소유에 대해 자세하게 이야기한 대목을 인상적으로 본 기억이 떠올랐다.[2] 아렌트는 '공적'이라는 말을 이렇게 규정했다. 첫째, 누구나 볼 수 있고 누구나 들을 수 있으며, 가능한 가장 폭넓은 공공성을 갖는다. 둘째, 우리 모두에게 공동의 것이자, 각자의 사적인 소유지와 구별되는 세계 그 자체다.

한나 아렌트에 따르면 세계는 언젠가 죽을 운명인 인간들의 수명을

---

2. 공적인 것, 사적인 것에 관한 내용은 한나 아렌트 씀, 이진우 외 옮김(1996), 《인간의 조건》, 한길사, 102~105쪽을 참고해 정리했다.

초월한다. 세계는 우리가 오기 전에 이미 있었다. 우리는 거기서 잠깐 체류할 뿐이지만 세계는 영원히 이어진다. 우리는 동시대인과 우리 선조와 후세와 함께 세계를 공유한다. 공동 세계, 공적 공간, 공론 영역은 우리가 태어나 나이 들며 살다가 죽어서 뒤에 남겨 두는 무엇이다.

공동 세계는 공통적인 것이나 함께함에 주목한다. 공동의 것들은 단일성이나 획일성을 특징으로 한다. 조직이나 공동체는 일심동체나 가족 같은 분위기를 강조한다. 아렌트의 관점은 조금 다르다. 공론 영역은 수없이 다양한 측면과 관점이 동시에 존재한다는 사실에 기초해 실재한다. 한 사람은 자기 위치와 입장에서 다른 사람을 바라보며, 다른 사람은 다른 위치와 입장에서 그 사람을 바라본다. 이것이 공론 영역에서 이루어지는 공적인 삶이다.

다양성이 공동 세계를 가능하게 하는 중요한 조건이라는 아렌트의 관점은 통념에 비춰 볼 때 낯설다. 공동 세계의 다양성 조건을 간과하거나 무시하면 역설적인 상황이 펼쳐진다. 사회에서 사람들이 갑작스럽게 한 가족의 구성원처럼 행동하는 상황을 상상해 보자. 사람들이 각자 자기 이웃의 관점을 확대하거나 연장하는 식으로 하면서 똑같이 행동하는 것이다. 그들은 완전히 사적인 존재가 된다. 그들은 타인을 보거나 듣지 못하며, 타인 역시 마찬가지다. 그들은 자기만의 고유한 경험의 주관성에 갇혀 있다. 아렌트는 이렇게 말했다. "공동 세계는 단지 한 측면에서만 보여지고 단지 한 관점만을 취해야 할 때 끝이 난다." 공동 세계의 역설이다.

사적인 것private은 '박탈된', '빼앗긴'이라는 의미가 있다. 완전히 사적인 생활을 한다는 것은 진정한 삶을 살고자 하는 인간에게서 필수적인 것들을 빼앗았다는 뜻이다. 첫째, 현실성의 박탈이다. 타인이 그를 보거나 듣지 않기 때문이다. 둘째, '객관적' 관계의 박탈이다. 공동 세계를 중재 삼아 타인과 관계를 맺거나 타인과 분리되는 경험을 하지 못하기 때문이다. 셋째, 삶 그 자체보다 더 영속적인 어떤 것을 성취할 수 있는 가능성의 박탈이다. 사적 생활의 박탈성은 타인의 부재에서 생겨난다. 우리는 타인 사이에서 타인과 관계를 맺으며 산다. 타인에게 관심을 갖는 한 사적 인간은 만들어질 수 없다.

내가 이 책에서 강조하고 싶은 가장 중요한 메시지는 '나'에서 시작해 '우리'로 향하는 글쓰기다. '나'는 홀로 존재할 때 사적인 주체가 된다. 그런 '나'는 세상에 없다. 모든 '나'는 '우리'를 향하면서 '우리'에 포함되며, '우리'를 전제로 존재한다. 온전히 사적인 '나', 곧 사적인 소유를 뜻하는 동그라미의 경계선 안에 있으면서 '현실성'과 타인과 맺는 '객관적 관계'와 영원한 것을 성취할 수 있는 '가능성'을 박탈당한 '나'가 존재하고 무엇인가를 행한다면, 그와 그의 행위는 아렌트의 생각을 빌리면 타인에게 아무 의미나 중요성이 없는 존재이자 행위다.

나는 학교의 핵심 가치가 무엇이고, 교육의 개념을 정의하는 의미 요소들의 우선순위를 어떻게 해야 하는지 확실하게 말하지 못하겠다. 그러나 교사는 공공의 일을 하는 사람이며, 공적인 책임과 위상을 스스로 짊어져야 한다는 사실만은 힘주어 말하고 싶다. 더 중요한 것은 교사 각자가 자기의 고유한 감정, 생각, 경험을 잃지 않는 일이다. '우리' 속에서 '나'로 사는 교사들이 책을 읽고 글쓰기의 민주주의를 실천하며 살 때 학교교육의 주인공이 될 수 있을 것이다.

글을 쓰지 않으면
죽을 것 같았다

좋은 산문은 유리창과 같다.
나는 내가 글을 쓰는 동기들 중에
어떤 게 가장 강한 것이라고 확실히 말할 수 없다.
하지만 어떤 게 가장 따를 만한 것인지는 안다.
내 작업들을 돌이켜 보건대 내가 맥없는 책들을 쓰고,
현란한 구절이나 의미 없는 문장이나
장식적인 형용사나 허튼소리에 현혹되었을 때는
어김없이 '정치적' 목적이 결여되어 있던 때였다.

_조지 오웰, 《나는 왜 쓰는가》

2012년 12월 19일

노무현 전 대통령은 임기 말 최악의 지지율을 찍고 경남 김해에 있는 고향 마을 봉하로 돌아갔다. 노 전 대통령의 뒷모습은 쓸쓸했다. 2008년 봄이었다. 노 전 대통령은 평범한 일상을 보냈다. 동네 사람들과 구멍가게에서 막걸리를 나눠 마시고, 허름한 간이의자에 앉아 담배를 피우는 노 전 대통령의 모습이 일부 언론을 통해 보도되었다. 전직 국가수반이자 최고 통치자가 보내는 소박한 일상이, 시인 신동엽이 〈산문시 1〉에서 묘사한 북구 어느 나라 대통령의 이미지처럼 다가왔다.

이상한 일이었다. 그럴수록 앞으로 펼쳐질 날들이 두려웠다. 그해 2월 출범한 이명박 정부는 노 전 대통령이 이끄는 참여정부와 정치적 성향이 크게 달랐다. 이명박 정부를 지지하지 않는 사람들 사이에 흉흉한 이야기들이 오갔다. 나는 참여정부가 성공한 정부로 자리매김하기를 바라는 사람들 중 하나였다. 그래서 새 정부가 출범한 이후 사람들 사이에 오가는 음울한 이야기들을 한 귀로 흘려듣기 어려웠다. 그럴 이유가 없었지만, 정체 모를 두려움이 날마다 커 가면서 나를 괴롭혔다.

그 직전 해인 2007년 2월 대학원 박사 과정을 졸업했다. 그해를 지나면 박사 학위 논문 제출 시한을 넘기게 되는 상황이었다. 나는 최종 마감 시한 안에 논문을 써서 대학원에서 탈출하고 싶었다. 전공 책과 논문 읽기, 학술적인 논문 쓰기에 집중했다. 시간이 흐를수록 머리가 굳어지고 가슴이 비어 가는 것 같았다. 넓고 깊은 늪에서 빠져나와야 했다.

2008년 3월 새 학기가 시작되었다. 나는 좌우 길이가 30센티미터가 넘는 큰 독서대와 연분홍 진달래 꽃잎이 새겨진 도기 찻잔을 구입했다. 책을 읽고 차를 마시면서 그때까지와는 다른 색깔의 시간을 보내고 싶었다. 나는 수업과 수업 사이 시간이 날 때마다 독서대로 눈길을 돌렸다. 《두보 평전》이 맨 처음 독서대에 올랐다.

두보712~770는 난세의 문학가였다. 어지러운 세상에서 불우한 삶을 살면서 세상을 냉철하게 보는 눈을 잃지 않으려고 했다. 어두운 현실을 시 속에 한 자 한 자 새겨 넣으면서 삶을 향한 따뜻한 마음을 잃지 않았다. 두보처럼 차가운 머리와 뜨거운 가슴으로 세상과 사람 이야기를 글로 쓸 수 있지 않을까. 그런 생각을 하면서 '시성詩聖'에게 감정이입을 했다.

그 뒤 인문 고전 분야의 교양서와 문학류 책들을 닥치는 대로 구해 읽었다. 황견의 《고문진보》와 레비스트로스의 《슬픈 열대》, 함석헌1901~1989이 주석을 단 《바가바드 기타》 같은 책들이 《두보 평전》 뒤쪽에서 독서대에 오를 순서를 기다렸다. 책 읽기에 영혼을 온전히 바치지는 않았으나, 두툼한 책들을 한 권씩 읽어 나갈 때마다 세계와 인간을 보는 눈이 넓어지는 것 같았다.

그즈음 검은색 인조 가죽으로 표지를 장정한 고급 공책 한 권을 일기장용으로 구했다. 2008년 3월 13일이 일기장 첫 장에 적힌 일자였다. 거창한 뜻이 있지는 않았다. 일상의 사소한 일들을 기록하면서 스스로를 돌아보자는, 일기 쓰기의 교과서적인 의미를 염두에 둔 것도 아니었다.

대형 재벌 회사 사업가 출신의 대통령 이명박은 도덕성, 지적 역량, 공감력, 지도력 등 어느 것 하나 마음에 차지 않는 정치인이었다. 그런 사람이 대통령이 되자 정치적 허무감이 크게 밀려왔다. 일기 쓰기는 그런 마음을 조용히 달래고 싶은 마음에서 비롯되었다.

그전에는 교무수첩을 일기장이나 비망록처럼 사용했다. 기억하고 싶은 일을 짧막한 메모 형식으로 기록하려고 했지만 학교 일정이나 처리해야 할 행정 업무 사항들이 더 자주 적혔다. 교무수첩은 신변잡기 기록용으로 그다지 적당하지 않은 것 같았다. 어떤 일을 간단히 메모하는 데만도 줄칸 분량이 모자랐다. 일기를 길게 써야겠다고 생각하는 날들이 점점 더 많아졌다. 곧장 학교 매점에 가 공책을 샀다.

돌이켜 보면 충동적으로 시작한 일처럼 보인다. 애써 외면하고 싶었던 정치적 상황이 나를 일기 쓰기로 이끌었지만 일기를 쓰면서 정치적인 이야기를 담아내는 일이 쉽지 않았다. 정치를 이야기하기에는 시끌벅적한 광장이나 여러 사람이 둘러앉은 자리가 더 어울렸다. 검은색 일기 공책에 일기가 적히는 날이 점점 줄어 갔다. 교무수첩이 그랬던 것처럼 일기 공책도 신변잡기를 간략하게 기록하는 메모장처럼 변해 갔다.

2012년 12월 20일 '독재자의 딸' 박근혜 씨가 제18대 대통령에 당선되었다. 나는 그날 일기에 "좌절해서도 안 되겠다"라며 이렇게 썼다.

앞으로 다가올 5년을 가슴 떨며 기다린다. 대한민국이, 대한민국 국민들이 무섭다. 두렵다. 대통령이 세상을 바꾸는 건 아니지만 그 힘이 얼마나 큰가? 노예가 되어서는 안 되겠다. 좌절해서도 안 되겠다. 가슴속의 신념을 잃지 말아야겠다. 꺼져 가

는 열정의 불씨를 되살려 활활 타오르도록 해야겠다.[3]

국어 선어말어미 '-겠-'은 미래 시제를 나타내면서 계획이나 바람 같은 의미를 담고 있는 문법 요소다. 나는 이 말을 거듭 쓰면서 단순한 시제나 소망이 아니라 강한 의지를 표현하려고 했다. 실제로 '-겠-'을 거듭 쓰지 않으면 안 되는 일들이 연달아 일어났다. 그 일들은 2012년 12월 20일의 일이 눈앞에 펼쳐지기 한참 전부터 찾아왔다.

교직에 들어선 직후부터 전국교직원노동조합(전교조)에 가입해 꾸준히 노동조합 활동을 했다. 2009년 어느 날이었다. 동료 교사 둘이 각각 아침 등교 직후와 퇴근 직전에 나를 찾았다. 그들은 내게 전교조를 탈퇴하기로 했다고 일방적으로 통보를 하고 갔다. 당시 나는 학교에서 조합원 교사들을 대표해 분회장 일을 맡고 있었다. 분회장이 무능하고 비호감형이어서 조합에서 이탈하는 것이 아닐까. 그런 생각이 들자 부끄러움이 밀려왔다. 마음이 아팠다. 앞으로 펼쳐질지 모를 암울한 상황들이 떠올라 두려웠다.

나는 제18대 대통령 선거 투표일이었던 2012년 12월 19일과 최종 개표 결과가 발표된 12월 20일을 앞으로도 내 삶에서 특별한 날로 기억할 것 같다. 나는 대통령 선거 당일 저녁을 일찌감치 챙겨 먹고 책상 앞에 앉아 책을 뒤적였다. 일부러 무심히 보내려는 마음에서였으나 뜻대로 되지 않았다.

사이사이 인터넷 포털 사이트에 들어가 개표 장면을 전하는 기사들

---

3. 2012년 12월 20일에 쓴 일기 일부다.

을 훑어보았다. 언론사 네 곳에서 진행해 발표한 출구 조사 결과는 문재인 민주당 후보와 박근혜 새누리당 후보가 각각 두 곳에서 우세한 것으로 나왔다. 표면적으로 무승부였지만, 나는 문재인 후보의 패배를 직감했다. 선거 운동 기간 중의 여론 분위기와 여론 조사 결과, 정치 세력들 간의 구도 때문이었다.

내 예상대로 결과가 나왔다. 20일 새벽 전후부터 티브이 화면과 인터넷 포털 사이트의 뉴스 페이지가 박근혜 대통령 당선자 소식으로 도배되었다. 1987년 헌법 개정 이후 최초로 과반 이상 득표로 대통령이 선출된 선거, 대한민국 역사상 최초의 여성 대통령을 배출한 선거 같은 문구들이 시청자와 누리꾼들의 눈과 귀로 연이어 들어왔다. 박 당선자는 카메라 앞에서 환하게 미소를 지었다. 박 당선자가 소속된 정당인 새누리당 국회의원들과 지지자들은 끝없이 환호성을 지르고 박수를 쳤다.

잠시 뒤 티브이 뉴스 앵커가 패배 진영을 스케치해 전해 주었다. 카메라 앵글이 잡아 보여 주는 침묵 속의 현장 분위기는 두려움에 가까워 보였다. 박근혜 후보에게 표를 준 유권자 1500만여 명의 기대 섞인 표정과, 그들이 만든 들뜬 현장 분위기와 전혀 다른 풍경이었다. 문재인 민주당 후보와 그를 찍은 1400여만 명의 지지자들은 침통한 표정을 짓고 있었다. 어떤 사람은 입술을 굳게 다물었고, 어떤 사람은 주먹으로 눈가에 흘러내리는 눈물을 닦았다. 길바닥에 주저앉아 크게 우는 사람도 있었다.

대통령 선거는 5년마다 돌아오는 정치적 쇼나 이벤트에 가깝다. 그때까지 나는 그 정도의 일이 내게 직접적으로 영향을 주거나 감정을 크게 동요시킬 것이라고 생각하지 않았다. 그날은 잠을 자는 듯 마는 듯 하면서 온밤을 불안하게 보냈다. 대통령 선거 결과를 보면서 그토록 감정 변화를 크게 경험한 것은 그때가 처음이었다. 다음 날 아침, 매일 오가던 출근길 풍경이 낯설었다.

며칠 동안 거의 아무 일도 하지 못했다. 아무 일도 할 수 없고, 아무 일도 안 하겠다고 생각했다. 그러다 사흘 뒤 무엇인가에 홀린 듯 책상 앞에 앉았다. 무엇이 되었든 글을 쓰지 않으면 죽을 것 같은 마음이 들었다. 문장들을 미친 듯이 토해 냈다. 그 뒤로 거의 매일 원고지 10여 매 정도씩 글을 썼다. 4년여간 200자 원고지 1만 5000여 장의 빈칸들을 문장으로 채웠다.

누구나 살면서 인생의 모퉁이를 경험한다. 학교에 입학하거나 졸업을 하고, 직장을 잡아 사회생활을 시작하거나 결혼을 하며 삶의 방향이 크게 변화한다. 과거와 다른 새 삶의 장을 마련하는 일, 예기치 않은 사고나 갑작스럽게 찾아온 운과 불운, 평범한 일을 하다가 뜻하지 않게 얻은 기대 이상의 보람 같은 것들이 우리 삶의 모퉁이를 만든다. 한 사람의 글쓰기 이력이나 경험에도 모퉁이가 있을 것이다. 내게는 2008년과 2012년이 그랬다.

영국 작가 조지 오웰1903~1950은 1946년 여름 〈갱그럴〉지에 〈나는 왜 쓰는가Why I Write〉라는 글을 기고했다. 오웰은 어린 시절의 글쓰기 경험에 얽힌 기억 몇 가지를 고백하면서 글을 쓰는 데 작용하는 중요한 동기 네 가지를 이야기해 주었다. 한 작가가 글쓰기 책을 쓰면서 글쓰기에 관한 자전적인 경험을 소개하고 글을 쓰는 동기나 이유를 들려주는 방식은 글쓰기 책에서 자주 보이는 내용 전개 방식이다. 오웰 역시 마찬가지였다. 어린 시절의 성장사를 잘 모르는 상태에서 한 작가의 동기를 헤아리는 건 불가능하다고 생각했다.

나는 조지 오웰을 무척 좋아하지만 그가 글쓰기에 관한 한 최고 전문가라고는 생각하지 않는다. 오웰이 밝힌 글쓰기 동기 네 가지가 글쓰기 동기의 전부는 아니다. 그러나 오웰이 다소 풍자적으로 보이는 문체로 정리한 이 글을 읽어 보면 글쓰기 동기의 핵심이 얼추 드러난다.

첫째, 우리는 '순전한 이기심' 때문에 글을 쓴다. 사람들 입에 오르내리고, 죽어서도 기억되고, 어린 시절 알았던 어른들에게 복수하고 싶은 마음이 글을 쓰는 동기가 된다. 둘째, '아름다움의 추구'다. 우리는 소리와 소리가 부드럽게 어울리고, 이야기가 탄탄한 구성을 따라 펼쳐지면서 생기는 언어적 리듬감을 음미하고 싶어 글을 쓴다. 셋째는 '역사에 남고 싶은 충동'이다. 우리는 대상을 있는 그대로 바라보고, 뚜렷한 사실들을 쌓고 모아 그것들이 후대에 유익하게 쓰이게 하려고 글을 쓴다. 마지막으로, '정치적 의도'가 우리를 글쓰기로 이끈다. 우리는 글에 정치적인 메시지를 담고 싶어 하며, 글을 쓰면서 정치적인 목적을 생각한다.

2008년과 2012년 무렵 내 글쓰기 충동을 견인한 가장 큰 동기는 정치적 의도였다. 세상 모든 일이 정치적이다. 좁게는 가정생활, 넓게는 직장에서 이루어지는 업무 처리 방식이나 조직 내 인간관계가 정치적인 상황 여하에 따라 영향을 받는다. 그때 나는 대통령이 어떤 사람이며, 그가 의지하고 실현하려는 정치적인 이데올로기가 무엇인가에 따라 대통령제 국가에서 살아가는 평범한 시민들의 삶이 크게 요동칠 수 있다는 사실이 너무나도 무겁게 다가왔다.

2009년의 어느 날을 다시 떠올려 본다. 나는 동료들로 인해 아프고 두려웠지만, 그들이 아무 생각도 하지 않고 즉흥적으로 조합을 탈퇴하기로 결정해 알리지는 않았을 것이다. 그들은 평소 각자 주시하고 해석한 당시의 정치적 상황들을 염두에 두고 있었을 것이다. 그러다가 자기 삶의 모퉁이를 새롭게 만들어 가려는 긴 계획 속에서 탈퇴 결심을 하고 실행에 옮긴 게 아니었을까. 2008년과 2012년 내가 인정하고 싶지 않은 정치 상황을 타개해 보려고 책 읽기와 글쓰기에 몰입하면서 삶의 새 모퉁이를 돌아 나가려고 했던 것처럼 말이다. 나는 한동안 그들이 서운했는데, 어느 순간 그들을 그렇게 이해하기로 마음먹자 아무렇지 않게 되었다.

교사는 지성인이다

지금 이 글을 읽고 있는 독자가 교사라면 내가 바로 앞에서 2008년 과 2012년의 글쓰기 경험을 회고하며 "정치적 의도" 운운하는 대목을 읽다가 이런 생각을 했을지 모른다. '정은균이라는 사람은 교사라면서 상당히 정치적인 데가 있는 것 같아.'

맞는 말이다. 나는 정치에 관심이 많으며, 정치와 교육이 밀접하게 연 관될 수밖에 없다고 생각하는 사람이다. 누가 나에게 '당신은 정치적인 교사야. 교사가 정치적 중립을 지켜야지 말이야'라고 말하더라도 별로 개의치 않고 이렇게 대답할 것이다. '그렇게 교사가 정치적 중립을 지켜 야 한다고 생각하고 말하는 태도 자체가 정치적이지 않나요?'

교사가 학교에서 정치라는 말을 즐겨 쓰거나, 정치 문제에 관심이 많 은 듯한 태도를 보이면 일단 그를 경계하는 분위기가 만들어진다. 우리 나라 학교 현장에는 정치가 금단의 영역이며 교육이 정치와 무관해야 한다는 시각이 널리 받아들여지는 풍토가 있다. 이는 교육의 정치적 중 립성에 관한 법률 조항이 특정 시기의 반정치적인 상황에 대한 타개책 으로 도입된 역사적 배경 탓이 크다.

그러나 학교는 비정치적인 기관이 아니며, 교육은 정치적인 진공의 영역에서 이루어지지 않는다. 한 사회의 정치 시스템은 학교의 색깔과 분위기를 좌우하는 결정을 내리며, 특정 시대의 정치적인 상황은 학교에서 살아가는 교사와 학생에게 직간접적인 영향을 미친다. 교육과정, 교과서, 수업이 특정한 정치적 지향을 기준으로 만들어지고 실행된다. 학교는 본질적으로 정치적인 기관이다. 비정치적인 교육은 없다.

학생과 교사는 각자의 머리와 가슴에 학교 바깥의 다양한 사회·문화적인 요소들을 담아 학교에 가지고 간다. 그들은 교실이라는 공적 공간에서 수업이라는 공적 시간을 함께 보내면서 서로 다른 철학으로 무장한 익명의 사람들이 공적인 의사결정기구 안에서 결정한 지식 체계와 가치와 문화를 가르치고 배운다. 학교 안의 공간과 시간과 교육과정이 학교 밖에서 오는 영향을 끊임없이 받는 구조다. 교사가 탈정치와 탈사회에 기반한 교육 활동을 펼치는 일은 불가능하다. 학생이 무색무취의 비정치적인 교육과정을 공부하는 일은 있을 수 없다.

학교와 교육의 정치성을 인정하는 일이 학교와 교육을 정치의 시녀처럼 취급하게 되는 결과를 가져올 것이라고 우려하는 사람들이 있을 수 있다. 나는 이런 우려가 정치 자체를 부정적인 시선으로 바라보는 태도에서 비롯된 것이 아닌가 하고 의심한다. 이렇게 되묻고 싶다. 정상 국가에서 정치 없는 사회를 상상할 수 있는가. 중요한 것은 어떤 정치이며, 무엇을 위한 정치인가 하는 것이다. 이런 질문에 충실하게 답하기 위해서는 정치에 대해 끊임없이 숙고하는 과정이 필요하다.

나는 모종의 정치적이거나 사회·문화적인 상황이 교사를 책 읽기와 글쓰기의 세계로 인도하는 일급 길라잡이여야 한다고 믿는다. 이렇게 말할 수도 있다. 책 읽기와 글쓰기가 교사의 정치적 감수성과 역량을 넓고 깊고 섬세하게 만든다. 전제가 하나 있다. 책 읽기, 글쓰기와 교사의 정치성은 서로 되먹임feedback을 주고받으면서 선순환하는 관계에 있어야 한다.

조지 오웰의 입장을 다시 가져와 보자. 오웰은 앞서 소개한 예의 글에서 예술art로서의 글쓰기가 정치와 무관해야 한다는 견해 자체가 정치성을 띤 태도라고 보았다. 이 말속에는 두 가지 의미가 깔려 있다. 첫째, 모든 예술 활동은 정치적이다. 둘째, 모든 글쓰기는 정치적이다. 조지 오웰의 생각에 기대 한 발 더 앞으로 나가 말해 보자면, "○○으로서의 글쓰기"에서 '○○'을 채우는 단어가 무엇이든 그 글쓰기는 정치적인 의미를 띨 수밖에 없다.

교사는 정치적인 존재다. 사람들은 교사의 정치성을 사회적 금기처럼 바라보고 취급한다. 교사가 정치적이라는 말은 본질적으로 정치와 교육이 떼려야 뗄 수 없는 관계를 맺으며, 교사가 정치의 결과물인 법률에 따라 교육 활동을 실천한다는 사실만으로 근거가 충분해 보인다. 그러나 사람들은 교사의 정치성을 인정하려고 하지 않고, 교사들의 정치적인 글쓰기를 경계한다.

'정치적 교사'라는 말만큼 교사를 위험에 빠뜨리고 위축되게 하는 말은 없다. 교사는 정치적인 글을 쓰는 행위는 물론 단순히 정치적인 의사를 표현하는 일조차 통제당하며 지내야 한다. 나는 이 모든 일이 '정치적'이라는 말이 지나치게 협소하고 편향되게 쓰이는 데서 비롯되었다고 해석한다.

학교 안에서 수학이나 과학 교과에 속하는 과목들은 학교교육과정에 포함되는 여러 과목들 중 비정치적인 과목들로 간주된다. 수학이나 과학 교과를 가르치는 교사들은 비정치적이며, 그들의 글쓰기가 정치성을 띤 행위처럼 비쳐지기는 힘들다. 좀 더 극단적인 시각에 따르면 수학과 과학은 정치가 아예 불가능한 교과다. 수학과 과학 교사는 '순수한' 교과 학문의 세계를 정치로 훼손하는 행동을 해서는 안 된다.

그럴듯하게 들리는 주장들이다. 1+1=□ 같은 건조한 수식이 가득한 수학 수업에서 어떤 정치적 측면을 찾을 수 있겠는가. $E=mc^2$처럼 암호 같은 공식을 다루는 과학 교사가 모종의 정치성을 염두에 두면서 학생들과 소통하는 상황을 상상하기는 힘들다. 수학과 과학 교과서에 정치적 메시지를 몰래 담아 놓았다거나, 누군가 수학과 과학 교사가 수업 시간에 교묘하지만 매우 세련된 방식으로 모종의 정치성을 교육한다고 주장하면, 사람들은 무슨 소리냐며 믿지 않을 것이다.

논픽션 작가이자 글쓰기 교사인 윌리엄 진서는《공부가 되는 글쓰기》에서 다양한 범교과적 글쓰기와 교양교육으로서의 글쓰기 사례를 소개

---

4. 사례 하나. 광주의 한 중학교 교사로 '촛불교사'라는 별칭이 있는 백금렬 씨가 2020년 12월 18일 광주지방법원에서 자격정지 1년, 징역 8개월 선고유예 판결을 받았다. 2020년 4월 국회의원 총선거 즈음 학교를 졸업해 성인이 된 제자 4명에게 선거 참여를 독려하고 특정 정당을 지지하는 에스엔에스 문자 4개를 보내 〈공직선거법〉과 〈국가공무원법〉을 위반했다는 게 판결 근거였다. 학생이 아니라 성인에게 근무시간이 아니라 일과 후 개인 시간을 활용해 메시지를 보냈는데도 유죄 판결을 받은 것은 백금렬 씨의 자격이 교사 공무원이라는 사실 때문이었다. 자격정지는 〈국가공무원법〉상의 관련 조항 위반 형량의 최소기준이라고 한다. 사례 둘. 2020년 12월 11일 서울중앙지방법원 형사25단독 장원정 판사는 세월호 참사 직후인 2014년 5월 '현장교사 시국선언'에 참여해 세월호 참사 진상규명과 책임자 처벌, 박근혜 정권 퇴진 등을 요구한 전교조 소속 교사들에게 〈국가공무원법〉상의 공무 외 집단행위 혐의를 인정해 집행유예 1년에 벌금 30만~50만 원을 선고했다. 장 판사는 유죄 판단을 내리는 데 시국선언 참여자들이 교사들이었다는 점에 주목했다. 당시 전 국민적인 슬픔과 정권에 대한 실망이 컸다는 사정을 고려한다고 하면서도 교육자로서 피교육자인 학생에게 미치는 파급력이 크다는 점을 우려한 것으로 해석된다.

한다. 이 사례들에서 수학과 과학 교과의 정치성 문제에 관한 생각의 실마리를 찾아보자. 그것은 교사의 정치성, 나아가 교육의 본질 속에 숨어 있는 정치적인 성격의 일단을 간접적으로 보여 줄 것이다.

윌리엄 진서가 제안하는 범교과적 글쓰기의 원칙은 글쓰기를 위한 배움과 배움을 위한 글쓰기다. 나는 이 원칙을 다음과 같이 이해한다. 배움이 목표이고 글쓰기는 도구다. 흔히 알고 있는 것과 달리 글쓰기는 국어 교사만의 몫이 아니다. 수학 교사와 과학 교사는 스스로, 또는 학생과 함께 글을 쓰면서 수학과 과학을 배울 수 있다. 진서의 말을 들어 보자. "우리는 글을 쓰면서 끊임없이 '나는 지금 내가 말하고자 한 것을 말하고 있는가?'라고 자문한다."[5]

수학이나 과학 교사가 스스로 어떻게 질문할 수 있을까. 1 더하기 1의 정답을 구해야 하는 교과서 내용 체계는 누가 무엇을 위해 짜 놓았는가. 1 더하기 1이라는 수학적 지식 활동이 학생이 세상을 바라보고 이해하는 인식 체계에 미치는 영향이 무엇인가. $E=mc^2$은 어떤 과정 속에서 교과서 지식 체계에 편입되었는가. $E=mc^2$이라는 공식을 선택하면서 배제한 다른 공식은 없는가. 그 공식은 왜 공식 지식에서 빠졌는가. $E=mc^2$이 과학의 역사나 인류의 삶에서 차지하는 의미가 무엇인가. 그것을 왜 알아야 하며, 어떻게 알 수 있는가.

교사의 정치성은 교과서에 들어온 주류 지식을 향한 문제 제기와 질문 던지기를 기본으로 한다. 학교 지식은 정전화한 지식canonized knowledge이다. 국가는 교과서나 교사용 지침서나 표준 시험을 통해 특

---

5. 윌리엄 진서 씀, 서대경 옮김(2017), 《공부가 되는 글쓰기》, 유유, 109쪽.

정 지식이나 지식 체계를 공인한다. 그렇게 국가에서 공인해 준 지식과 지식 체계가 학교 지식의 생태계를 구성한다.[6] 국가와 사회는 학교 지식에 신성한 권위를 부여하는 다양한 방책들을 동원해 교사와 학생들이 학교 지식을 존중하도록 강제한다. 그 모든 과정이 정치적인 차원에서 해석될 수 있다.

교사의 정치적 글쓰기는 학교 지식을 둘러싼 통제와 억압 기제가 학교 주체들을 지배하는 지점에서 시작된다. 진서가 제시한 수학과 과학 글쓰기의 사례는 교사의 정치적 글쓰기가 갖는 다양한 측면을 돌아보게 하는 실마리로 활용될 수 있다. 다만 교사의 정치적 글쓰기가 교사 자신의 정치적 신념이나 이익을 대변하는 수단이라고 오해해서는 안 된다. 그런 글쓰기가 가능하고 실제로 존재한다면, 우리는 그것을 '정치적 글쓰기'가 아니라 '파당적 글쓰기'라고 명명해야 할 것이다.

정치적 글쓰기는 파당적 글쓰기와 다르다. 나는 그것을 '지성적 글쓰기'의 차원에서 이해한다. 첫째, 지성적 글쓰기를 하는 교사는 교육을 둘러싼 권력과 정치의 문제를 도외시하지 않는다. 교육은 개인의 일인 동시에 국가와 사회의 문제이거나, 개인 차원의 일을 훌쩍 뛰어넘는 국가와 사회의 문제다. 지성적인 정치의식으로 무장한 교사는 그 모든 측면을 고려하면서 글을 쓰려고 노력한다.

둘째, 교사는 지성적 글쓰기를 하면서 학교와 교실에서 유통되는 지식의 문제를 냉철하게 인식한다. 파울로 프레이리나 마이클 애플 같은 비판교육학자들은 지식이 결코 중립적이거나 객관적이지 않으며 사회

---

6. 오즐렘 센소이·로빈 디앤젤로 씀, 홍한별 옮김(2016),《정말로 누구나 평등할까?》, 착한책가게, 38쪽.

적으로 재구성된다고 보았다. 그들을 따라 교사가 교과서에 있는 지식을 학생에게 전달해 주는 사람이 아니라 지식을 능동적으로 해석하고 (재)창조하는 사람이라고 정의하자. 그때 교사는 능동적인 해석자와 창조자가 되어 지성적인 글쓰기를 하고, 학교 지식을 둘러싼 문제를 더 객관적이고 명료하게 바라본다.

우리나라 교무실에는 19세기에 울려 퍼지기 시작한 근대학교의 시계 소리가 여전하다. 위계와 규율, 질서의 미덕이 과잉 유포되고, 학교 공동체를 위하는 데 개인이 희생당할 수 있다는 생각이 자연스럽게 통용된다. 학부모들은 학생들을 일사불란하게 관리하는 교사가 훌륭하다고 평가한다. 학생들은 학교 규율 체계에 순응하는 것이 학교생활에 유리하다는 것을 직감적으로 안다. 우리나라 학교의 현실이다. 이는 당분간, 어쩌면 영원히 사라지지 않을지 모른다.

제2차 세계대전이 끝나고 10년이 지난 1955년, 미국 언론인 밀턴 마이어1908~1986는 나치 출신의 평범한 독일인 열 명과 심층 인터뷰를 했다. 마이어는 나치 시대 비극의 원천이 어디에 있는지 알고 싶었다. 마이어가 나치와 인터뷰를 한 결과는《그들은 자신들이 자유롭다고 생각했다》라는 책에 실려 세상에 알려졌다. 마이어가 밝혀낸 결론은 상식을 뛰어넘었다. 나치 시대의 역사적인 비극은 나치라는 악마적인 소수 집단의 광기가 아니라 다수 대중이 취한 말 없는 동조와 협력 덕분에 가능했다.

마이어가 인터뷰한 사람들은 평범한 독일인이었다. 이 사실은 마이어에게 상당한 두려움을 불러일으켰다. 마이어는 책 머리말에 이렇게 썼다. "나는 독일이 그랬던 것처럼 우리 조국 미국이 현실과 환상이 조합된 압력에 노출될 경우 우리가 무엇을 원하고 좋아하게 될지 모르겠다. 특정한 조건하에서는 그 평범한 독일인들이 미국에 있게 될 수 있으며, 특정한 조건하에서는 나 자신도 그들과 같은 존재가 될 수 있다." 마이어의 문장은 담담해 보이지만, 어쩌면 그 담담한 목소리 때문에 그가 느꼈을 어두운 심정이 더 크게 다가온다. 평범한 사람이 자기도 모르게 광기의 한복판에 설 수 있다는 사실은 누구에게나 두려움을 불러일으킨다.

마이어는 예부터 전해 오는 말이라며 문장 하나를 인용했다. "국가는 참나무와 돌로 만들어진 것이 아니라 인간으로 만들어지는 것이며, 그 인간이 어떠한지에 따라서 그 국가도 어떠한지가 결정된다." 국가나 정부에 대해 이야기하면서 참나무와 돌을 동원하는 방식은 헨리 데이비드 소로[1817~1862]가 《시민의 불복종》에서 국가나 정부를 말하는 대목에서도 여러 번 보인다. 마이어나 소로가 전하는 메시지는 분명하다. 참나무와 돌로 만들어진 국가가 없으니 이렇게 말해야 한다. 국가는 없다. 국가를 만드는 사람이 있을 뿐이다.

나는 마이어가 인용한 문장에서 '국가' 대신 '학교'나 '교실'을 넣고, 그곳을 만들고 이끄는 교사들의 모습을 떠올려 보았다. 평범한 교사가 어떻게 생각하고 행동하느냐에 따라 학교와 교실 모습이 달라진다. 마이어의 대담자들이 그랬던 것처럼 평범한 교사 또한 "특정한 조건" 아래서 광기 어린 나치처럼 될 수 있다면 그 "특정한 조건"을 핑계로 삼지 않을 수 있는 넓은 안목과 날카로운 지성이 필요하지 않을까.

지성적인 교사는 그저 똑똑한 교사나 지적으로 보이는 교사와 다르다. 미국 컬럼비아대학교 특훈교수 리처드 호프스태터[1916~1970]는 1964

년 퓰리처상 수상작 《미국의 반지성주의》에서 지성intellect과 지적 능력 intelligence을 이렇게 구별했다. 지성은 두뇌의 비판적이고 창조적이고 사색적인 측면으로서 음미, 숙고, 의문시, 이론화, 상상과 관련된다. 지적 능력은 아주 좁고 직접적이며 예측 가능한 범위 안에서 적용되는 두뇌의 우수함이다. 사안을 파악하고 처리하고 조작하고 조절하고 정리하는 등의 실질적인 특질을 바탕으로 삼는다.

우리는 직업인으로서의 변호사, 편집인, 기술자, 의사, 일부 작가, 대다수 대학교수 등을 보통 전문가나 전문직 종사자로 분류한다. 이들은 뛰어난 지적 능력에 기대 지성적인 지식인 대열의 맨 앞자리에 서곤 한다. 그런데 특정한 직업적 역할이나 기능이 지성적인 지식인임을 자동적으로 보증하지는 않는다.

호프스태터는 전문가나 전문직 종사자들이 "지식을 위해서가 아니라 지식에 의존해서 산다"라고 말했다. 전문가들은 '정신노동자이고 기술자'이며, 언제든 위험한 존재가 될 수 있다. 그들은 두뇌를 자유롭게 사색하는 일이 아니라 직업상의 목적을 위해 사용한다. 그들은 외부에서 결정된 이해관계나 견해에 따라 일의 목표가 정해지는 시스템에서 살아간다. 그들에게 진정으로 필요한 것은 치우침 없는 지적 능력, 일반화할 수 있는 능력, 자유로운 사색, 참신한 관찰, 창의적인 호기심, 근본적인 비판력이다.

교육의 타락은 반드시 지성이 타락한 결과다. 교사의 지성이 살아 있으면 죽은 교육이 살아난다. 교사는 단순한 지식 중개상이나 전달꾼 지식인이 아니라 사고하고 실천하는 지성인이다. 매시간 수업을 하는 교사의 말이나, 교사가 손끝으로 생성해 내는 글들이 각별한 사회적 정체성이나 의미를 갖는다. 이를테면 교사가 생기부에 적는 문장 하나하나가 학교에 미치는 교육 정치의 힘과 그 결과, 학교교육이 내포하는 정치적인 의미를 일정하게 반영한다.

나는 교사 각자가 자기만의 고유한 텍스트를 구상하고 산출하는 '저자'이자 '작가'라고 생각한다. 교사는 자기만의 수업을 설계하고 실행하면서 고유의 색깔이 드러나는 교육 활동을 창조해 낸다. 국가와 정부는 교육과정을 매개로 교사를 통제하지만 교사가 교실 안팎에서 쓰는 일상의 언어까지 완벽하게 지배하지는 못한다. 교사는 자기 언어로 자신을 창조적으로 표현할 수 있는, 호프스태터가 말한 지성인이 되는 조건을 두루 갖춘 존재다.

나는 글을 쓰면서 '나'라는 존재의 한계와 가능성, 나를 둘러싼 주변 환경의 빛과 그림자를 돌아본다. 글을 쓰는 나는 두 개의 나로 나뉘며, 나는 그 두 개의 나 사이를 오가며 글을 쓴다. 글을 이끌어 나가는, 소설 속의 서술자 같은 나와, 그와 같은 나가 글에서 취하는 실존적인 입장을 규정하고 통제하는 실제 현실 속의 나다. 두 개의 나는 일치하면서 화해하거나, 서로 다른 입장과 생각을 앞세우며 불화한다.

교사가 글을 쓴다는 것은 교육자로서 교육에 관한 일을 글을 통해 찬찬히 살펴본다는 의미가 있다. 교사가 학교와 교실에서 갖는 감정이나 경험은 사적인 개인의 입장에서 마주치는 것들이 아니다. 어떤 감정은 순수하게 교사 개인의 것처럼 보이지만, 학교와 교실 안팎에서 그것이 만들어지고 표출되는 구조나 맥락은 사회적이고 공적이다. 교사는 한 사람의 개인이지만 그가 다루는 교육은 공적인 차원의 일이다. 교사가 쓰는 교육에 관한 글 역시 공적이고 사회적인 토대 위에 존재한다.

나는 글 속의 교사와 현실 세계 속의 교사가 되도록 서로 가까운 거리에 서려는 노력이 필요하다고 생각한다. 말과 글과 행동이 일치되게 하는 것, 그것이 교사가 쓰는 글의 진실성과 진정성을 확보하는 최소한의 태도일 것이다. 정치적으로 올바르고 윤리적으로 타당한 글 또한 이와 같은 태도 아래서 나올 수 있다. 지성인으로서의 교사가 글을 쓸 때 잊지 말아야 하는 기본 원칙 중 한 가지다.

교무실의 김이박최정 선생님

교사가 지성인이나 변혁적 지식인처럼 되어야 한다는 주장이 비현실적으로 들릴지 모른다. 학교의 이상과 현실, 당위와 실상은 다르며, 우리는 이와 관련된 사례들을 잘 안다. 학교의 현실과 실상을 이해하기 위해 교무실에 얽힌 기억을 떠올려 보자. 교사들은 그곳에서 어떻게 살고 있는가.

나는 출입문이 3개나 있는 넓은 교무실에서 교직 생활을 시작했다. 20여 평 정도 규모의 교실 두 칸을 터서 하나로 만든 공간이었다. 당시 우리 학교 교사의 절반에 가까운 25명이 그곳에서 지냈다. 교무실은 선생님들을 만나 이런저런 일을 보려고 찾아온 학생들로 늘 북적였다. 그곳은 제1교무실이나 본교무실로 불렸다.

교무실은 동서 방향으로 길게 뻗은 구조였다. 주 출입구를 기준으로 맨 안쪽(서쪽) 중앙에 교감 자리가 있었다. 그 전면은 전체 교사들을 한눈에 볼 수 있는 방향이었다. 교사들은 6인 1조로 구획된 책상 두 줄에 3명이 서로 마주 보는 형태로 나눠 앉았다. 3명은 자기 뜻과 무관하게 교감에게 항상 등을 보여야 했고, 나머지 3명은 고개를 들면 앞쪽으로 교감의 눈길과 언제든지 마주칠 수 있었다. 누구든지 마음만 먹으면 서로를 자연스럽게 감시할(?) 수 있는 좌석 배치였다.

나는 출입문 3개 중 사람들이 가장 많이 이용하는 첫 번째 문 안쪽 바로 앞자리에 앉았다. 문짝과 내 책상 한쪽 귀퉁이 사이 폭이 1미터 정도밖에 되지 않았다. 교감을 제외한 교사들 대부분과 교무실을 찾는 학생들이 내 자리 옆으로 난 좁은 통로를 수시로 오갔다. 옆을 지나쳐 가는 학생들과 선생님들의 옷 냄새가 코끝을 스쳤고, 가끔 그들이 내는 숨소리마저 들렸다.

누가 봐도 옹색했지만 그 자리가 싫지 않았다. 다른 사람 눈치를 보지 않으면서 교무실 전체를 조감하는 객관적인 관찰자처럼 행세할 수 있었기 때문이다. 수업 시작을 알리는 벨 소리가 울리고 나면 자리에서 일어나 앞쪽을 보았다. 선생님들이 썰물처럼 빠져나간 뒤의 교무실 풍경은 깊은 산속에 있는 조용한 절집 같았다. 수업이 없어 자리에 남은 선생님들은 고개를 파묻고 무엇인가를 쓰거나, 컴퓨터 화면을 보았다.

그때마다 기분이 묘해졌다. 교무실이라는 공간의 물리적인 특성 때문이 아니라 그곳에 있던 선생님 한 분 한 분이 만드는 구도와 색깔 때문이었다. 그 모든 것이 너무나도 특별한 교무실 풍경화를 구성했다.

나는 김씨, 이씨, 박씨, 최씨, 정씨 성을 가진 선생님들을 소재로 교무실 풍경화를 묘사해 보려고 한다. 김이박최정 선생님은 우리나라 교무실을 채우는 보통의 교사들이다. 우리 모두 김이박최정 선생님 중의 한 명이나, 그들 각자의 모습이 있을 것이다.

김 선생님은 책을 좋아한다. 책을 자주 사서 읽고, 때때로 주변에 있는 동료 교사들에게 자기가 읽은 책 속 이야기를 들려준다. 김 선생님의 교무실 책상 위 책꽂이에는 교과서와 교사용 지도서와 교양서들이 가지런히 꽂혀 있다. 애독가이자 지적 탐구자로서 김 선생님 자신의 정체성을 드러내는 상징물 같다. 김 선생님에게 지성미와 교양미를 풍기는 면이 있다면 이런 상징물들 덕분일 것이다.

김 선생님은 평이하고 소박한 단어들을 사용해 말한다. 목소리는 크거나 빠르지 않으며, 입에서는 검박한 문장들이 나온다. 김 선생님은 자기 생각을 서둘러 앞세우기보다 다른 사람 말을 먼저 들으려고 한다. 상대방이 말을 하면 진지한 표정과 자세로 경청한다. 공적인 회의 장소 같은 데서 절도 있는 어조로 발언을 하면 모두 숨을 고르고 조용히 듣는다. 김 선생님이 하는 말은 설득력이 높다. 조리가 있고, 이성과 감성에 호소하는 측면이 적절히 균형을 맞추고 있다.

나는 교직에 들어오기 전에 교사라는 직업군이 책 읽기나 글쓰기를 일상생활처럼 자연스럽게 하는 부류라고 생각했다. 누군가를 가르치는 일은 가르치는 내용과 대상에 대한 탐구와 연구에서 시작할 것이다. 교사가 살아가는 일상이 그렇다. 교사는 매일같이 교과서와 지도서와 참고 도서를 읽고 연구하며, 교과서와 칠판, 학생들이 쓰는 공책과 활동지에 교육 내용을 분석하고 정리하고 평가하는 언어들을 적는 집필 활동을 한다. 책 읽기와 글쓰기는 교직 직무의 기본이다.

수업은 교사가 맡은 임무의 핵심을 차지한다. 수업은 말하기와 듣기로 이루어진다. 교사의 정체성과 삶이 그가 시시각각 연구하고 집필하면서 쓰는 언어를 통해 형성되고, 수업과 교육 활동 중에 사용하는 언어와 말하기 방식과 태도를 통해 드러난다. 교실 수업은 교사들이 각자의 경험 속에서 얻게 된 교육철학과 지적 여정을 구술 언어로 보여 주는 평범하지만, (각자 고유하므로) 특별한 사례들이다. 교사는 언어를 부리는 일에 관한 한 최고의 전문가 중 하나다. 김 선생님은 그 훌륭한 본보기다.

교무실에는 김 선생님 같은 분만 있는 것이 아니다. 이 선생님은 등을 꼿꼿이 세우고 컴퓨터 모니터 화면을 쳐다본다. 눈에서 컴퓨터 모니터를 반쪽으로 쪼개 버릴 것 같은 맹렬한 기세가 느껴진다. 두 손은 키보드 위에 올려놓았다. 무엇인가를 쓰고 있었던 것 같은데, 그게 잘 안 되는 것 같다. 계속 입술 한쪽을 잘근잘근 씹고 있다. 얼마 전 우수 교원 국외 연수 공모에 신청하려고 연구 계획서를 준비 중이라는 이야기를 들은 일이 떠오른다.

박 선생님과 최 선생님은 바퀴 달린 의자 등받이를 뒤로 적당히 젖혀 놓고 컴퓨터 화면을 보고 있다. 두 분 다 머리에 헤드폰을 썼다. 나는 의자에서 일어나 목을 돌리는 체하며 박 선생님과 최 선생님 쪽을 흘깃거린다. 박 선생님의 눈길이 닿는 모니터에 어떤 젊은 사람이 손짓을 하며 도표를 설명하는 동영상 화면이 보인다. 최 선생님이 보는 컴퓨터 화면에서는 남녀 배우 두 사람이 길거리에서 티격태격하고 있다. 드라마의 한 장면처럼 보인다.

정 선생님은 학구파 교사다. 지금 정 선생님은 고개를 90도 가까이 밑으로 꺾어 의자에 앉아 있다. 두꺼운 책 몇 권이 책상 위 여기저기 어지럽게 펼쳐져 있다. 정 선생님 손길이 금방 가 닿을 수 있는 가장 가까운 곳에는 커다란 교사용 지도서가 놓여 있다. 정 선생님은 책상 위에 펼쳐진 책들과 하나가 된 것 같은 풍경을 연출하고 있다.

오른손에는 삼색 볼펜을 쥐었다. 고개를 좌우로 바삐 돌려가며 이 책 저 책을 보면서 교과서 여백에 무엇인가를 적고 있다. 촘촘하게 새겨 넣는 글자들 크기가 깨알 같다. 정 선생님은 글자들에 담긴 내용의 성격을 구별해 빨간색과 파란색으로 표시한다. 정 선생님이 진행하는 수업은 글자들의 많고 적음이나 색깔의 혼합 정도에 따라 달라질 것이다.

정 선생님은 아침에 출근하자마자 고개를 숙이고 이른바 '교재 연구'를 성실하게 한다. 교재 연구는 아침 출근 직후, 쉬는 시간, 수업이 없는 시간으로 계속 이어진다. 그렇게 수업 준비를 위해 열과 성을 다하는데도 늘 수업하는 게 어렵고 힘들다고 하소연한다. 정 선생님이 수업을 하는 학급 학생들 태반은 자주 엎드려 있거나, 짝꿍과 노닥거린다. 정 선생님 수업은 교사용 지도서가 설계한 내용이나 방향과 거의 비슷하다. 나는 교사용 지도서가 정 선생님이 수업하는 교실 분위기를 그렇게 만든 요인 중 하나라고 생각하고 있다.

교사 집단 전체를 매도하거나 희화화하려고 이런 글을 쓰고 있다고 오해하지 말았으면 좋겠다. 김 선생님이 누구나 존경할 만한 우수 교사로서 예찬받아 마땅하다거나, 글쓰기에 괴로워하는 이 선생님이 무능력자라며 비난을 받아도 된다고 생각하지 말기 바란다. 나는 이 선생님과 박 선생님이 컴퓨터에 너무 빠져 있다고 비난할 생각이 없다. 정 선생님은 특유의 성실함을 인정받아 모범 교사상을 받아도 이상하지 않다.

김이박최정 선생님의 모습을 통해 함께 고민해 보자고 말하고 싶은 것은 이런 것이다. 이 선생님은 왜 연구 계획서 쓰기를 힘겨워할까. '연구'라는 말이 이 선생님의 언어 목록에서 차지하는 위상이나 성격에 관해 찬찬히 짚어 볼 지점은 없을까. 박 선생님과 최 선생님이 동영상을 시청하며 자율 연수나 직무 연수를 수행하는 중이었다고 하자. 책 읽기와 글쓰기 대신 동영상 시청을 더 즐기고 좋아하게 된 이유가 무엇일까. 개인적 성향이나 태도 때문일까, 유행에 민감한 우리나라 교직 문화 때문일까. 정 선생님은 교사용 지도서 말고 다른 수업 준비 도구나 방법을 활용할 수는 없었을까. 교사용 지도서에 단순한 참고 자료 이상의 지위를 계속 부여할 때 어떤 결과가 나올지 상상해 보는 것도 괜찮을 것 같다.

교무실 풍경 속에 학교가 있다. 교사들이 교무실에서 나누는 대화 소재나 분위기, 각기 자기 자리에 앉아 하는 일을 보면 학교가 어떤 교육을 펼치고, 교사들 사이의 관계가 어떠한지 짐작할 수 있다. 교사들의 개인 좌석이 어떻게 배치되어 있고, 그들이 어떤 표정과 자세로 자리에 앉아 있는지, 각자의 책상 위에 놓인 책과 서류들이 무엇인지가 그들이 교실에서 펼치는 교육 활동의 색깔을 보여 준다.

언어의 교사 교사의 언어

학교는 가르치고 배우는 교육의 공간이다. 가르침과 배움은 공부와 연구와 함께한다. 학교교육에 관한 정책과 제도이든, 학교에서 이루어지는 삶이든 우리가 학교에 관해 무엇인가를 생각하고 말할 때 잊어서는 안 되는 가장 기본적인 명제들이다. 학교를 공부하고 연구하는 공간처럼 만드는 데 어떤 것이 필요할까. 학구적인 교무실 분위기를 만들어 내는 풍경의 주인공으로 책상 위에 두툼한 전공 교과 책을 올려놓고 읽거나 골똘히 생각하면서 무엇인가를 연구하고 쓰는 교사의 이미지만큼 적당한 소재는 없을 것 같다. 그런데 교사들은 책 읽기를 즐기지 않거나 싫어하는 것처럼 보인다. 글을 쓰는 교사는 더욱 보기 어렵다.

언어는 교육자로서 교사가 구비해야 하는 중요한 무기다. 교사가 지성인이며, 교육이 지성을 실천하고 구현하는 일이어야 한다고 할 때, 이를 충족하는 제일 요건이 언어다. 더 구체적으로 말하면 언어 능력이다. 사람이 수행하는 다양한 언어 활동은 언어를 매개로 한다는 점에서 동일하지만, 언어 활동의 각 유형에 필요한 감각과 능력은 사람마다 각기 다르다. 김이박최정 선생님의 경우를 놓고 생각해 보자.

김 선생님은 듣기와 말하기를 별로 좋아하지 않지만 잘하고, 읽기와 쓰기를 아주 좋아하면서 잘한다. 이 선생님은 듣기와 말하기를 좋아하고 잘한다. 읽기와 쓰기는 좋아하지만 어려워한다. 박 선생님과 최 선생님은 듣기와 말하기를 좋아하고 읽기와 쓰기를 싫어한다. 정 선생님은 그 모두를 좋아하지만 자기 스스로 잘하지 못한다고 생각한다. 김이박 최정 선생님이 관심을 갖는 언어 활동의 유형을 다양하게 하면 그들 각자가 갖게 되는 언어 능력의 총합이 늘어날 것이다.

교사가 모든 언어 활동 유형에서 전지전능한 신이나 달인이 되어야 한다는 것이 아니다. 나는 다만 교사들이 어떤 특정한 언어 활동을 기피하거나 외면하고, 심지어 혐오하는 듯한 태도를 보이는 것이 안타깝다. 어떤 교사는 다른 사람이 하는 말에 귀를 기울이지 않고 자기 말만 앞세우거나, 연구는커녕 책 읽기나 글쓰기 자체를 싫어한다. 나는 그런 교사들이 다수인 교무실 풍경이 싫다.

교사는 언어에 기대 모든 교육 활동을 수행한다. 언어로 수업을 시작하고 마무리한다. 교사가 학생들에게 가르치는 교육과정이 언어로 짜이며, 교육과정을 수놓는 교육 내용이 언어로 갈무리되어 있다. 언어 없이 침묵의 교육을 펼치는 일은 불가능하거나 아주 드물며, 그런 침묵의 교육이 특별한 효과를 가져오더라도 그것이 교육의 본령은 아니다. 교사는 평생 언어를 섬세하게 다루고 자기가 쓰는 언어를 지혜롭게 다룰 줄 아는, 진정한 의미의 언어학자가 되어야 한다.

어떤 관점에서 교사들은 언어의 마술사이거나 말하기의 달인들이다. 눈치 빠른 독자라면 '언어의 마술사'니 '말하기의 달인'이니 하는 표현 뒤에 숨은 뜻을 오해하지 않을 것이다. 그 사람의 직업적 업무 특성 때문에 그다지 깊은 의미를 찾기 힘들지만 좋고 아름다운 말들을 의무감을 가지고 자주 당연하다는 듯이 힘주어 하는 직업인 부류는 교사 집단이 거의 유일하다.

교사 집단이 그럴듯한 말로 밥벌이를 하는 부류라고 생각하는 관점은 오래전부터 통용돼 온 것 같다. 조선시대 서당이 변천해 온 역사를 고찰한 책에서 '설경舌耕'이라는 낯선 한자어를 보고 고개를 끄덕였던 적이 있다. 설경은 "혀로 밭갈이하는 무리"라는 뜻[7]이 담긴 말로, 조선시대의 교사라고 할 수 있는 훈장들이 스스로를 조롱하며 부른 말이다. 훈장들은 입으로 지식을 팔아 하루하루 살아가는 자신들의 딱한 처지를 그렇게 에둘러 빗댔다.

교직이 불필요하게 말을 많이 하는 직업군이라거나, 교사가 말로 생계를 도모하는 사람들이라거나 하는 식으로 교직과 교사 집단을 규정하는 일이 너무 단순하고 일면적이라고 생각할지 모른다. 그런 식으로 규정하는 일 자체가 교사 집단과 그들이 하는 일을 폄하하는 것이라고 생각할 수 있다. 그런데 교사들이 누군가를 '가르치는' 투의 화법을 즐겨 쓰는 직업인처럼 간주되거나, 그런 어투 때문에 교사를 '꼰대'처럼 바라보게 만드는 경우가 많다는 점을 고려하지 않을 수 없다. 말이 교사직의 어떤 이미지를 형성하는 데 크게 작용한다는 점은 사실에 가깝다.

말이 많거나 누군가를 가르친다는 사실 자체는 중립적이다. 그런데 이것들이 교사들만의 독특한 직업적 특성처럼 취급되거나 교사들의 일반적인 성향을 가리키는 요소처럼 쓰일 때는 부정적인 함의를 갖는다. 이는 거꾸로 교사가 상황이나 맥락에 맞게 적절하고 효율적으로 말하

7. 《표준국어대사전》에서는 "강연이나 변호 따위와 같이 말을 하는 것을 생업으로 삼음"이라고 풀이했다.

는 능력과 태도를 갖추는 일이 얼마나 중요한지를 말해 준다.

교사들의 듣기 능력을 보자. 교사는 학생이나 학생 보호자와 상담을 자주 한다. 학생이나 학부모들에게 신뢰받는 상담 전문가처럼 대접을 받을 때 교사가 진행하는 상담이 권위를 얻는다. 상담의 기본은 상담자가 내담자의 이야기를 경청하는 일이다. 그런데 교사와 학생 사이에 이루어지는 교무실 상담이나 대화를 보면 교사의 일방적인 조언과 훈시로 진행될 때가 많다. 조언이나 훈시는 상담보다 지도나 지시 활동과 더 잘 어울린다.

나는 교사들이 필요 이상으로 학생들에게 조언하고 훈시를 일삼거나, 학생 말을 끝까지 경청하는 일을 어려워하는 까닭을 교직 자체의 느슨한 직업 문화나 교사들의 직무 특성에서 찾는다. 교사들은 학교에서 서로 '노터치' 하는 것을 불문율처럼 여기는 경향이 있다. 담임을 맡은 학급의 운영 방향이나 교과 수업은 온전히 해당 교사 자신의 것이라고 간주되어 다른 교사가 개입하기 힘들다.

교사의 직무 특성 때문에 다른 사람에 대한 공감 능력이 특별히 떨어지는 사람들이 교직에 들어가 교사 집단을 채운다는 논리를 살펴보자. 교사들이 원래 기질적으로 꼰대적인 측면이 두드러지고, 이로 인해 일방적인 훈시나 조언을 하는 성향이 강한 것일까. 이런 생각은, 학생들을 좋아하고 학생들과 함께 지내는 일을 좋아하는 사람이 교직에 입문할 것이라는 일반적인 시선에 비추어 볼 때 적절하지 않다.

나는 좀 더 근본적인 배경을 역사적인 측면에서 찾는다. '학생 수용소'처럼 시작된 근대학교 시스템은 교사들로 하여금 꼰대 같은 태도를 취할 수밖에 없게 만든 측면이 있다. 근대학교 시스템은 엄격한 시간 관리 체계를 활용하여 교사들과 학생들을 통제했다. 교사들은 하루 종일 꽉 짜인 일정을 다수 학생들을 상대하며 보냈다. 학생들은 순응하는 법을 배우고 실천하면서 학교에 적응했다. 그런 구조 속에서 교사들은 학생 말을 경청하거나 학생에게 공감하지 않아도 되는, 또는 않아야 하는 수많은 이유를 수년 동안의 교직 경험과 학교 관습법을 통해 배웠다.

나는 최근 몇 년간 안전인성인권부장 일을 맡고 있다. 과거 식으로 말하면 학생부장이다. 우리 사무실에는 교실에서 이런저런 일을 벌인 학생들이 선생님 손에 이끌려 들어온다.

학생부실 출입문 바깥쪽 정면 중앙에는 "CCTV 녹화 중"이라는 문구가 적힌 플라스틱 안내판이 붙어 있다. 안쪽 정중앙에는 커다란 테이블과 의자 몇 개가 있고, 천장 한구석에 원통형의 시시티브이 카메라가 부착되어 있다. 학생부실의 전체적인 분위기는 영화나 드라마에서 볼 법한 취조실이나 조사실과 흡사하다. 선생님에게 끌려 오다시피 한 학생들 표정을 보면 이미 주눅이 잔뜩 들어 있다.

나는 학생을 말없이 맞이하면서 의자를 권하고 교실에서 무슨 일이 일어났는지 묻는다. 다 듣고 나면 빠뜨리지 않고 이렇게 말한다. "이번 일을 어떻게 처리하고 해결했으면 좋겠는지 말해 주세요." 처음에는 대부분 자기 감정과 입장을 이야기한다. 설명하고 묘사하며, 설득하고 때로 강변하면서 자기가 한 행동의 의미를 축소하거나 다른 측면에서 해석해 말하려고 한다. 변명을 하고, 엉뚱한 사람을 물고 늘어진다. 어느 순간 학생은 자기가 지금 어디에 와 있고 무슨 말을 하고 있는지 자각하는 것 같다. 그 시점이 되면 학생은 그곳에 와 있게 된 전후 상황을 살피고 객관화해 보려고 노력한다.

나는 학생에게 위로와 공감의 말 몇 마디를 건넨다. 일을 처리하고 해결하는 과정에서 내가 할 수 있는 일과 할 수 없는 일, 해야 하는 일과 해서는 안 되는 일을 구별해 설명하고, 학교라는 공적인 기관에서 지켜야 하는 규정이나 절차를 하나하나 말해 준다. 마지막으로, 학생을 그곳으로 데리고 온 선생님과 담임 교사, 학부모 등 주변 사람들이 가질 것으로 예상되는 감정과 생각을 떠올려 말하게 한다. 학생은 고개를 숙이고 한동안 말을 꺼내지 못하다가 조용히 자기 생각을 밝힌다. 잠시 후 우리는 대화를 마무리한다.

파커 파머는 《가르칠 수 있는 용기》라는 책에서 인간의 영혼이 해결을 바라는 것이 아니라 자기 모습을 드러내고 자기 말을 하기를 바란다고 말했다. 다른 사람과 관계를 맺으면서 서로의 존재를 확인하고 상대방에게 인정받기를 원하는 우리의 본능적인 욕망을 그렇게 표현했을 것이다. 관계 맺기의 출발은 말하기와 듣기다. 내가 말을 하는 것, 그리고 상대방의 말을 듣는 것은 나를 드러내고, 자신을 드러내는 너를 알기 위해 하는 행위다. 학생과 교사 사이, 사람과 사람 사이라는 관계가 먼저 있다. 그 사이에서 벌어진 문제와 그것을 해결하는 일은 나중이다.

2010년대 전후로 혁신학교가 출범하고 교사들이 함께 책을 읽고 공부하는 분위기가 널리 퍼졌다. 최근 몇 년 사이에는 혁신학교와 일반 학교를 불문하고 교사들 사이에 '전문적 학습 공동체(전학공)' 활동이 유행처럼 퍼졌다. 이제는 교육청과 교육지원청 단위에서도 행정적인 지원을 아끼지 않는다.

교사들 사이에 학습과 연구 열기가 뜨거워지는 것은 바람직한 현상이다. 나는 10여 년 전부터 책 읽기 모임을 꾸려 꾸준히 활동을 진행해오면서 교사 집단의 문화가 진일보하기를 바라 온 터라 전학공 유행 현상이 뿌듯하게 다가왔다. 교사들이 자발적으로 공부 모임을 꾸리고, 그 안에서 함께 수업을 분석하거나 교육 문제를 놓고 토론하는 문화가 자리를 잡으면 우리나라 교육 생태계의 건강성이 훨씬 높아질 것이라고 생각했다.

전학공 열풍이 만족감만 가져다주지는 않았다. 몇 가지 의문이 들었다. 첫째, 전학공 시간 말고 학교 안팎에서 일상생활을 하거나 교육 활동을 준비하는 일을 하면서 개별 선생님들이 읽는 책들 중 일정 수준의 깊이가 있고 다채로운 책의 비중이 얼마나 되는가. 둘째, 일정 수준 이상의 책 읽기 활동을 하는 선생님들이 얼마나 되는가. 이런 질문들에 대해 긍정적인 답을 하기가 쉽지 않았다.

우리나라 교사 집단 일각에 퍼져 있는 '쉽고 재미있는 책 읽기 편향 현상'을 눈여겨보고 있다. 2010년경부터 학교에서 교사 책 읽기 모임을 직간접적으로 꾸리는 일에 적극 참여했다. 교사들이 함께 모여 책을 읽고 생각을 나누는 것만으로 교육 활동에 큰 도움이 된다고 생각했다. 책 읽기 경험 자체가 생각을 확장하는 데 도움이 되었고, 다른 선생님들이 들려주는 이야기들이 교사로서 고민을 구체화하는 데 자극이 되었다. 그런데 언젠가부터(처음부터 그랬던 것 같기도 하다.) 선생님들 입에서 이런 말이 나왔다.

"우리 이번에는 쉽고 재미있는 책 읽어요."

쉽고 재미있는 책을 골라 읽자는 말에 조목조목 딴지를 걸거나 거부

의사를 밝히기란 쉬운 일이 아니다. 보통 사람들은 어렵거나 재미가 별로인 책을 좋아하지 않는다. 쉽고 재미있는 책을 만나면 책 읽기를 싫어하거나 주저하던 사람이 마음을 열고 더 쉽게 함께할 수 있다. 쉽고 재미있는 책에서 독서 의미를 찾으면 점점 더 어렵고 재미없는 책에도 눈길을 돌리는 여유를 가질 수 있다.

　나름대로 일리 있는 진단들이지만 쉽게 답하기 힘든 문제가 분명히 존재한다. 처음부터 쉽고 재미있는 책에 빠진 교사들이 어렵고 재미없는 책에 대한 부정적인 편견을 강화할 가능성을 생각해 보자. 그들이 이전부터 어렵고 재미없는 책에 대한 부정적인 시선을 갖고 있었을 것이라는 점을 전제로, 교사들이 쉽고 재미있는 책 읽기 편향 현상에 빠지면 어렵고 재미없는 책을 영영 접하지 못할 수 있다.

　한편 교사직은 전학공 외에 자발적인 독서 토론이나 연구 활동을 따로 하기 힘든 현실적인 제약이 있다. 그런 교사직의 특성상 쉽고 재미있는 책 읽기를 편향적으로 선호하는 태도를 그대로 놔두면 편독偏讀 증세가 강해짐에 따라 독서 범위를 넓히거나 독서 능력을 키우는 데 어려움을 겪을 가능성이 높아진다.

　이렇게 써 놓고 보니 벌써 한쪽에서 엉뚱한 말 하지 말라는 목소리가 들려오는 것 같다. 쉽고 재미있는 책과 어렵고 재미없는 책을 어떤 기준으로 나눌 수 있는지 설명해 보라. 쉽고 재미있으면서 의미가 있는 책들이 얼마나 많은데 그런 말을 거리낌 없이 하는가. 독자들이 어렵고 재미없는 책을 외면하는 것은 그 책을 읽으면서 특별한 의미를 찾을 수 없기 때문이 아닌가. 그런 책은 죽은 책이며, 우리는 죽은 책을 읽을 필요가 없다. 책 읽기를 어려워하거나 부담스럽게 생각하는 교사들이 쉽고 재미있는 책을 꾸준히 읽다가 언젠가 좀 더 어려운 책을 찾아 읽을 수도 있다.

그렇게 생각할 수 있지만 이런 점도 함께 고민해 보자. 쉽고 재미있는 책 읽기 편향 현상이 우리 사회 전체의 어떤 징후를 드러낸다고 볼 수 없을까. 그와 같은 징후의 이면에 반지성주의라는 말로 포괄할 수 있는 거대한 문화적 흐름이 있다고 생각한다. 사람들은 고리타분해 보이는 일이나, 진지한 자세와 이성적인 태도를 보이는 사람들에게 자주 거부감을 보인다. 세상일을 진지하게 논하거나 사리를 분별하며 조리 있게 말하는 사람을 꼰대 같다며 조롱한다.

내가 말하고 싶은 것은 사람들의 태도다. 두꺼운 책이나 학문적인 색채가 강한 책에 대한 부정적인 편견이 우리 사회 전체의 지성 지수를 낮추지 않을까. 교사들 사이에 퍼진 쉽고 재미있는 책 읽기 편향 현상이 교직 전체의 지성 생태계를 허약하게 만들지 않을까. 교사들이 쉽고 재미있는 책뿐 아니라 어렵고 재미없는 책을 넉넉한 마음으로 받아들이는 것이 교직 전체에 도움을 줄 것이다.

쉽고 재미있는 책이 우리에게 의미와 통찰을 줄 수 있다면 어렵고 재미없는 책 역시 그렇다고 생각하는 것이 온당하다. 그리고 나는 우리가 어렵고 재미없는 책에서 얼마든지 깊고 넓고 큰 의미와 통찰을 얻는 기회를 가질 수 있다고 믿는다. 어렵고 재미없는 책을 읽으며 진지하게 사색하는 사람들이 한 사회의 다수를 차지하는 경우는 거의 없다. 다만 그 소수의 사람이 그 자체로 존중받는 사회가 그렇지 않은 사회보다 더 건강할 것이라는 말에 이의를 제기할 사람은 거의 없을 것이다.

글쓰기와 글짓기

쓰기 문제는 미묘한 구석이 더 많다. 교사의 글쓰기는 교직 전문성을 가늠하게 하는 증표다. 교사가 수행하는 직무에서 핵심적인 활동이 쓰기다. 교과 내용을 칠판에 정리하는 판서 행위는 정보를 종합적으로 판별하고 분류하여 체계화하거나 조직화하는 능력을 필요로 하는 고도로 전문적인 교수 행위 중 하나다. 각종 교육 활동이나 프로그램과 관련한 보고서와 신청서와 계획서 쓰기 역시 높은 수준의 분석력, 구성력, 언어 표현력을 기본적으로 갖추고 있어야 효과적으로 수행할 수 있다.

교사들은 수업 계획서와 학습지와 활동지를 작성할 때 쓰기 능력을 집중적으로 활용한다. 실제 학습 활동을 설명하는 구문들을 만들면서 교육 목표와 방향이 각종 수업 자료에 자연스럽게 녹아들 수 있도록 한다. 생기부 같은 곳에 실리는 학생 평가 문장 쓰기는 학교 교사라면 모두가 거쳐야 하는 중요한 과정이다. 국어를 가르치는 교사든 체육을 가르치는 교사든 예외가 없다.

그렇다면 교사는 쓰기 전문가라고 해도 되지 않을까. 질문에 대한 답을 하기 전에 이런 질문을 함께 생각해 보자. 교사들이 학교에서 수행하는 각종 문서 작업은 글쓰기와 글짓기 중 어느 쪽에 가까울까. 글쓰기로서의 문서 작업과 글짓기로서의 문서 작업은 어떤 차이가 있을까. 이 질문들에 대한 답을 찾는 과정에서 쓰기 전문가로서의 교사상을 구체적으로 그릴 수 있을 것이다.

글쓰기와 글짓기를 구별하면서 글짓기가 갖는 문제를 맨 처음 본격적으로 제기한 사람은 초등학교 교사이자 아동문학가였던 이오덕[1925~2003]이었다. 이오덕에 따르면 글짓기는 가짜 글쓰기 같은 것이다. 그럴싸한 글을 만들어 내지만 사람의 정신을 위축시킨다. 이오덕이 글쓰기와 글짓기를 구별한 까닭은 쓰는 글과 짓는 글의 밑바탕에 깔린 목표와 관점의 차이에 있었다.

이오덕 표 글쓰기 교육은 흔히 "삶을 가꾸는 글쓰기"로 대변된다. 여기서 핵심을 담은 말은 '글'도 아니고 '쓰기'도 아니고 '삶'이다. 사람의 정신을 위축시켜 마침내 사람을 죽이는 글짓기와 달리, 글쓰기는 사람을 살린다. 이오덕은 글쓰기 교육의 목표를 "아이들을 정직하고 진실한 사람으로 키우는 데 있다. 곧, 아이들의 삶을 가꾸는 것이다"[8]라고 규정했다. 참된 사람, 민주주의로 살아가는 사람을 기르는 데 가장 좋고 귀한 수단이 글쓰기라고 보았다.

> 목표는 사람이고, 아이들이고, 아이들의 목숨이고, 그 목숨을 곱게 싱싱하게 피어나게 해 주는 것이지, 글이 목표가 되어서는 결코 안 된다. 오늘날 학교에서 하고 있는 '글짓기 지도' '문예 지도'는 그 목표가 글을 만들어 내고, 작품을 완성하는

---

8. 이오덕(2017), 《이오덕의 글쓰기》, 양철북, 55쪽.

데 있다. 그래서 아이들을 한갓 수단으로 삼고 있을 뿐이다. 곧 목표와 수단이 거꾸로 되어 있다.[9]

글이 목표가 아니라 사람이 목표여야 한다는 이오덕의 관점에 반박할 만한 논리는 없을 것이다. 글쓰기 교육의 목표를 참된 삶과 민주주의의 삶에서 찾는 이오덕의 관점은 오늘날 우리 시대의 필요와 요구에 정확하게 부합한다.

이오덕의 글쓰기관은 아이들을 대상으로 하는 글쓰기 교육에 관한 것이지만 교사의 글쓰기를 살피는 데 적용해도 어색하지 않다. 교사가 행정 업무를 처리하면서 인위적으로 글(문장)을 만들어 내지 않으면 안 되는 상황을 상상해 보자. 글을 짓는 교사는 글 속에 무엇인가를 담지만, 그 행위는 진정한 의미의 글쓰기가 아니라 업무를 위한 문장 만들어 내기의 차원으로 이동한다. 더 노골적으로 말하면 전락한다. 반면 글을 쓰는 교사는 글을 인위적으로 만들어 내야 하는 상황에서도 그 안에 삶이 담길 수 있도록 고민한다.

글쓰기와 글짓기의 구별법을 상기하면서 김이박최정 선생님을 다시 만나 보자. 김이박최정 선생님이 모두 훌륭한 작가가 될 필요는 없겠지만 다음과 같은 단순한 원칙 몇 가지를 상기해 보는 것이 나쁘지 않을 것 같다. 작가들은 언제나 공통적으로 두 가지 일을 한다.[10] 첫째, 작가들은 쓴다. 둘째, 작가들은 읽는다. 작가라면 누구나 다음과 같은

---

9. 이오덕(2017), 《이오덕의 글쓰기》, 양철북, 55~56쪽.
10. 빌 루어바흐·크리스틴 케클러 씀, 홍선영 옮김(2011), 《내 삶의 글쓰기》, 한스미디어, 49쪽.

제1장 | 글을 쓰지 않으면 죽을 것 같았다 59

사실을 알고 있다. 첫째, 쓰는 것이 읽는 것이다. 둘째, 읽는 것이 쓰는 것이다.

쓰는 것이 읽는 것이다. 책 읽기를 좋아하는 김 선생님은 이제부터 책 읽기 시간 일부를 글쓰기에 써 보면 어떨까. 책 한 권을 읽을 때마다 짧게라도 독후감이나 서평을 써 나가는 간단한 방법이 있다. 독후감이나 서평 쓰기는 교사에게 요긴한 도움을 주는 글쓰기 훈련법이다. 책 읽기와 글쓰기를 동시에 할 수 있으면서, 교육자로서 갖추면 좋을 지적이고 교양적인 측면을 강화할 수 있다. 김 선생님은 조만간 자기 색깔이 뚜렷한 글을 쓰는 교사 작가가 될 것이다.

글쓰기를 힘겨워하는 이 선생님은 책 읽기에 시간을 더 쓰면 좋을 것이다. 글을 쓰고 싶은 마음이 강한데도 글쓰기가 힘든 것은 글을 채울 수 있는 내용이 빈약하거나 문장 감각이 둔해서인 경우가 많다. 좋은 책을 읽으면 지식을 풍부하게 얻고, 문장을 예리하게 보는 시선을 갖게 된다. 좋은 책에는 우리 생각과 상상력을 건드리는 아이디어들이 풍부하게 담겨 있다. 무엇인가를 쓰고 싶은 마음이 자연스럽게 든다. 읽는 것이 쓰는 것이다.

오늘날은 영상 시대다. 지식과 정보를 습득하고 퍼뜨리는 데 시각 자료가 널리 쓰인다. 박 선생님이나 최 선생님처럼 많은 교사가 교무실과 교실에서 공식적이거나 비공식적인 채널을 통해 전달되는 다양한 형태와 내용의 동영상을 시청하면서 교육 활동을 준비하고 실행한다. 일종의 자율 연수 시간처럼 보내는, 박 선생님과 최 선생님의 동영상 시청 시간은 여러 측면에서 의미가 있고 유용하다.

이런 점과 별개로 영상 시대의 도래를 긍정적으로 평가하는 사람들이

다음과 같은 사실을 눈여겨보기를 권한다. 2021년 우리나라 성인들의 연간 독서율[11]은 47.5퍼센트, 평균 독서량은 4.5권이었다. 2019년 조사에서는 성인 연간 독서율이 52.1퍼센트, 평균 독서량이 6.1권이었다. 2017년 독서율은 69.9퍼센트였고, 10년 전인 2009년 독서율은 71.7퍼센트였다.[12] 10년 사이 약 25퍼센트 포인트가 줄었다. 2022년 독서율 47.5퍼센트는 1년에 책을 한 권 이상 읽은 국민 비율이 전체의 절반에도 미치지 못한다는 것을 뜻한다. 같은 기간 나머지 과반수의 국민(52.5퍼센트)은 책을 한 권도 읽지 않았다.

스마트폰을 비롯한 디지털 기기를 이용하는 시간은 해가 갈수록 늘었다. 스마트폰 이용 시간은 2018년 1시간 36분에서 2019년 1시간 39분으로 증가했다. 온라인동영상제공서비스(OTT) 이용률은 66.0퍼센트로, 2019년(52.0퍼센트)과 2018년(42.7퍼센트) 이후 큰 폭으로 증가했다. 오티티 매체 중 가장 큰 비중을 차지한 것은 유튜브(62.3퍼센트)였고, 그 뒤를 넷플릭스(16.3퍼센트)와 페이스북(8.6퍼센트)이 따랐다.[13] 스마트폰 시대를 반영하는 신조어들도 속속 출현했다. 스마트 기기의 과다 사용에 따른 문제를 가리키는 '노모포비아nomophobia; No mobile phone phobia',

---

11. 조사를 실시하는 해 직전 1년간 일반 도서(교과서, 학습참고서, 수험서, 잡지, 만화 제외)를 한 권 이상 읽은 사람의 비율이다.

12. 우리나라 성인 독서 실태에 관한 내용은 최신 조사였던 '2021년 국민독서실태조사'(2022년 1월 14일 발표, 문화체육관광부) 결과에 따른 것이다. 2020년 9월~2021년 8월 사이가 조사 대상 기간이었다. 구체적인 수치 자료는 2022년 1월 14일 자 〈연합뉴스〉 인터넷판 기사 "지난해 국민 독서량 '뚝'… 2년 전보다 성인 3권·학생 6.6권 ↓"에서 가져왔다.

13. 방송통신위원회에서 2021년 2월 2일 발표한 '2020년도 방송매체 이용행태조사' 결과다. 2021년 2월 2일 자 〈경향신문〉 기사 "'스마트폰 없인 못 살아' 67%, TV는 30%… 방통위 2020 방송매체 이용행태조사"에서 가져왔다.

'스몸비족smombie; smartphone zombie', '디지털 치매 증후군' 같은 말들[14]이 스마트폰 기기가 야기하는 문제의 다양한 측면들을 보여 준다.

나는 박 선생님과 최 선생님이 2021년 기준으로 1년에 책을 한 권도 읽지 않은 52.5퍼센트의 성인층에 포함되지는 않을 것이라고 본다. 박 선생님과 최 선생님이 노모포비아에 굴복하여 스몸비족으로 지내다가 디지털 치매 증후군에 시달리며 살고 싶어 할 리 없다. 그러나 박 선생님과 최 선생님이 무심결에 의자에 앉아 컴퓨터 화면이나 스마트폰을 들여다보면 볼수록 그들은 자기 뜻과 무관하게 헤어나기 힘든 디지털의 세계로 서서히 빠져들 가능성이 높아질 것이다.

'연구파' 교사 정 선생님은 자신이 하는 연구의 성격이나 의미를 다시 천천히 생각해 보았으면 한다. 교사용 지도서를 활용한 '교재 연구'는 진정한 의미의 연구가 아니다. 교사용 지도서[15]가 교사들에게 여러모로 유용하다는 점은 분명하다. 이와 동시에 교사가 교사용 지도서에 따라 수업을 진행할 때 교실 색깔을 단조롭게 만들 가능성이 높다는 점도 인정해야 한다. 일찍이 미국 공립학교 교사 조너선 코졸[1936~현재]은 교사들이 교사용 지도서에 의존하여 수행하는 교재 연구의 폐해를 이렇게 지적했다.

　　　수십 년 동안 교사들은 이런 식으로 창의적이고 독창적인

---

14. '노모포비아'는 휴대폰을 사용할 수 없을 때 발생하는 공포감을, '스몸비족'은 스마트폰에 얼굴을 파묻고 좀비처럼 걸어 다니는 사람들을, '디지털 치매 증후군'은 디지털 기기에 지나치게 의존하면서 기억력이나 사고력 등 두뇌 능력이 감퇴하는 증세를 가리킨다.
15. 자습서, 참고서, 교과서 출판사에서 제공하는 각종 수업 참고 자료 역시 성격상 교사용 지도서와 같은 범주에 속한다.

자신만의 수업을 설계하는 뿌듯함뿐 아니라 예기치 못한 것을 알아내는 지적 발견의 기회도 누리지 못했다. 일요일 오후, 교사는 수요일 오전의 영어나 사회 수업에서 학생들이 발견할 지루한 개념을 학습지도안에 미리 적어 놓는다. 이 모든 일에는 두 가지 비극적 요소가 있다. 이런 과정에 의해 교사의 직업적 가치는 기술적 중개로 축소된다. 정치적인 면에서는 현 정권의 정치적 의도에 맞춰 자신의 하잘것없는 재능을 발휘한 교과서 저자들의 앞잡이로 전락한다.[16]

교사용 지도서나 교과서에 크게 의존하는 행위를 두고 "기술적 중개"나 "앞잡이" 같은 노골적인 표현을 써서 폄하한 것이 지나치게 보일 수 있겠다. 코졸이 이런 거친 표현을 써서 비판하려고 했던 것은 그와 같은 말 자체라기보다 교사들 스스로 자신의 교육자적인 보람을 차 버리는 행위였을 것이다. 그들은 "창의적이고 독창적인 자신만의 수업을 설계하는 뿌듯함"을 누리지 못한다.

정 선생님이 코졸이 말한 "교과서 저자들의 앞잡이"에서 벗어나 자기만의 색깔을 뚜렷이 드러낸다고 해서 모든 수업에서 성공하리라는 보장은 없다. 기대 섞인 예상과 달리 좌충우돌하면서 끝나는 수업이 더 늘어날 수 있다. 그러나 나는 정 선생님이 스스로 수업을 설계하여 진행하는 횟수가 거듭될수록 자기 수업에 대한 애정과 자부심이 크게 늘 것이라고 믿는다. 교실에서 엎드려 자거나 딴짓을 하는 학생들 숫자도 차츰

---

16. 조너선 코졸 씀, 김명신 옮김(2011),《교사로 산다는 것》, 양철북, 89쪽.

줄 것이다.

코졸은 또 다른 글에서 "교사 자신의 진정성과 살아 있는 신념은 보이지 않는 교육과정"이라면서, "학생의 기억에 가장 오래 남는 수업은 공책에 필기한 내용이나 교과서에 인쇄된 궁색한 문장이 아니라 수업하는 내내 교사의 눈빛에서 뿜어져 나오는 메시지"[17]라고 말했다. 정 선생님이 자기 색깔을 담은 수업을 궁리하면서 보내는 일요일 오후나 저녁 시간이 늘어날수록 정 선생님이 수업을 하는 교실은 정 선생님 특유의 보이지 않는 교육과정에 따란 만들어진 뜨거운 메시지로 가득찰 것이다.

---

17. 조너선 코졸 씀, 김명신 옮김(2011), 《교사로 산다는 것》, 양철북, 39~40쪽.

내 언어의 주인은 누구인가

학교에는 예시체가 있다. 교육 당국은 학교에 교육 프로그램이나 교육 사업 신청 안내 공문을 내려보내면서 교사들이 신청서나 계획서를 작성할 때 참고하라며 예시문이나 예시 자료를 첨부해 함께 보낸다. 이들 예시문이나 예시 자료를 이용해 작성한 글의 문체가 예시체다.

교사들이 예시체를 쓰는 데는 불가피한 면이 있다. 교사가 수업 틈틈이 각종 공문을 처리하는 데 업무 관련자들과 협의하고 이를 바탕으로 기안하려면 상당한 시간과 주의가 필요하다. 이런 사정을 고려해 교육 당국에서 배포하는 참고 자료가 예시 자료다. 예시문은 공문 유통망이라는 공적인 경로를 통해 학교에 도착했다. 그런 점에서 교사들이 다른 사람이 작성한 예시문을 사용한다고 해서 비전문적이라거나 부도덕하다고 비난하는 것은 적절하지 않다.

그러나 교사가 습관적으로 예시문에 기대 글을 작성하는 행위는 신중하게 재고해 볼 문제다. 예시문을 활용해 글을 쓰면 내 생각을 날카롭게 벼리거나 나만의 언어를 쓰는 일에 대해 별다른 고민을 하지 않는다. 예시문 안에 이미 내용의 골자가 담겨 있으므로 내 생각을 첨부할 여지가 거의 없고, 고유한 언어를 쓰기에는 형식과 표현의 범주가 지나치게 제한적이다. 나는 객관적인 세부 정보를 확인해 교체하기만 하면 된다. 예시가 첨부된 공문에서 요구하는 계획서나 보고서에 교사의 숨결이나 학교 특유의 분위기가 담겨서는 안 된다.

예시문은 반듯하고 절대적이다. 반듯하므로 따라야 할 규범문이 되고, 절대적이므로 때로 예시문에 쓰인 잘못된 띄어쓰기나 맞춤법 같은 오류조차 그대로 복제된다. 교사들은 예시문을 쓰면서 편안함을 느끼고, 예시문을 있는 그대로 존중해 주는 것이 교육적으로 올바른 태도라고 여긴다.

그러나 예시문의 형식과 내용에 교육적인 측면이 담겨 있는가와 무관하게 교사가 예시문에 기대어 보고서나 계획서를 쓰면 쓸수록 그는 자기 자신의 언어에서 멀어질 것이다. 자기 언어를 쓰지 않는/못하는 교사는 자기 교육의 진정한 저자가 아니다.

지난 2018년부터 2년간 '학교폭력책임교사'라는 이름표를 달고 학교폭력 관련 업무를 전담했다. 학교에서 특정 업무를 맡는 교사의 명칭은 보통 '시수계'나 '봉사활동계'처럼 '담당 업무명+계(원)' 조어법에 따라 만들어진다. 이런 일반적인 조어 관행에 비춰 보면 '학교폭력계', 줄여서 '학폭계'라고 부르는 것이 자연스럽지만 주변에서 이런 명칭을 사용하는 것을 거의 보지 못했다. 그 대신 '학폭책임교사'나 '학폭전담교사'가 학교 안팎에서 공식적으로 쓰는 명칭으로 더 널리 쓰였다.

나는 '학교폭력책임교사'라는 명칭이 싫었다. 마치 학생들이 학교 안팎에서 일으키는 모든 폭력 사안을 학교폭력책임교사 혼자서 책임져야 한다는 듯한 뉘앙스가 느껴졌다. 그런 부담감 때문에 학교폭력 사안과 관련된 학생과 학부모들을 불러 갈등 조정 모임을 갖는 자리에서 나를 소개하면서 '학교폭력업무교사'나 '학교폭력담당교사'처럼 좀 더 중립적으로 보이는 단어를 사용하기도 했다.

법률적으로 학교폭력 사안을 포함하여 학교에서 수행하고 발생하는 모든 일을 통할하면서 그에 대해 최종적으로 책임을 지는 사람은 교장이다. 교감은 학교폭력 사안을 처리하는 학교 내 자치 회의체인 학교폭력전담기구 위원장을 맡는다. 그런데 학교폭력 사안이 발생하거나 접수되면 그 일이 내가 학교폭력 사안을 미숙하게 처리하여 학교 규율 시스템이 허술해진 탓에 일어난 것 같았다. 사안 처리 절차에서 져야 하는 책임 또한 모두 내게 있는 것처럼 느껴졌다. 그만큼 학교폭력책임교사라는 명칭이 실제 학교폭력 사안을 조사하고 매뉴얼에서 정한 절차에 따라 행정 업무를 처리하는 과정에서 상당한 압박으로 다가왔다.

학교폭력대책자치위원회(학폭위)를 열어 사안을 심의, 의결하면 사안결과통보서와 사안결과보고서를 작성한다.[18] 그때마다 고민이 컸다. 학폭위에서 다루는 사안은 똑같이 '학폭'으로 불려도 사안마다 성격이나 특징에 차이가 있었다. 발생 경위와 배경, 관련 학생들 사이의 친소 관계, 학생들이 속한 학급이나 또래 집단의 내부 분위기와 문화 등에 따라 사안의 심각도가 달랐다. 이 모든 점들을 고려한 바탕 위에서 회의에서 쓰이는 언어가 결정되는 것이 원칙에 맞다. 사안결과보고서나 사안결과통보서 같은 서류들의 문장 역시 사안별 특성에 따라 달리 작성되어

---

18. 2019년까지 학교폭력 사안을 심의·의결하던 학교 내 법정기구는 학교폭력대책자치위원회였다. 이후 관련 법률을 개정하면서 2020년부터 시·군·구 지역 교육지원청에서 운영하는 학교폭력대책심의위원회에서 학교폭력 사안에 대한 심의, 의결과 후속 행정 절차를 진행하게 되었다.

야 한다.

원칙이 그랬지만 실제로도 그렇게 하기는 어려웠다. 우리 학교에서는 학폭 사안을 학폭위에 정식으로 회부하기에 앞서 관련 당사자 모두가 참석하여 사안을 공유하고 상호 이해 수준을 높이기 위해 갈등 조정 모임 절차를 마련해 운영하고 있다. 가해 관련 학생 측과 피해 관련 학생 측이 함께 모여 그간 있었을지 모를 오해를 풀고 화해에 이르는 데 도움을 받을 수 있게 하기 위해 운영하는 자치적인 의사소통 과정이었다.

갈등 조정 모임의 성과는 기대했던 것보다 컸다. 갈등 조정 모임에서 충분히 대화하는 것만으로 사안을 종결 처리하는 경우가 많아졌다. 반대로 갈등 조정 모임에서 조정이 결렬되어 학폭위에 올라가는 사안들은 이른바 '악성 사안'으로 비화했다. 악성 사안이라고 해서 제도의 힘이 무용하기만 한 것은 아니었다. 사안마다 성격이 다르고, 갈등 조정 모임에서 결렬에 이르기까지 작용한 요인이나 배경 역시 한 가지만 있지는 않았다. 그래서 학폭위 차원에서 사안 자체를 중립적으로 바라보는 일이 무엇보다 필요했다.

학폭위에서는 그 모든 사안별 고유성이 거의 무시되거나 거세되는 경향이 있었다. 우선 어떤 사안이 학폭위 심의 안건으로 올랐다는 사실 자체가 문제시되었다. 학폭위에 오른 매 사안은 모두 심각하고 엄중한 일처럼 취급되었다. 학폭위 위원들이 사안을 심의하고 의결하면서 쓰는 언어, 그들이 회의에 임할 때 보이는 태도가 그랬다.

사안 처리의 최종 결재권자인 교장을 상대로 쓰이는 사안결과보고서와 학생과 보호자 측에 전달되는 사안결과통보서가 그런 분위기 속에서 작성되었다. 학폭위 회의를 마치고 보고서와 통보서를 작성하다 보면 자판을 두드리는 손가락 끝에서 "심각하고 엄중한" 같은 관형어구가 포함된 문장이 습관적으로 튀어나왔다. 그것은 교육 당국에서 내려보낸 학교폭력 처리 매뉴얼상의 서류 양식에 담긴 예시문과 크게 다르지 않았다.

학교에는 학생들 사이에 일어나는 폭력 사안 일체를 "심각하고 엄중한" 시선으로 바라보는 사람들이 있다. 폭력은 절대악이다. 그들은 폭력 행위를 쉽게 용납하거나 가해자를 용서해서는 안 되며, 시종일관 사안을 엄정하게 다스려야 한다는 입장을 고수한다. 원칙적으로 폭력 자체와 폭력 행위를 처리하는 방식에 대한 이와 같은 시선에 이론을 달기는 힘들다. 그런데 학교폭력 사안을 처리하다 보면 어떤 경우 학생들 사이의 싸움이나 갈등을 폭력의 관점에서 획일적으로 규정해도 되는지 확신이 서지 않는다.

학생들 사이에 형성되는 역학 관계는 역동적이고 가변적이다. 학생 간 지배와 종속, 중심과 주변 관계를 일도양단하듯 명쾌하게 정의하지 못할뿐더러, 관계가 분명해 보이더라도 보이지 않는 변수가 작용하는 경우가 많다. 학교폭력 사건의 상당수는 이처럼 미묘한 관계 속에서 발생하며, 때로 당사자 학생들의 뜻이나 의지와 무관한 구도 아래서 벌어진다. 이런 사실을 무시하고 학폭위에 올라온 사안을 모두 "심각하고 엄중한" 사건으로 다스려야 하는 일이라고 평가한다. 나는 자문한다. 내가 즐겨 쓰는 이 "심각하고 엄중한"이라는 언어의 주인은 누구인가.

《표준국어대사전》에서는 '심각하다'를 "상태나 정도가 매우 깊고 중대하다. 또는 절박함이 있다"라고 풀이한다. '엄중하다'는 "몹시 엄하다"라는 뜻이 있다. "엄하다"는 "어떤 일이나 행동이 잘못되지 아니하도록 주의가 철저하다"라는 뜻의 말이다. 이 정도 의미라야 학교폭력을 일으킨 학생들이 법률이나 학교 훈육 시스템의 엄정한 권위를 교훈적으로 받아들일 수 있다는 것일까. 그렇다면 내가 학교폭력 사안을 다루면서 습관적으로 쓰는 저 표현은 잘못이 없을까.

학생들은 학교폭력에 휘말려 들었다가도 금방 친하게 지낸다. 학교급이 낮거나 학생들의 나이가 어리고, 폭력의 심각성이나 엄중함의 수위를 가늠하기 어렵거나 애매한 사소한 말다툼, 장난처럼 이루어진 몸싸움 같은 학교폭력 사안 중에 그런 일이 많다. 가끔은 학교폭력이라는 말이 학교폭력을 양산하고 있는 게 아닌가 하는 생각조차 든다.

나는 학교폭력책임교사를 맡아 일을 시작한 지 얼마 되지 않아 이런 사안들에 '경미한', '우발적으로 일어난', '장난처럼 시작한', '가해 관련 학생 자신도 모르게' 같은 관형어구나 부사어구를 써서 수식했다. 처음에는 학교폭력책임교사를 맡은 책임감 때문에 그렇게 하는 게 쉽지 않았다. 지금도 내 손가락 끝에서는 "심각하고 엄중한"같은 수식 표현이 언제 튀어나올지 모르고 대기 중이다.

우리가 매일 쓰는 언어의 주인은 누구인가. 지금 글을 쓰고 있고, 앞으로 글을 쓰기를 바라는 사람이라면 깊이 생각해 볼 문제다. 나는 평범한 단어 하나, 두어 어절의 짤막한 어구가 정치적인 논란의 한복판에서 주인공 노릇을 하는 모습을 자주 본다. 내가 평이한 일상어를 즐겨 쓰는가 전문어나 학술 언어를 선호하는가에 따라 사람들은 나를 각기 다른 성향의 사람으로 기억한다. 그것은 내가 쓰는 언어가 온전히 내 것만이 아니며, 내가 어떤 언어를 어떻게 쓰는가에 따라 나를 규정하는 정체성 역시 달라질 수 있음을, 내가 세상을 바라보는 방식이 과거와 바뀔 수 있음을 말해 준다.

조지 오웰의 소설 《1984》에는 언어가 사람의 감정과 생각에 미치는 힘을 생각하게 하는 흥미진진한 이야기가 나온다. 소설 속 가상의 국가 오세아니아는 독재자 빅 브라더Big Brother가 통치한다. 오세아니아 정부 당국에서는 전체주의를 강화하고 시민들의 사상을 통제하기 위해 수십 년에 걸쳐 신어Newspeak 제정 및 사전 편찬 작업을 했다. 신어는 오세아니아의 공용어로서, 영국 사회주의England Socialism, 곧 영사英社, IngSoc 의 이념적인 필요성에 부응하기 위해 만들어졌다.

신어 사용 목적은 두 가지였다. 첫째, 영사 신봉자들에게 그에 걸맞은 세계관과 정신 습관에 대한 표현 수단을 제공한다. 둘째, 영사 이외의 다른 사상을 갖지 못하게 만든다.[19] 신어는 3개의 어군으로 이루어져 있었다. 일상어 단어군인 'A어군', 정치적 목적을 위해 용의주도하게 만들어진 낱말들로 이루어진 'B어군', A어군과 B어군을 보조하면서 과학적이거나 기술적인 용어들로 사용하기 위해 만들어진 'C어군'이다.

오세아니아 당국에서는 신어를 제정해 사전에 실으면서 몇 가지 원칙을 고려했다. 몇몇 포괄적인 의미 범주가 있는 어휘로써 정치·사상적으로 불온한 구어Oldspeak를 대신하게 한 사례들이 눈길을 끌었다. 예를 들어 오세아니아 당국은 불온한 구어에 속하는 honour(명예), justice(정의), democracy(민주주의) 같은 단어들의 의미를 정확하게 정의하는 것이 위험하다고 보고 의미장이 넓은 포괄어를 사용해 이들 단

---

19. 조지 오웰 씀, 정회성 옮김(2003), 《1984》, 민음사, 414쪽.

어를 대체하려고 했다. 이에 따라 자유와 평등의 개념과 유사한 모든 단어는 '사상죄crimethink'라는 포괄어로, 객관성과 합리주의의 개념과 유사한 단어들은 '구사고oldspeak'라는 포괄어로 대체됐다.

다음과 같은 원칙도 있었다. 생각하지 말고 나오는 대로 말하라! 사람들이 뇌 신경을 쓰지 않고 목구멍에서 나오는 대로 말하게 하기 위해 강조한 원칙이었다. 오세아니아 신어에서 B어군에 속하는 duckspeak(오리말)는 '오리처럼 꽥꽥거리는 것to quack like a duck'을 가리키는 말로서 무뇌인처럼 말하는 사람이 하는 언어를 지칭한다. 《1984》의 서술자는 꽥꽥거리며 말하는 의견이 정통적인 것이라면 이는 칭찬을 의미하며, 작중에서 〈타임스Times〉가 당의 한 연사를 두고 'doubleplusgood duckspeaker(더욱더 좋은 오리말을 하는 사람)'이라고 평가했다면 그는 더없이 따뜻한 호평을 받은 셈이라고 풍자했다.

무뇌인처럼 말하는 사람이 호평의 대상으로 간주된다는 이야기는 묵시록의 메시지처럼 들린다. 평범한(?) 예시체로 시작한 이 글의 마지막을 음울한 독재 국가 오세아니아의 신어에 관한 황당무계한 이야기로 끝맺는 것이 지나친 비약처럼 다가올지 모르겠다. 오세아니아는 허구 세계 속 국가였다. 신어는 가상의 언어이므로 현실 세계를 사는 우리와 무관하다. 우리나라 교사들이 예시체를 습관적으로 쓴다고 보는 것 역시 성급한 추단이며, 예시체를 종종 빌려 와 쓰는 교사들 역시 일부의 사례에 불과하다.

그러나 내가 쓰는 언어의 주인이 누구이며, 내가 주인이라고 생각하고 쓰는 언어의 진짜 주인이 자기 자신이 맞는지 돌아보면서 던지는 질문은 아무리 자주 해도 지나치지 않다. 우리가 습관적으로 쓰는 언어가 어떤 특정한 배경과 구조 속에서 만들어져 유통되고, 그러한 배경과 구조가 우리와 무관한 제삼자들의 이익에 복무할 수 있다. 내가 쓰는 언어의 진짜 주인이 자기 자신이라고 당당히 말할 수 있을 때 우리는 비로소 각자 자기 글을 쓸 수 있다.

학교 글쓰기의 주적

예시체 이야기를 조금 더 해 보자. 나는 예시체에 기반해 글을 쓰면서 깊이 생각하지 않는다. 문장에 어떤 내용을 담고, 어떤 형식으로 표현해야 하는지 고민하지 않는다. 끊임없이 문장을 만들어 글을 차곡차곡 짓지만 그 문장들의 진짜 주인이 누구인지 알지 못하고 알 필요가 없다. 내가 참조하는, 공문 첨부 파일에 들어 있는 예시 문장들은 교육부나 교육청의 업무 담당자들이나, 그들에게 의뢰를 받은 외부 전문가 손에서 만들어졌다. 꼼꼼한 검토와 수정 보완 작업 끝에 만들어진 문장들이니 오류나 빈틈이 있을 여지가 별로 없다.

나는 그것들을 그대로 빌려다 쓸 뿐이다. 문장 속에 담으려고 했던 의미가 이미 예시문에 담겨 있으니 내가 직접 만든 문장이나 마찬가지다. 가끔 문장에 담긴 생각이나 관점까지 나 자신의 것이라고 확신하기가 어렵긴 하다. 예시문을 활용해 글을 쓸 때 글짓기 기계가 된 것 같은 감정에 빠지는 이유가 이런 데 있을 것이다. 그때 나는 미지의 전문가들이 내 손끝에 입력해 놓은 문장을 컴퓨터 모니터에 무의식적으로 전송하는 대리 메신저 같다는 생각이 든다.

그러나 나는 글짓기 기계처럼 살고 싶은 생각이 없다. 주변의 동료 교사들이 진짜 주인이 누구인지도 모르는 문장을 인공적으로 만들어 내는 글짓기를 특별히 선호하거나 그런 글짓기의 매력을 남다르게 즐기고 있는 것 같지도 않다. 그런데 왜 나와 동료 교사들은 기계적이고 인공적인 글짓기에 빠져드는 것일까. 여기에는 학교 글쓰기를 방해하는 어떤 주적의 힘이 작용하고 있다.

교사들은 본격적인 의미의 글쓰기, 글 읽기를 하지 않아도 된다. 글을 쓰고 읽는 맛을 느끼려면 일정한 분량과 형식과 내용을 갖추는 일이 중요한데, 교사들은 그런 글을 쓰거나 읽지 않아도 되는 환경 아래서 산다. 교육 당국은 수십 쪽으로 이루어진 계획서나 보고서 본문을 두어 장짜리 요약문으로 축약해 공문 말미에 첨부해 준다. 일부러 찾아 읽는 경우를 제외하고 교사가 계획서나 보고서 전체를 읽어야 하거나, 읽지 않아서 손해를 보거나 하는 경우는 거의 없다. 학교에서 생산되는 계획서나 보고서는 업무 경감 차원에서 갈수록 단순·간략해지고 있다.

학교 안팎에서 문서 생산과 보급을 둘러싸고 펼쳐지는 이런 특이한 현상이 교육자 집단 특유의 직업적·인적 특성에서 비롯된 것이라고 생각하지 않는다. 여기에는 교육행정이라는 포괄적인 주제어 아래 묶일 수 있는, 텍스트의 생산과 유통 체제를 지배하는 특별한 언어 문화적 요인이 자리 잡고 있다. 교육 당국과 교사들의 예시체 쓰기나 축약 공문 읽기는 그와 같은 배경 아래서 꾸준히 강화되어 온 것이다. 그러한 언어문화의 밑바탕에 우리나라 공공기관을 중심으로 특유하게 발전한 개조식個條式 문장 작법이 있다.

개조식 구문은 공적 문서나 서류에 특화되어 있는 문장 유형이다. 교육 당국이나 학교에서 생산해 유통하는 일반적인 공문이나 교육(지원)

청에 보고하거나 신청하기 위해 작성하는 서류에 쓰이는 문장 유형의 상당 부분을 차지한다. 개조식 문장은 골자 중심으로 축약되거나 요약되는 형식을 띤다. '-ㅁ/음' 같은 명사형 어미로 구문을 종결하거나 명사구를 병렬적으로 나열하는 등의 표현 특징을 보여 주며, 내용 층위에 따라 구별되는 일련번호나 기호들을 활용한다.

개조個條는 낱낱의 조목을 세는 단위다. 개조식 문장 작법에 따라 서류를 작성하려면 먼저 그 안에 집어넣어야 할 핵심 내용을 선정해야 한다. 이 과정을 거치고 나면 서류 작성자는 평소 자기도 모르게 구사하는 장식적 표현이나 수식어구를 활용할 가능성이 상대적으로 낮아진다. 개조식으로 글을 쓰면 주요 정보나 사실 중심으로 내용을 간결하고 일목요연하게 전달함으로써 독자들의 가독성을 높이고, 독자들로 하여금 내용을 더 신속히 이해하게 하는 이점을 얻을 수 있다. 어떤 면에서 개조식은 쓰기를 힘들어하는 이들에게 최소한의 글쓰기 경험을 제공하는 방법일 수 있다.

잊지 말아야 할 사실들이 있다. 첫째, 완벽하게 객관적인 문장은 없다. 둘째, 문장은 내용을 전달하는 데만 쓰이지 않는다. 셋째, 글이 우리에게 미치는 영향은 문장을 통해서만 이루어지는 것이 아니다. 언어로 표현되는 문장은 표현에서 배제되는 정보를 반드시 전제한다. 우리는 글을 쓰거나 읽으며 행간에 주목하고, 겉으로 표현된 문장 속에 숨은 함의를 중요하게 생각한다. 행간을 살피고 문장의 함의를 간파하는 능력은 여러 개의 문장을 연결하여 한 편의 글로 새롭게 완성해 나가는 글쓰기, 글 읽기 경험 속에서 조금씩 길러진다. 초보 요리사가 수년간 칼질을 한 끝에 빼어난 칼 다루기 능력을 갖추는 과정과 흡사하다.

개조식 글쓰기는 그와 같은 글쓰기 능력이나 감각을 익히는 데 부정적인 영향을 미친다. 개조식 문장의 본질 속에 숨어 있는 '비인간화 현상' 때문이다. 이를 '문장 인간학'의 관점에서 알아보자. 보통 문장에는 '사람 냄새'를 풍기는 요소들이 있어서 다양한 해석의 여지가 자연스럽게 만들어진다. 개조식 문장에서는 그런 언어적 요소를 최대한 소거함으로써 메시지 전달의 객관성을 극대화하려고 한다.

문장에는 사람 냄새를 드러내는 요소가 여러 가지가 있다. '-이/가'나 '-을/를' 같은 조사의 예를 보자. 조사는 문장 요소들 사이의 문법적 관계만을 객관적으로 보여 주는 것 같다. 그런데 "(너는 가지 않지만) 나는 간다." 같은 문장을 보면 청자 '너'와 특정한 관계를 맺고 있는 화자 '나'가 특정되면서 그 '나'가 어딘가를 가려는 의지가 담긴 것처럼 보인다. 이와 같은 해석은 기본적으로 이 문장이 쓰이는 담화 맥락에 따른 것이지만, 조사 '-는'이 갖는 특별한 의미 기능[20]에 말미암은 것이다. '-는'이라는 보조사는 어떤 대상이 다른 것과 대조됨을 나타내거나 문장 속에서 어떤 대상이 화제임을 나타낸다.

문장 인간학을 뒷받침하는 또 다른 중요한 요소로 다양한 형태의 문장 종결 표현들이 있다. 우리말은 서술어로 쓰이는 동사와 형용사의 어간語幹(말줄기)에 다양한 형태의 선어말어미나 어말어미가 결합하면서 말의 형태와 의미가 다채로워지는 특징이 있다. 이를 문법 용어로 '활용活用'이라고 한다.[21] 예를 들어 동사 '먹다'의 어간인 '먹-'에 '-었-', '-겠-'

---

20. 문법적으로 보조사가 다른 말에 "특별한 의미"를 더해 준다는 점에도 주목하기 바란다.
21. 그래서 문법론에서는 활용하는 품사 부류에 속하는 동사와 형용사를 묶어 '용언(用言)'이라고 한다.

같은 선어말어미나 '-다', '-니' 같은 어말어미가 붙으면 '먹었다', '먹었겠다', '먹었니', '먹겠니'처럼 다양한 형태가 생성된다.

활용 표현은 화자의 심리 상태나 태도, 발화 의도 등을 전달하면서 문장 의미를 다양화하는 특징이 있다. 일반언어학에서는 이와 같이 여러 가지 언어 요소가 접착제에 들러붙는 것처럼 서로 결합하는 유형의 언어를 교착어라고 부른다. 우리말의 다양한 종결 표현들은 이런 교착어적인 특성을 드러내는 대표적인 요소다. 보통의 글 속에는 다양한 문장 형식들이 자유롭게 출현하기 때문에 종결 표현 역시 여러 가지 방식으로 실현된다.

개조식 문장으로 이루어진 글에서는 문장 종결 표현의 다양성을 이끄는 문법 요소들이 제한적으로 쓰이는 경향이 나타난다. "담임이나 상담교사의 가해 학생 수시 상담" 같은 문장 표현을 보자. 이 문장에는 행위의 주체('담임', '상담교사')와 대상('가해 학생')과 유형('수시 상담')이 있을 뿐 화자(글쓴이)의 주관적인 생각이나 의식, 관점을 보여 주는 언어적 요소가 없다. 이 문장을 읽으면서 화자의 목소리나 모습을 감지하기란 거의 불가능하다.

개조식 문장은 "교사 수업 역량 강화"처럼 주로 한자어를 중심으로 한 명사 유형의 단어들을 나열하는 방식으로 표현되는 것이 일반적이다. 문장을 동사나 형용사 서술어의 명사형으로 휘갑하는 방법도 개조식 문장을 대표하는 표현 방식 중 하나다. "담임이나 상담교사가 가해 학생을 수시로 상담함" 같은 문장이 그것이다. 이런 문장이 주는 어감을, "담임이나 상담교사가 가해 학생을 수시로 상담한다." 같은 일반적인 서술문과 비교해 보기 바란다.

'상담함'과 '상담한다'는 문장 종결 형태가 서로 다르다는 사실 이상의 특별한 차이를 갖는다. '상담한다'의 선어말어미 '-ㄴ'과 어말어미 '-다'에는 화자가 문장의 명제 내용을 어떻게 표현할 것인가 하는 문제와 관련되는 주관성의 측면이 숨어 있다. '상담한다'라고 표현하는 화자는 현재시제의 '-ㄴ'을 통해 시간성에 따른 발화 효과(현재성, 장면의 구체성과 생생함)를 전달한다. 종결어미 '-다'를 통해서는, 화자를 향해 대답을 요구하거나(의문문) 행동을 수행할 것을 요구하는(청유문, 명령문) 것 없이 명제 자체를 객관적으로 전달하고자 하는 심리적 태도를 드러낸다.

'상담함'은 이와 다르다. '상담함'에는 화자의 주관적 측면이나 내면의 심리적 태도를 감지하게 하는 언어 요소가 없다. '상담한다'에서는 선어말어미 '-ㄴ'을 통해 명제의 현재성이 확보되지만 '상담함'에서는 현재시제를 나타내는 문법 요소인 선어말어미 '-ㄴ'이 빠지면서 시간성이 완전히 사라져 버린다. 시간 표현과 무관한 명사형어미 'ㅁ'이 동사 서술어 '상담한다'에 내포된 동작성이나 시간성 등 동태적인 요소를 제거함으로써 상담하는 일을 정태적이고 절대적인 영역에 머무르게 한다.

시제와 상은 시간성, 움직임이나 동작의 상태, 화자의 태도 등과 관련되는 문법 범주로, 모두 인간 세계에 속하는 것들이다. '상담한다'의 기본형인 '상담하다'는 통사론적인 차원에서 볼 때 절대문 형식에 속한다. 절대문은 일체의 인간적인 요소로부터 벗어나는 것, 현장에서 떨어져 나와 현재를 상태화하고 역사화하는 것, 어떤 표현을 모든 인간적인 특징으로부터 해방시켜 비인간화하는 것, 결과적으로 신적인 것이 된 시점을 도입한 문장이다.[22]

문장 인간학의 관점에서 볼 때, 개조식 구문은 초시간성이나 정태성의 특징을 보이며, 일체의 인간적인 요소를 완전하게 삭제한 언어 표현이다. 그렇게 함으로써 우리는 개조식 문장에 담긴 명제 내용이 절대적인 신의 영역에 존재하는 것처럼 받아들이게 된다. 이를 좀 더 극단으로 밀고 나가 말하면 개조문은 인간의 문장이 아니라 탈인간, 초인간, 비인간 세계의 문장, 현실 세계의 청자나 독자를 상정하지 않는 추상적인 관념 세계에 존재하는 문장이다.

개조문의 본질적인 개념을 절대적인 권력자나 신의 세계에서나 쓰일 법한 권위 있고 신성한 문장이라는 측면에서 재정의해야 할지 모르겠다. 개조문에서 문장의 명제 내용은 일체의 인간적인 시공간을 초월하며, 마침내 그 자체로 신적인 지위를 갖는 경지에 이른다. 이는 절대문이 시제와 상 같은 모든 인간적인 언어 표지를 거세하고, 사건을 기술하는 데 신적인 시점을 도입하는 것과 유사하다.

개조문을 문법적인 절대문의 관점에서 보는 시각은 논리 비약이 아니다. 하나의 평범한 문장은 모든 인간적인 언어 표지를 벗어던지는 순간 탈인간적이고 초월적인 세계로 진입하면서 절대문화한다. 문장에 신적인 권위를 부여하기를 원하면 절대문 형식을 원용하면 된다. 개조문의 다수는 인간의 색깔이나 냄새를 풍기는 언어 표지 일체를 소거함으로써 탈인간적인 절대문 형식을 원용한 형태로 실현된다.

개조식 문체를 신적인 권위를 나타내는 절대문의 관점에서 이해하는 논리를, 개조문이 우리나라에 이식되는 역사적 과정을 통해서 이해할 수 있다. 개조식 문체가 우리나라 관공서 특유의 문장 표현법으로 자리

---

22. 임홍빈(1998),《국어 문법의 심층》, 태학사, 17~20쪽 참조.

잡게 된 기원은 멀리 18세기 중반경의 일본 메이지 시대로까지 거슬러 올라간다.[23]

일본 메이지 시대 〈대일본제국 헌법〉을 비롯하여 "권위가 요구되는" 법령의 문장이나 교과서 등에 사용된 문어文語 문체는 모두 개조문으로 되어 있었다. "天皇ハ 陸海軍ヲ 統帥ス(천황은 육해군을 통수함)"(〈대일본제국 헌법〉 제11조)과 같은 문장이 그것이다. 그 뒤 문장을 명사형의 '-ㅁ/음', '-임'으로 마무리하는 개조문 방식이 구한말과 일제 강점기를 전후로 우리나라에 이식되어 확산되었다. 그래서 일각에서는 개조문이 일제 식민 시대 문체의 잔재라고 말한다.

법률 조항을 완성하거나 공문서를 작성하는 관료는 개조식 문장을 사용하면서 문장 자체에 권위와 위엄을 부여하려는 생각을 가질 가능성이 높다. 문장이 권위와 위엄을 갖는다는 말이 이상하게 들릴지 모른다. 인류의 태초 역사에서 문자가 신의 선물이었으며, 문장이 오랫동안 사람과 신을 매개하는 신성한 도구였다는 점을 떠올려 보라. 사람이 글을 쓰지만, 실제로는 글이 신의 계시를 보여 주는 메신저처럼 간주되었다. 그래서 문장이나 글은 그 자체로 권위와 신성의 상징이 되었다.

그 뒤 수천 년의 시간을 거쳐 오면서 인류의 문자관이나 문장관이 좀 더 인간친화적인 방향으로 바뀌었다. 신적인 위엄을 갖추고 있지 못하더라도 나름의 권위가 있어야 하는 문장이나 글들이 여전히 존재하기는 한다. 국가는 사람들 사이의 관계나 그들의 행위를 공적으로 규정하는

---

23. 개조식 문체의 역사적 연원에 관한 내용은 국제관계학 박사 출신의 소준섭이 2019년 2월 20일 자 〈프레시안〉에 실은 기사 "보고서 속 '-함', '-음', '-임'… 대체 왜 쓰는 걸까?"를 참고해 정리했다.

문서들에 권위를 부여하려고 노력한다. 그런데 오늘날 우리에게 더 절실하게 필요한 문장은 민주적인 문장이다. 절대자의 권위보다 평범한 사람의 인간미가 담긴 글들이 우리 사회를 더 자유롭고 개방적인 곳으로 만든다.

문장들은 그 안에 쓰인 단어의 종류와 성격, 문장 종결 방식 여하에 따라 다양한 색깔과 냄새를 갖는다. 나는 무미건조한 공문서의 개조식 구문에서 학생들과 교사들의 숨소리를 느끼지 못한다. 사람들이 살아가는 공간이라면 마땅히 존재할 환호의 경쾌함과 침울의 불쾌함을, 공문서체 특유의 개조식 문장들은 담아내지 못한다. 개조식 문장은 사실을 관념화, 추상화하고 학생과 교사들의 생생한 감각과 생각을 삭제한다. 학교 글쓰기의 주적들이 있다면 그 리스트의 첫 자리에 개조식 문장 작법이 있어야 한다.

교사들은 원고지가 많다

학교 글쓰기의 주적들이 늘어선 진영의 앞자리에 개조식 문장을 넣는 것이 못마땅한 분들이 계실 것이다. 고작 개조식 문장 따위가 교사들이 글을 쓰는 것을 방해한다고? 개조식 문장 말고도 글을 쓰지 않아도 되거나 글을 쓸 수 없게 하는 더 심각한 배경과 이유가 얼마나 많은데?

동의한다. 그리고 나는 그분들의 머릿속, 아니 내 머릿속에도 자리 잡고 있는 학교 글쓰기의 주적 목록을 더 정리해 보여 줄 수 있다. 교사가 글을 써야 하는 이유를 10가지로 정리할 수 있다면 교사가 글을 쓰지 않아도 되거나 글을 쓸 수 없게 만드는 환경 조건은 100가지도 넘을 것이다. 나는 교사들이 글쓰기를 하지 않아도 되거나 할 수 없는 이유를 정리하며 골머리를 앓기보다 교사들이 글을 써야 하고 쓸 수 있음을 보여 주는 사실들에 더 주목한다.

학교는 글과 문자의 성소이자 제국이다. 학교는 여느 공공 기관 중에서도 글과 문자를 가장 많이 자주 생산하고 소비하는 공간이다. 학생과 교사가 수업을 하는 교실에서 펼쳐지는 유서 깊고 전형적인 교육 풍경을 떠올려 보라. 학생과 교사는 교과서를 펼쳐 거기에 담긴 문장이나 글을 함께 읽는다. 교사가 칠판에 문장들을 쓰면 학생들은 거기에 적힌 문장들을 공책에 옮겨 적는다. 교사들은 정기고사용 문제지, 수행평가용 활동지, 학습지, 공책 등에 일련의 문장들을 써넣으며 학생들을 평가한다. 학교교육 활동에 뒤따르는 공문서나 보고서는 최소 수 개에서 최대 수 쪽에 이르는 문장이나 글로 이루어진다.

교사들이 글쓰기에 활용하는 원고 서식은 한두 가지가 아니지만 그중 백미는 생기부라는 원고지다. 생기부 쓰기는 교사 글쓰기의 고갱이다. 교사의 교육철학과 학생이 경험하는 교육 활동의 과정과 결과가 생기부에 실리는 문장들 속에 반영된다.

근대적인 생기부의 역사는 18세기 후반으로 거슬러 올라간다. 국내의 페스탈로치 연구의 권위자인 고려대학교 교수 김정환은 페스탈로치가 초기 교육 운동을 펼친 빈민노동학원(1774~1780) 시절 작성한 〈빈민노동학원기록〉의 학생 평가 기록(가, 나)이 교육사에 출현한 "최초의 조직적인 생활기록부"[24]라고 평가한다.

> (가) 루디 베크리. 우수하다. 기도에 경건하다. 아주 부지런하다. 이해가 빠르다. 산수에 뛰어난 재질이 있다.
>
> (나) 발바라 브르너. 취리히 출신. 17세. 3년 전 극도로 무지한 상태로 입원入院. 그러나 재능이 뛰어남. 실을 잘 짜고, 일기 쓰기도 잘함. 노래에 천분이 있음. 이 아이는 요리를 주로 맡음.

---

24. 김정환(2008), 《페스탈로치의 생애와 사상》, 박영사, 40쪽.

18세기 후반 페스탈로치가 자기가 가르치던 학생들을 면밀하게 관찰하고 평가한 결과를 최초로 기록하기 시작한 이래 생기부 쓰기는 교사가 교육 활동을 결산하고 성찰하는 데 중요한 지침이 되었다. 교사가 생기부 맨 마지막 장의 행동 특성 및 종합 의견 칸에 써넣는 학생 평가 내용은 그 자체로 학교교육의 가능성과 의미를 증명하는 훌륭한 자료가 될 수 있다. 사람이 변화하고 성장하는 데 작용하는 교육의 기능이나 역할을, 교육 현장의 주체이자 관찰자이면서 보고자인 교사만큼 잘 아는 이는 없다.

생기부에 새겨지는 문장 하나하나는 학생이라는 개별적인 인간 존재에 대한 애정에 기반할 때 교육적 효과가 극대화한다. 교육 자체의 가능성에 대한 신뢰, 교육이 가져오는 변화와 성장 가능성에 대한 믿음, 교사가 교육 과정에서 경험하는 한계와 문제가 생기부에 쓰이는 문장들을 통해 직간접적으로 드러난다. 교사들은 이런 점을 고려하면서 솔직하고 객관적으로 생기부를 쓰고 있을까.

나는 생기부를 작성하면서 사려 깊은 인간 교육자보다 무미건조한 문장들을 공문 서식에 기계적으로 채워 넣는 행정가 같은 자세를 취한다. 간혹 학교교육의 가능성과 교육에 대한 믿음에 기반해 인간(학생) 존재의 변화가 가져온 놀라운 결과를 묘사하는 단어와 구절들을 문장에 담으려고 고민하면서 자판 키를 바삐 오간다. 그런데 그렇게 해서 나온 문장들에는 내가 가르친 실제 학생이 아니라 어떤 이상적인 학생, 나와 학생의 바람이 투영된 허구의 인간상에 가까운 인물이 그려지는 것 같다. 그래서 생기부 쓰기는 도전이자 시험처럼 다가온다.

'문제지'라는 또 다른 특별한 학교 원고지가 있다. 시험은 교육 활동의 과거와 현재와 미래를 가늠하게 한다. 교사는 시험을 통해 지난 시간 동안 실시한 교육 활동을 점검하고, 학생들의 현재 상태를 파악하며, 미래의 교육 활동이 나아갈 방향을 진단하고 그에 맞춰 계획을 세운다. 교육학자들은 교사가 시험 문제를 출제하고 시험을 치르는 일이 가르침과 배움에 대한 진지한 자기 성찰을 바탕으로 이루어지는 온전한 의미의 평가 시간이 되어야 한다고 이야기한다.

시험이 평가의 성패를 좌우한다. 그런데 나는 문제지 양식에 시험 문제를 출제하는 일을 한 학기의 중간이나 끝을 마무리하기 위해 거쳐야 하는 형식적인 통과의례처럼 간주한다. 나는 문제지에 실을 텍스트를 선정하고, 문항의 발문과 선택지 문장을 만들면서 숨이 막힌다. 내가 쓰는 발문의 형식, 선택지에 쓰이는 단어들은 누구의 무엇을 위해 존재하는가. 나는 스스로 시험 출제 시간을, 공정한 학생 줄 세우기를 명분으로 죽은 단어와 문장들을 섬세하게 배열하는 기계적인 공정처럼 바라보는 것 같아 부끄러워진다.

문제지에는 문제지 이상의 의미가 담겨 있다. 제2차 세계대전 당시 독일 나치 체제는 유대인을 혐오하고 독일 중심의 국가 민족주의 이념을 퍼뜨리는 데 중·고등학교 교과서에 실린 문제들을 적극적으로 활용했다.[25] 나치 교육 당국은 보통 '순수 학문' 분야에 속한다고 생각하는 수학 교과까지 국가주의 이념을 설파하는 수단으로 썼다.

거의 모든 문제가 탄도학이나 군사 배치에서 나온 것이거나,

---

25. 앞서 소개한 밀턴 마이어의 책 《그들은 자신들이 자유롭다고 생각했다》에 이와 관련된 흥미진진한 내용이 나온다.

또는 예를 들어 나치의 기념관이나 기념물 같은 건축물에서 나온 것이었죠. 이자율에 관한 문제도 있었습니다. '유대인 한 명이 500마르크를 12퍼센트 이자율로 빌려줄 경우…' 그리고 인구율에 관한 문제도 있었죠. 유럽의 '튜턴', '로마', '슬라브' 민족에 관한 인구 그래프를 작성하라는 문제를 내면서 다음과 같이 묻는 거죠. '1960년에 이들 민족의 상대적 크기는 얼마가 되겠는가? 거기서 튜턴 민족(독일 게르만 민족-글쓴이)에게 어떤 위험이 감지되는가?[26]

군사적인 소재나 나치와 관련된 건물들을 동원해 군국주의와 나치 이념을 퍼뜨리고, 이자율을 구하는 데 고리대금업자 같은 유대인을 등장시켜 반유대주의 정서를 조장했다. 인구 비율을 묻는 문항에 독일 게르만 민족과 그에 인접한 국가들의 민족을 대비하는 내용을 포함하여 배타적인 민족 감정을 강화하려고 했다.

이 사례들을 반면교사의 교훈처럼 활용할 수 있지 않을까. 나치가 친군사적인 소재나 반유대주의를 조장하는 이야기들을 획일적으로 활용했다면, 학교 정기고사용 문제지를 채우는 문항들을 다양한 색깔의 언어로 표현할 수 있겠다. 예를 들어 현진건의 소설 〈운수 좋은 날〉은 학생들에게 반어법을 묻는 텍스트로서뿐 아니라 일제 강점기 치하 조선 민중의 생활 언어사를 분석하고 음미하게 하는 텍스트로 이용될 수 있다. 그것이 통합을 지향한다는 오늘날 우리나라 미래교육이 나아갈 방

---

26. 밀턴 마이어 씀, 박중서 옮김(2014), 《그들은 자신들이 자유롭다고 생각했다》, 갈라파고스, 280~281쪽.

향과도 어울린다.

지난 수년간 담임을 맡을 때마다 반 학생들과 함께 '날적이' 쓰기 활동을 했다. 날적이는 학급 일기 같은 것이다. 날적이 쓰기는 릴레이 방식으로 진행했다. 앞 번호 학생이 날적이 공책에 글 한 편을 써서 바로 뒤 번호 학생에게 넘기면, 공책을 받은 학생이 앞선 학생이 쓴 글에서 눈길을 끄는 단어나 구절을 골라 그것을 제목이나 주제로 삼아 새로 글 한 편을 쓰는 방식이었다.

나는 학생들이 번갈아 가며 날적이 공책에 써넣은 글 끝에 답글을 썼다. 글을 읽고 떠오른 생각이나 내 경험, 학생에게 전하고 싶은 메시지를 적었다. 평소 학생들에게는 친구들이 쓰는 날적이 글과 담임이 쓰는 답글을 글로 나누는 대화라고 생각하라고 말하면서 날적이 글을 쓸 때 그런 점을 적극적으로 고려하도록 요청했다. 그러고 나면 종종 학생들이 내 답글에 댓글을 남기거나, 평소 수업 시간에 여러 사람 앞에서 꺼내기 힘든 묵직하고 진지한 주제를 글 속에 담아 놓았다.

학생들이 문장들을 써넣은 날적이 공책 줄칸 아래쪽의 나머지 빈칸들은 나만의 특별한 원고지였다. 그 여백의 공간에 답글을 남기는 일이 국어 교사로서 누리는 특권이자 각별한 재미처럼 다가왔다. 그런 특별한 원고지에 글을 쓰는 일이 나 같은 국어 교사에게만 허락된 특권이나 재미는 아닐 것이다. 교사들에게는 학생들이 수업 시간이나 교육 활동 중에 활용하는 수행평가용 활동지나 학습지가 있고, 교과서와 공책이 있다. 교사들은 매일같이 그 특별한 원고지들에 길거나 짧은 문장들을 써넣는다.

활동지나 학습지나 공책에 휘갈기듯 쓰는 '검'이나 '확인'은 무미건조하다. '검'과 '확인'을 쓰거나 읽으면서 서로 대화를 나눈다고 생각하는 교사와 학생은 별로 없을 것이다. 나는 학생들이 공책에 해 놓은 숙제를 교사가 확인하면서 끝부분에 써 놓는 "애 많이 썼다." 같은 문장들이 학생들에게 미치는 보이지 않는 영향을 과소평가해서는 안 된다고 생각한다. 학생들은 그런 문장들에서 교사의 또 다른 시선과 숨결을 느낀다.

가르친다는 것

사람들은 합리와 효율을 지상의 척도로 삼아 교육을 재단하는 경향이 있다. 교육에 10원을 투입한다면 최소한 10원 이상의 성과를 얻어 내기 위하여 누가 무슨 일을 어떻게 해야 하는지 일일이 따진다. 그러나 교육은 종종 불가사의한 인간 활동의 하나처럼 보이며, 우리가 머리로 계산할 수 있는 범위를 훌쩍 뛰어넘는 곳에서 이루어지는 일처럼 다가온다. 사람과 사람이 만나 서로 관계를 맺고 변화하고 성장해 가는 데에는 우리가 이해하거나 해명할 수 없는 신비로운 일들이 많다.

교사들은 '교육적'이라는 낱말을 즐겨 쓴다. 학교에서 열리는 회의가 쟁점에 가로막혀 제자리를 맴돌 때, 학교 생활교육 업무를 맡은 선생님들이 활동 방향이나 방법을 논의하다가 의견이 크게 엇갈리면서 결말이 요원해지려고 할 때, 우리는 이 단어가 들어간 문장을 자주 듣는다. "우리 교육적으로 생각합시다." 순간 '교육적'이라는 말의 마법이 시작된다. 쟁점을 뚫어지게 바라보던 완강한 시선이 조금 풀어지고, 지지부진하게 진행되던 회의가 속도를 낸다.

'교육'이 일반적으로 가르치는 일을 가리키니 '교육적'이라는 말은 교육의 본질에 맞게 가르친다는 의미를 담고 있을 것 같다. 마침 '교육'과

'교육적'이라는 낱말 모두 《표준국어대사전》에 나란히 실려 있다. 이들 두 낱말이 별개의 단어로 간주되고 있음을 뜻하지만, 실제 뜻풀이를 보면 별다른 의미 차이가 없다. '교육'은 "지식과 기술 따위를 가르치며 인격을 길러 줌"이라고 풀이되어 있다. '교육적'이라는 말은 명사와 관형사 두 가지로 쓰인다. 각각 "지식과 기술 따위를 가르치며 인격을 길러 주는 것", "지식과 기술 따위를 가르치며 인격을 길러 주는"이라고 풀이되어 있다.

뜻풀이 문장들의 서술부 종결형('줌'과 '주는 것'과 '주는')을 분석하여 이들 단어 각각의 고유한 뉘앙스를 이야기할 수 있겠다. '줌'은 '교육하는' 행위를 추상적이고 관념적인 의미 세계에 고정해 놓은 듯한 느낌이 강한 반면에, '주는 것'과 '주는'은 교육 행위가 실제적이고 구체적으로 이루어지는 과정에 초점을 맞추었다.[27] 뉘앙스 차원에서 그럴지 모르겠으나 본질적인 의미 차원에서 보면 별다른 차이가 나지 않는다. 두 낱말의 핵심 의미를 설명하는 부분도 "지식과 기술 따위를 가르치며 인격을 기르다"로 정확히 일치하기 때문이다.

'교육'이라고 말하면 되지 '교육적인 교육' 같은 말은 쓸 필요가 없다. '교육'과 '교육적'이 같다면 '교육적인 교육'은 동어반복적인 표현에 가깝다. 그런데 왜 교사들은 학교에서 그렇게 자주 '교육적인 것'에 대하여 고민할까. 학교에서 일상적으로 실시하는 보통의 교육과, 무엇인가 특별한 목적과 방향을 바탕으로 이루어지는 교육적인 활동이 따로 구별되

---

27. '줌'은 어간 '주-'에 명사형 어미 '-ㅁ'이 결합된 형태로서, 시제 요소가 전혀 없는 무시간적 표현이다. 반면 '주는 것'과 '주는'은 현재시제 선어말어미 '-는'을 포함하고 있다. 행위자가 일정한 시간의 흐름 속에서 일련의 행동을 취하는 상황을 가늠해 볼 수 있는 것이다.

기 때문일까.

나는 꽤 오랫동안 '가르친다는 것'을 간단명료하게 규정할 수 있다고 생각했다. 교과 지식을 풍부하게 알고(내용), 학생들과 원만한 사이를 유지하며(관계), 교과 내용에 적절한 수업 방식(형식)을 쓰면 훌륭한 가르침을 실현할 수 있다고 보았다. 그런 생각을 하면서 교과 공부에 몰두하고, 다양한 학습지나 학습 활동 방식을 구안해 활용하려고 했다. 학생들의 감정과 생각을 존중하고 거기에 귀를 기울이려고 했다.

교사가 학생을 가르치는 데는 이 모두가 필요하고 중요하다. 그런데 나는 교사 생활을 하면 할수록 풍성한 교과 내용과 학생들과 맺는 원만한 관계와 매끄러운 수업 기술로 채워지지 않는 부분이 있다는 것을 조금씩 깨닫는다. 수업 중에 우연히 튀어나온 어떤 말에 자극을 받아 한 시간 내내 목소리를 높일 때가 있다. 나는 수업을 일방적인 강의처럼 진행하지만, 나와 학생들이 함께하는 교실에 근원과 이유를 알기 힘든 어떤 고양감이 퍼져 나가는 것을 느낀다. 그럴 때 내 가슴은 오랫동안 준비해 실시한 모둠 수업 때보다 더 큰 보람으로 가득찬다.

교사 생활을 하면 할수록 교육에 대한 확신을 갖기 어려워지는 것 같다. 명백해 보였던 가르침이라는 말이 이제는 요령부득의 상징어처럼 다가온다. 그렇다고 예전처럼 스스로 조바심을 내며 불안해하거나, 가르침의 의미를 모호하게 받아들이고 있는 것에 부끄러움을 느끼지 않는다. 가르침의 의미를 스스로 엄격히 규정해야 마음이 가라앉던 지난날과 다른 모습이다. 과거에는 가르침이 이러저러한 것이라는 식으로 명확하게 규정을 하지 않으면 마음이 불안했다. 교육자적인 자질과 능력이 부족한 교사들이나 교육을 자기 멋대로 한다고 생각했다.

교사들은 본능적으로 가르침의 정답이나 표준, 모범 답안 것들을 꿈꾸지만 그런 것은 없다. 「초·중등교육법시행령」 제36조의5 제3항에서는 학급 담임(학급 담당 교원)이 해야 할 일로 학급 운영, 학급 학생에 대한 교육 활동과 이와 관련된 상담 및 생활지도 등을 들고 있다. 담임 교사들은 이 일들을 충실히 수행하려고 나름의 교육철학과 교육방법을 활용한다. 그렇다면 어떤 담임 교사가 학급 운영이나 교육 활동을 하는 데 적당할까. 규칙과 규정을 중시하는 엄격한 훈육파일까, 대화하고 경청하면서 눈앞에 있는 문제를 천천히 풀어 가는 관대한 관계파일까.

원칙적으로 보면 관계파 교사가 학급 담당 교원이 추구해야 할 전형적인 담임 교사상처럼 보인다. 한때 엄한 규율을 강조하면서 학생을 통제하는 데 교직 생활의 보람을 느끼는 듯이 지내는 교사를 탐탁지 않게 생각한 적이 있었다. 더는 그렇게 보지 않는다. 규율과 통제가 획일적이고 일방적으로 행사되는 교실을 제외하면, 규율과 통제 없는 교실은 운영 자체가 힘들다. 학급 담당 교원의 정체성 속에는 훈육파와 관계파 교사의 자질이 균형적으로 자리 잡고 있는 것이 좋다.

한편으로 나는 교사가 '수업의 달인'처럼 교육 활동을 수행하는 것이 교육 전문가로서 갖추어야 할 최소한의 필수 자질이라고 여겼다. 수업 하나만 잘해도 교사 전문성의 많은 것들이 충족된다고 생각했다. 지금은 이런 생각도 많이 옅어졌다. 어떤 수업이 훌륭한 수업인가. 훌륭하다고 판명된 수업 모형은 언제 어디서나 예외 없이 적용되는가. 이런 질문을 던지면 던질수록 고유의 교육 활동을 수행하는 교사 수만큼이나 많은 교사 전문성이 존재할 것 같다는 생각이 들었다.

몇 년 전 캐나다 앨버타대학교 교육학부의 막스 반 매넌Max van

Manen 교수가 쓴《'가르친다는 것'의 의미》라는 책을 처음 손에 쥐었을 때였다. 정답을 찾기 힘든 가르침을 어떻게 정의하려고 그렇게 대범한 주제를 제목에 담았는지 궁금했다. 책을 몇 쪽 읽고 나자 제목에서 느껴지는 저자의 야심이 그저 허풍만이 아니겠다는 생각이 들었다. 책을 끝까지 읽고 나서는 어떤 자신감과 위로까지 받았다. 가르친다는 것의 의미가 여전히 불분명하기는 했지만 말이다.

매년 교수의 책에는 좋은 교사와 좋은 수업에 관한 내용이 곳곳에 적혀 있었다. 좋은 선생님은 그냥 수학이나 시를 가르치지 않는다. 좋은 선생님은 그가 가르치는 수학이나 시 자체다. 교사는 가까이, 혹은 멀리서 개입하기와 물러서기를 병행하며 어린이의 성장을 이해한다.[28] 그것은 좋은 가르침이나 좋은 수업에 관한 정형화한 틀이나 모델이 아니라 교사가 취하는 태도, 제스처 같은 것들에 관한 내용이었다. 매년 교수의 생각은 교육과 가르침에 대한 내 허술한 생각을 뒷받침하는 알리바이처럼 다가왔다.

매년 교수는 무언의 '분위기'가 만들어 내는 교육적인 의미를 힘주어 말했다. 교사는 말(언어)로 일을 하는 사람이다. 이는 역설적으로 교사가 말을 아끼고 사랑하는 존재여야 함을 의미한다. 매년 교수도 책 여러 곳에서 '침묵'의 중요성을 이야기했다. 절제하는 말하기, '말하지 않음'의 말하기를 고민하고 실천하면서 말 없는 의사소통이 주는 보이지 않는 힘을 인식할 때 교사의 말이 권위를 얻는다.

교사들은 새내기 시절부터 교사가 열정적으로 가르치고 학생이 즐겁

게 배우는 곳이 이상적인 교실이라는 소리를 귀가 닳도록 듣는다. 현실 속의 학교에서 그런 교실을 만나기란 쉬운 일이 아니다. 교사는 교과서 내용을 충실하게 가르치려고 노력하지만, 그럴수록 학생들은 소극적으로 변하거나 무기력해진다. 이상한 일이다. 거기에는 교사가 가르치는 방법이 잘못되었다거나 학생들의 학습 태도에 부적절한 측면이 있다거나 하는 것들과 별 상관이 없는 다른 이유가 있다.

미국 교사 시어도어 다이먼의 《배우는 법을 배우기》에 이런 문장이 있다. "배움의 열쇠는 애쓰는 것이 아니라, 멈추어 명료하게 생각하는 데 있다." 다이먼은 이렇게 덧붙였다. "당신이 늘 하던 방식대로 행하는 것을 멈추는 것이 배움의 비결이다." 나는 교사가 멈추어 명료하게 생각하고, 늘 하던 방식대로 행하는 것을 멈추는 교실의 공기를 상상해 보았다. 그러자 조용하고 무거운 침묵 속에서 정신이 고양되는 기쁨을 만끽하는 나와 학생들의 모습이 떠올랐다.

교육적 마인드

가르침을 사유한다는 것은 '교육'과 '교육적인 것'의 본질을 깊이 돌아보는 일이다. 무엇이 교육이고 교육적인 것인가. 교육적인 교육이 있다면 비교육적인 교육도 가능하다. 형식 논리 측면에서만 보자면 비교육적인 교육도 교육이라고 말할 수 있다. 가르치지 않음의 가르침과 멈춤에서 이루어지는 배움과 침묵의 교육도 가능하다. 어디서부터 어디까지가 가르침의 영역에 해당한다고 정의할 수 있을까.

김두식 경북대 법학전문대학원 교수가 2011년에 낸 책 《헌법의 풍경》에는 '리갈 마인드legal mind'를 비판적으로 살핀 대목이 나온다. 리갈 마인드는 법률가들이 갖는 직관적이거나 주관적인 법 감각을 의미한다. 김 교수가 리갈 마인드를 자세히 살핀 취지는 리갈 마인드가 법률가들의 주관적인 가치 판단을 정당화하는 기제로 쓰이는 것을 경계하는 데 있었다.

법률가들은 엄격한 선발 절차와 수련 과정을 거쳐 사법 현장에 입문한다. 법률가 중에는 한 사회를 이끄는 최고 전문 직종 분야에서 일한다는 사실에 기대어 자존감이 높고 무오류주의자를 자처하는 사람이 적지 않다. 리갈 마인드는 법률가들의 그런 '자뻑' 성향을 강화하는 데 쓰일 수 있는 개념으로 보였다. 김 교수가 리갈 마인드를 비판적으로 살핀 대목을 읽으면서 글쓴이의 의도를 이런 맥락에서 이해했다.

그러나 법률가는 사람이다. 무오류의 존재가 있다면 그는 신의 세계에나 어울린다. 법률가가 리갈 마인드를 무기 삼아 무오류주의를 자처하는 것은 사람이 신 같은 존재가 되겠다는 오만함의 발로다. 법률가는 신이 아니라 사람 사는 세상의 이치를 따르면 된다. 물[氵]이 흘러가듯[去] 만들어진 것이 법法이다. 이법위인以法爲人이다. 법률가는 세상의 상식과 보통 사람의 삶을 헤아려 법을 다루면 된다. 리갈 마인드처럼, 그들 사이에만 통용되는 고유의 법률적 직관이나 감각은 따로 설정할 필요가 없다.

리갈 마인드를 기억 속에서 다시 꺼낸 것은 교사들이 학교에서 자주 쓰는 '교육적'이라는 말 때문이었다. 교사들은 학교폭력이나 생활지도 사안이 발생해 동료들과 협의하고 회의를 할 때 다음과 같은 말들을 자주 하고 듣는다.

"학생을 '교육적으로' 지도하기 위해 고민해야 할 문제들이 무엇일까요?"

"학생인권은 '교육적인' 문제입니다."

"학교폭력을 다루는 현행 법률은 학교폭력을 '교육적으로' 처리하지 못하게 하는 악법이라고 생각합니다."

"징계든 생활교육이든 그와 관련된 모든 절차와 과정에서 '교육적인' 접근을 하는 것이 중요합니다."

학교에서 '교육적'이라는 말의 개념에 관한 질문을 던지거나, '교육적'이라는 말에 담긴 여러 가지 의미를 꺼내 놓고 서로 따져 보거나 하는 교사들은 거의 없다. '교육적'이라는 말은 그 자체로 자명하고 당위적인 전제에 가깝다. 그것은 말이 필요 없는 말이다. 하지만 누군가 교사들에게 이 문장들 속에 있는 '교육적'이라는 말이 무엇을 뜻하는지 말해 달라고 질문하면 그들은 상당히 구체적으로 대답할 것이다. 교사들은 각자 중요하게 여기는 교육철학에 바탕을 둔, '교육적인 마인드'라고 부를 만한 의식의 한 차원이 자신들에게 있다고 여긴다.

앞에서 법률가 집단의 의식이나 태도와 관련하여 '법률적legal'이라는 개념을 따로 설정할 필요가 없다고 말하면서, 법률가들이 붙잡고 있어야 하는 것은 리갈 마인드가 아니라 세상의 근본 원칙이나 상식이라고 말했다. 이런 논리가 타당하다면 저 문장들 속의 '교육적'이라는 말 역시 동일하게 취급하는 것이 맞다. 교사들이 유념해야 할 것은 교육적인 마인드가 아니라 교육의 근본 원칙이나 철학이다. 그렇다면 교육적인 마인드라는 말은 따로 존재할 필요가 없다.

2020년 여름방학에 전북교육청 학생인권센터에서 1주일 동안 실시한 학생인권 직무연수에 참여했다. 연수 마지막 날 일정을 광주시교육청 학생인권 구제 담당자가 진행했다. 그가 준비해 온 연수 자료에 네덜란드의 어느 학교에서 실제로 일어난 일이 사례로 실려 있었다. 학교 복도를 지나가던 한 학생이 복도 한쪽에 세워져 있던 쓰레기통을 발로 차 쓰러뜨렸다. 쓰레기통에서 쓰레기가 흘러 나와 복도에 퍼졌다. 우연히 교무실 문을 나서던 교사가 그 광경을 보았다. 교사가 학생에게 어떻게 하는

것이 '교육적인' 생활교육일까.[29]

　가상의 시나리오를 짜 보자. 관계파를 지향하는 김 선생님은 학생이 쓰레기통을 찰 만한 배경이 있었을 것이라고 생각해 차분하게 이유를 들으려고 할 것이다. 훈육파에 가까운 이 선생님은 학생을 호되게 꾸짖고 학생이 쓰레기를 원래대로 쓰레기통에 주워 담게 할 것 같다. 즉석 해결파 박 선생님은 학생 이야기를 듣고 위로나 조언, 훈계를 한 뒤 쓰레기를 주워 담게 할 것이다. 학생에게 쓰레기를 주워 담게 하는 것이 교사의 자의적인 체벌일 수 있다고 생각하는 최 선생님은, 학교생활교육위원회 심의 같은 규율 적용 절차를 거쳐 나온 결정에 따라서만 학생을 지도하는 것이 합리적이라고 판단할 것이다. 체벌파 정 선생님은 매를 들고 학생을 때렸을 것이다.

　복도 쓰레기통 사안은 하나의 사례다. 중학생 몇 명이 학교 밖 골목에서 담배를 피우다 인근 주민 눈에 띄었다. 주민이 학교에 자초지종을 '신고'했고, 신고 주민이 전해 준 신상 관련 정보 몇 가지를 바탕으로 조사한 결과 학생 몇 명이 지목되었다. 학생 두 명이 학생부실로 소환되었다. 한 학생이 호기심을 이기지 못하고 담배를 피워 보자고 말한 것이 사건의 발단이었다. 학생들은 주인 눈길을 분산시키려고 각자 역할을 분담했다. 편의점에 들어가 사전에 짠 시나리오에 따라 일사불란하게 움직여 전자담배 몇 개를 훔쳐 냈다. 훔친 담배는 으슥한 골목으로 들어가

---

29. 당시 네덜란드에서 교사가 학생에게 쓰레기를 다시 쓰레기통에 주워 담게 하는 생활지도 방식이 체벌이냐 아니냐를 두고 논란이 일었다고 한다. 그 일이 실제 어떻게 진행되었는지 궁금하여 강의가 끝난 뒤 광주시교육청 학생인권 구제 담당자에게 물어보았다. 후속 언론 보도가 없어 확인할 수 없었다고 했다. 그 뒤 이 글을 쓰면서 인터넷을 검색해 보았는데, 관련 기사를 찾을 수 없었다.

나눠 피웠다. 이들을 어떻게 다루는 것이 '교육적'인가.

복도 쓰레기통 사안이나 전자담배 사안을 대하는 몇 가지 사례 유형에서 정 선생님이 속한 체벌파는 교육적인 것들의 목록에서 제외하자. 그 나머지 관계파(김 선생님의 경우), 훈육파(이 선생님의 경우), 즉석 해결파(박 선생님의 경우), 규율 절차파(최 선생님의 경우) 유형은 교육적인 접근 방식에 포함해도 될 것이다. 각 유형에 대한 적극 찬성과 소극 찬성, 호오의 정도 차이 등이 있을 수 있다. 그렇다면 교육적이라는 말은 정의하기가 불가능한, 교사가 생활지도 사안에 개입하는 정도나 방법 여하에 따라 달라지는 상대적인 개념일까.

사람들은 교육을 말하면서 철학과 원칙, 본질과 핵심을 강조한다. 실제 학교를 중심으로 이루어지는 제도교육이 현실 논리에 따라 굴러가지 않는가 하는 점은 논외로 하자. 사람들이 강조하는 교육의 철학과 원칙, 본질과 핵심은 우리 사회가 어떤 상황에서도 포기해서는 안 된다고 공개적으로나 암묵적으로 합의한 좌표 구실을 할 것이다. '공교육', '민주시민교육', '인성' 같은 것들이 그와 같은 목록의 중요한 자리를 차지할 것이다. '교육적인 마인드'를 이들 좌표에 기대 이해하면 될까.

리갈 마인드가 불필요하다며 비판적으로 말하면서 교육적인 마인드는 우호적으로만 보는 것은 합리적이지 않다. 나는 이제 리갈 마인드의 의의나 쓰임새를 어느 정도 인정하는 쪽으로 생각을 바꾸려고 한다. 리갈 마인드를 맹목적으로 신봉하는 법률가는 문제지만, 리갈 마인드를 무시하고 상식으로만 법률을 다루는 법률가 역시 조건 없이 신뢰하기는 힘들다. 리갈 마인드는 법률가 양성 과정에서 겪는 경험과 법률 현장에서 익힌 감각을 통해 오랜 기간에 걸쳐 만들어질 것이므로 법을 해석하고 이해하는 데 도움이 된다.

법률이든 교육이든 상식으로 처리할 수 있거나 처리해야 하는 일이 있는가 하면 섬세한 '법률적·교육적 마인드'가 필요한 일이 있을 수 있다. 교육은, 자연 현상을 설명하는 데 특별한 예외 없이 보편적으로 적용되는 물리 이론이나 원료 투입에서 제품 산출에 이르기까지 객관적인 수치가 지배하는 자동화 공장의 생산 시스템과 다르게 움직인다. 교육 이론은 시대적 요인이나 사회 현실의 자장에서 벗어나기 힘들며, 교육 활동에 참여하는 주체들의 의식은 끊임없이 변한다.

이 모든 사실들을 제외하고 보더라도, 교육적 마인드는 우리가 교육이라는 보편적인 인간 활동을 수행해 나갈 때 견지해야 할 근본 원칙이나 명제를 규정하는 데 꼭 있어야 할 무엇이다. 정답 없는 교육, 심지어 비교육적인 것이라고 보일 수도 있는 교육의 가능성을 조금이라도 인정한다면 말이다. 중요한 것은 그러한 교육 활동의 의미를 거듭 고민하고 사유하는 과정이다. 그것이 교육적 마인드가 제대로 작동하는 데 필요한 최소한의 조건일 것이다.

제2장

개인적인 의견입니다만

여기서 객관성은 아무 가치도 없다.
사람은 대상이 아니라 주체다.
따라서 무엇보다 중요한 것은 주관성이다.
주관성을 무시할 때 진실이 드러나는 것이다.
하지만 진실은 스스로 만족하지 못한다.
그 정체를 드러낸 이상 진실 역시 검증을 받아야 한다.

_빌 루어바흐·크리스틴 케클러, 《내 삶의 글쓰기》

나 글쓰기

　나는 교직 입직 직전 해인 1999년 대학원 박사 과정에 입학했다가 2007년 2월에 졸업했다. 대학원은 교육부 직할 연구기관이었다. 일반적인 대학원과 달리 대학원생 대부분이 한 기숙사에서 매일 숙식을 함께하는 체제로 운영되었다. 입학 후 1년 동안 기숙사에서 지냈다. 남향의 고즈넉한 산자락 아래 자리 잡은 조용한 곳에서 인문학과 사회학, 예술학 등 다양한 학문을 연구하는 동료들과 매일 함께 지내면서 알찬 시간을 보냈다.

　2000년 3월 교사 생활을 시작하면서 대학원에 휴학원을 냈다가 1년 만인 2001년에 복학원을 제출했다. 그해 초 나는 학교에 야간제로 개설된 정보처리과로 자리를 옮겼다. 당시 정보처리과는 오후 2시에 정식 일과를 시작해 오후 9시경에 하루 일정이 마무리되었다. 오전 시간을 충분히 활용하면 대학원 강의 시간을 가질 수 있을 것 같았다.

　3월부터 1주일에 하루 이틀씩 학교가 있는 전북 군산과 대학원이 있는 경기 성남 사이를 오가며 학점을 이수했다. 정해진 학점을 모두 이수하면 대학원을 수료할 수 있었고, 수료 후 논문을 써서 학위 심사 과정을 통과하면 정식 졸업 단계에 이를 수 있었다. 처음에는 수료 단계에서 마치고 싶었는데, 군산과 성남을 오간 힘든 시간을 그냥 흘려보내는 게 아쉬웠다. 우여곡절 끝에 수료에 필요한 학점을 2년여 만에 따고, 그 후 4년여를 더 매달려 박사학위논문을 탈고했다. 2007년 2월에 박사학위를 취득했다.

1999년, 더 길게 보면 석사 과정을 시작한 1996년부터 2007년까지 내 글쓰기는 거의 학술 논문 쓰기에 집중돼 있었다. 10년이 넘는 기간을 격식적인 논문체 쓰기를 실전처럼 경험하며 지냈다. 박사논문을 탈고하고 나서도 3년여 동안 논문 쓰기에서 빠져나오지 못했다. 어느 해에는 전공 분야 학회지들에 논문 4편을 게재할 정도로 글쓰기에 빠져 지냈다. 논문 한 편씩을 탈고할 때마다 논문체가 글쓰기 감각을 통제하는 뇌세포에 깊이 각인되었다.

사람들은 논문과 같은 학술적인 성격이 짙은 글을 쓰는 일이 어렵다고 짐작한다. 나는 오히려 논문 쓰기가 쉬운 글쓰기 유형이라고 생각했다. 논문 쓰기는 독특한 데가 있다. 논문의 주제와 주요 논점들을 정하고, 일정하게 정해진 틀(구조) 속에 상투적인(?) 문장들을 채워 넣으면 완성된다. 다음과 같이 일종의 관용적인 형식으로 굳어진 첫 문장을 쓰다 보면 다음 문장이 손끝에서 술술 풀려 나왔다. "본고의 목적은 ~하는 것이다."

'본고'와 같이 고풍스러워 보이는 한자어가 주는 어감은 묘하고 유별스럽다. 그런 독특한 표현들이 논문 고유의 권위를 만들어 내는 것 같았다. 지금 돌이켜 보면 민망한 생각들이다. 대부분의 사람들은 논문 쓰기를 어렵게 여긴다. 논문 쓰기가 원래부터 권위적인 글쓰기 유형에 속하는 일일 리 없다. 하지만 나는 그런 관용적인 어구들을 쓰면서 보통 사람과 다른 글을 쓴다는 식의 지적 허세에 빠져 있었던 것 같다.

나는 논문을 쓰면서 보통의 글에서는 만나기 힘든 특이한 문장들을 자연스럽게 썼다. 우리는 일상적인 언어생활을 하면서 '본고'가 주어 자리에 들어가는 문장을 쓰거나 거의 듣지 않는다. 글 쓰는 목적을 정하는 이는 글 쓰는 주체인 1인칭 대명사 '나'다. 굳이 '나'를 쓰고 싶지 않다면 '본고'라는 건조한 한자어보다 '이 논문' 같은 평이한 표현을 쓰는 것이 좋다. 내가 논문을 쓰면서 각별한 어감을 느낀 예의 문장은 이렇게 바꾸어 쓰는 것이 자연스럽다. "나는 이 논문을 ~하기 위해 썼다."

논문을 완성해야 하는 연구자들은 논문을 쓸 때 관행적으로 통용되는 금기 사항들에 유의한다. 일반적으로 논문은 객관성에 기반을 두어야 한다. 논문의 객관성 조건을 중시하는 사람들이 1인칭 대명사 '나'를 문장 표면에 노출하는 것을 꺼리는 것도 논문 쓰기의 금기 사항 중 하나다. 그들은 1인칭 대명사 사용 문제가 논문의 객관성은 물론이고 신뢰성과도 직접적으로 연관된다고 생각한다.

2006년 초가을 무렵 박사논문 초고를 완성하고 대학원 석사 과정 지도 교수에게 원고를 보여 드렸다. 며칠 뒤 원고를 받아 보니 "문체는 ~라고 본다"와 같은 문장의 '본다'에 빨간색 밑줄이 그어져 있었고, 그 아래에 '본다'가 문장의 객관성을 해칠 수 있으니 다른 서술어로 바꾸거나 문장 형식을 달리하는 게 좋겠다는 메모가 적혀 있었다. 서술어 '본다'와 호응하는 생략된 주어 '나'를 떠올리면서, 그 1인칭의 '나'를 배제해야 글의 객관성과 사실성을 살릴 수 있다는 원칙 같은 것을 생각하셨을 것이다.

신문과 방송 기사문에서는 이런 점이 더 노골적으로 적용된다. 대부분의 기사문에는 '나' 주어문이 없다. 기자는 자신의 취재 과정에서 얻은 사실을 바탕으로 기사를 쓰기 때문에 객관성과 사실성을 살린다는 명분 아래 '나'를 완벽하게 생략한다. '나' 생략 현상은 사실 보도 위주의 일반 단신 기사나 글쓴이(기자)의 의견이 덧붙는 분석 기사를 구별하지 않고 공통적으로 나타난다.

'나'를 금기시하는 기사문 작성 관행이 실제로 어떻게 실현되는지 살펴보자. "나는 김정은 북한 국무위원장이 트럼프 미국 대통령과 제3차 정상회담을 여는 데 합의할 것으로 예측한다." 이렇게 써야 할 문장이 "김정은 북한 국무위원장이 트럼프 미국 대통령과 제3차 정상회담을 여는 데 합의할 것으로 예측된다"와 같이 표현된다. 예측하는 주체가 '나'(기자)임이 분명하지만, 기사문 쓰기의 일반적인 관행에 따라 '나'를 숨기는 과정에서 어색한 피동형 문장으로 바뀌게 된 것이다.

피동문은 문장의 주체가 모호해지는 측면이 있어서 글을 쓰는 이가 독자에게 특정 사안의 책임 소재 문제를 일부러 애매하게 전달하고 싶거나, 책임을 따지는 일을 회피하고 싶을 때 즐겨 쓰인다. 신문이나 방송 기사문을 작성하는 기자들은 사실 확인과 전달, 정보 소재, 명예훼손이나 인신공격의 가능성 같은 문제와 관련해 논란이 일어나는 것에 자주 부담을 느낀다. 그래서 '나'를 피하고, 문장의 발화 주체나 행위 주체가 불분명한 피동형 문장을 관행적으로 쓰면서 자신에게 전가되는 책임 문제에서 벗어나려고 한다.

헨리 데이비드 소로는 글쓰기에서 '나' 주어문이 어떤 의미가 있는지 명확하게 알고 있었다. 소로는 훗날 세계적인 명성을 얻는 책《월든》을 쓰면서 다음과 같은 글쓰기 원칙을 천명했다.

대부분의 책에서 나, 즉 일인칭 대명사는 생략하지만 이 책에서는 생략하지 않을 것이다. 자기중심적이라는 면에서 이 책은 다른 책들과 다르다고 할 수 있다. 우리는 말하는 사람이 결국은 언제나 일인칭이라는 것을 흔히 잊어버린다. 만약 나 자신에 대해서만큼 내가 잘 아는 다른 사람이 있다면 내 이야기를 이렇게 꺼내지는 않을 것이다. 불행히도 나는 경험이 부족한 탓에 나라는 주제로 한정되게 되었다.[30]

소로의 "자기중심적"인 글쓰기는 '나'가 문장의 전면에 등장하는 1인칭 주인공 시점 같은 글쓰기다. 이는 주인공이기도 한 서술자 '나'가 자신의 이야기를 하겠다는 언명이다. 소로는 서술 시점의 이야기를 하면서 단지 서술 방식의 문제에만 초점을 맞추지는 않았다. "내가 이제부터 하려는 이야기는 중국인이나 하와이섬의 원주민들에 관한 것이 아니라 바로 이곳 뉴잉글랜드에 사는 여러분들에 관한 것이다."[31]

우리는 글을 쓰는 사람이 '나'라는 사실을 쉽게 잊는다. 마치 현실에 실존하는 '나'가 따로 있고, 글을 쓰는 '나'가 따로 있다는 듯이 생각하면서 글을 쓴다. 그러나 글은 '나'가 쓰는 것이며, 글을 쓸 때 우리 모두는 '나'의 시선과 생각의 그물 속으로 들어온 것에 기댄다. '나'가 사라지고 없거나 '나'를 교묘하게 숨기는 글은 글쓴이가 자기 자신을 부정하는 글이다.

---

30. 헨리 데이비드 소로 씀, 강승영 옮김(2011), 《월든》, 은행나무, 16쪽.
31. 헨리 데이비드 소로 씀, 강승영 옮김(2011), 《월든》, 은행나무, 16쪽.

1인칭 대명사 '나'를 둘러싼 문제는 글쓰기의 주관성과 연결된다. 주관성은 문장론에서 이중적인 대접을 받는다. 교과서 집필자들은 교과서를 쓸 때 문장들이 객관적이어야 한다는 집필 원칙을 금과옥조처럼 받아들여야 한다.

국어 교사들은 글쓰기 원칙이나 이론을 가르치는 국어 작문 시간에 학생들에게 글이 주관적이어서는 안 된다고 설명한다. 이와 동시에 글에는 모름지기 자기 색깔이나 개성, 목소리가 담겨 있어야 한다고 강조한다. 글의 개성을 강조하는 관점은 달리 말하면 글에 주관성을 담으라는 관점과 비슷하다.

규범적인 글쓰기를 강조하는 문장가들은 글 속에 '나'를 드러내는 것을 별로 선호하지 않는다. 글에서 '나'를 빼거나 숨기면 주관성이 줄어들고 객관성이 살아날 것처럼 이야기하면서, 객관적인 글이 주관적인 글보다 훌륭한 것처럼 말한다. 그러면서도 그들은 글 속에 글쓴이 자신의 의견이나 주장이 명확하게 들어 있어야 하며, 개성이 살아 있어야 한다고 말한다.

교과서 집필자들이나 국어 교사나 규범주의 문장가들이 한 입으로 두말하는 사람들은 아닐 것이다. 객관성도 맞고 주관성도 맞다. 독자들에게 공감을 얻어 내거나 독자들을 설득하기 위해서는 객관성과 주관성이 모두 있어야 한다. 이런 사실을 간과하고 '나' 없는 문장을 쓰면 객관성을 얻는다는 식의 논리를 펴는 것은 어딘지 모르게 허술하다.

원칙적으로 우리가 글 속에 담아내는 문장은 모두 '나'의 것이다. 내 주관적인 판단, 의견, 생각의 그물을 통해 한 번 걸러 나온 결과가 문장이다. "지구는 돈다"처럼 과학적으로 자명한 사실을 객관적으로 진술한 것처럼 보이는 문장도 "나는 '지구는 돈다'는 명제를 말한다"나 "나는 '지구는 돈다'고 생각한다"처럼 '나' 주어를 함축하는 주관적인 문장이다.

"새벽에 비가 내렸다" 같은 객관적인 3인칭 시점에 따라 서술되는 것처럼 보이는 문장의 진정한 주어 역시 문장 명제와 무관한 제3자로서의 3인칭이 아니라 1인칭의 '나'다. "(서술자인) 나는 '새벽에 비가 내렸다'고 진술한다"처럼 1인칭 시점이 최초의 출처다. 이 문장은 새벽 시간에 깨어나 비가 내린 것을 목격한 사실을 지금 말하는 '나'의 지각과 의식 세계 없이는 성립할 수 없다.

'나'를 분명히 밝히는 글쓰기를 "'나' 글쓰기"라고 불러 보자. '나' 글쓰기에서는 형식과 내용, 표현과 의미 등 모든 측면에서 '나'를 중심에 놓는다. 그것은 글의 서술 시점과 서술 주체, 주어를 나타내는 대명사 유형 같은 형식·표현적 측면, 글에서 다루는 사안이나 사태, 그것을 바라보는 글쓴이의 철학, 관점, 서술 기조 같은 내용·의미적 측면과 두루 연관된다.

'나'의 이야기를 글로 풀어내는 방식은 두 가지다. '나'의 이야기를 '나'의 목소리로 전하는 방식이 있다. 이것은 '나'가 직접 말을 하는 방식이다. 글쓴이가 진실에 접근하고 글에 대해 책임을 지기 위해 노력할 가능성이 높아진다. 대신 진실과 거리가 먼 것, 책임을 지기 어려운 말은 내놓기 힘들다.

다른 하나는 '나'의 이야기를 제3자의 것처럼 보이는 목소리를 사용해 전하는 방식이다. 이것은 전자와 대조된다. 부당한 권력 체제가 감시하고 통제하는 군부 독재 사회의 글쓰기를 생각해 보자. 이런 사회에서 생계를 도모하며 살아가기 위해 글을 쓰는 사람은 스스로 자기 검열의 심리 기제를 유지하고 작동시킬 가능성이 높아질 것이다. 그는 '나' 이야기를 제3자의 목소리로 전달하는 방식을 선택한다.

신문사 기자 출신으로, 보도 문장 속 우리말의 쓰임새를 분석해《피동형 기자들》이라는 흥미로운 제목의 책을 펴낸 김지영은 '피동형 표현'이 1970~1980년대 군부 독재 체제의 검열 시스템이 작동하는 "언론 무덤에서 활짝 핀"[32] 결과물이라고 말했다. 설득력 있는 주장이라고 생각한다. 당시 기자들은 '나'가 사라진 피동형 문장과 익명에 기댄 간접인용문을 쓰면서 글에 대한 책임, 글로 인해 생길 수 있는 문제 상황들을 피하고 싶었을 것이다.

완벽하게 객관적인 글은 없다. 내가 쓴 모든 문장은 내 머릿속에서 만들어져 내 손가락 끝에서 나온 것이다. 주관적이다. 주관적인 글은 완전하지 않다. 좋은 것만 있는 것이 아니다. 내가 피하고 싶은 것과 싫어하는 것, 나의 오만과 편견, 무지와 맹목, 파괴적 열정과 무기력이 원래 그대로의 모습으로, 교묘하게 탈바꿈을 한 모습으로 숨어 있다. 그 모든 것을 감수하고 쓰는 것이 '나' 글, '나' 글쓰기다.

글을 쓴다는 것은 세계에 참여한다는 것이다. 우리는 '나'의 이야기를 '나'의 목소리로 전함으로써 책임감을 갖고 다른 사람과 소통할 수 있다. 독자인 '나'는 '나'의 의견이 '나'의 의견임을 분명히 밝히는 또 다른 '나'의 문장을 읽으며 그와 서로 대화를 나누는 것 같은 시간을 경험한다. '나' 글쓰기는 평범한 사람들이 각자의 목소리로 자기 생각과 경험

<hr>

32. 김지영 씀(2011),《피동형 기자들》, 효형출판, 28쪽.

을 말함으로써 세계에 참여하고 타인과 소통할 수 있는 가장 효율적이고 손쉬운 방법이다.

3인칭 언어와 아돌프 아이히만

'나' 글쓰기는 어렵다. 학교와 교실에서 '나'가 무시되는 풍경은 일상적이다. 나는 한 학생이 자기 의견을 말할 때 다른 학생들이 "그건 네 생각이지"라면서 교실을 순간적으로 말이 통하지 않는 비민주적인 담화 현장처럼 만들어 버린 사례들을 꽤 많이 기억한다. 나는 "여러분" 하고 주의를 환기하고 경청의 민주주의를 주제로 한바탕 훈화를 시작한다. 그러나 학생들은 쉽사리 변하지 않는다.

전체 교직원 회의나 학년부 회의에서 펼쳐지는 풍경도 낯설지 않을 것이다. 김 선생님이 어떤 일에 대해 자기 의견을 밝히고 있다. 평소 풀어내지 못한 감정을 함께 드러내고 싶었을까. 표정은 담담하지만, 목소리가 조금 높고 긴장된 것처럼 들린다. 회의실은 숨소리 하나 들리지 않을 정도로 조용하다. 김 선생님 목소리가 조금 더 커지고 빨라진 것 같다. 순간 이 선생님이 김 선생님의 말허리를 자른다.

"그건 김 선생님 개인 의견이지요."

낯선 듯 낯익은 풍경이다. 이 선생님 목소리에 사사로운 감정이 실려 있는 것 같지는 않다. 하지만 이 선생님이 김 선생님에게 반박하려는 의도는 분명해 보인다. 누군가 말하는 의견은 당사자 '개인'의 것이다. 이 선생님은 우리 모두 잘 알고 있는 바로 그 '진실'을 환기하려는 것 같다. 순간 김 선생님이 이 선생님에게 말한다.

"맞습니다. 저는 제 개인 의견을 말씀드리는 겁니다. 다 그렇지 않습니까. 우리 모두 자기 생각을 말합니다. 무엇이 문제죠?"

김 선생님 목소리에 힘이 들어갔다.

세상의 모든 '나'는 개인個人, individual이다. 개인은 굳어져 단단한固 사람(亻=人), 다른 누군가가 더 쪼개거나 나눌(-divid-; divide) 수 없는(in-) 존재다. 세상의 모든 '나'는 국민이나 시민이기 전에 한 사람의 개인이다. 학생이기 전에 개인이며, 교사이기 전에 개인이다. 그들 모두 그 자체로 존중받아 마땅한 한 사람, 개별자이자 독립자이자 주체이다.

우리는 당사자 '나'에게 동의를 구하지 않거나 '나'의 양심에 반해 '나'를 또 다른 '나'로 분리히려는 시도들에 자주 직면한다. 개인으로서의 '나'를 온전히 인정하지 않으면서 국민과 시민과 학생과 교사를 말하는 것은 위험하다. '나'들은 피와 살과 뼈가 있는 살아 있는 존재들이다. '나'를 또 다른 '나'와 분리하는 시도에는 '나'를 피와 살과 뼈가 없는 국가와 사회와 학교의 말단 요소로 만들려는 불온한 의도가 숨어 있다. 개인이 없는 시민이나 국민, 개인이 무시되는 학생이나 교사는 언제든 국가나 학교의 도구로 전락한다.

공동체community는 인간 사회의 긍정적이고 고귀한 가치를 대변해 주는 아름다운 말이다. 그러나 우리는 인류 역사에서 공동체라는 이름으로 무수한 '나'들의 피와 살과 뼈가 거세당한 사례를 수없이 발견한다. 그런 일은 대체로 공동체주의가 극단화하면서 전체주의와 독재 체제로 치달을 때 일어났다. '나'를 인정하지 않는 분위기가 강해질수록 집단이나 조직을 구성하는 개인들은 언제든 공동체주의의 신봉자, 전체주의의 전사, 독재 체제를 유지하는 침묵의 동조자가 되었다.

20세기 전반기 전 세계를 휩쓸면서 세계대전을 두 차례나 야기한 전체주의와 파시즘은 공통 교육common education과 강한 일체감, 공동체 의식 등을 특징으로 했다.[33] 지오반니 젠틸레는 제2차 세계대전이 일어날 무렵 이탈리아에서 자신을 '파시즘 철학자'라고 자처했던 사람이었다. 젠틸레는 이탈리아의 전체주의 독재자 무솔리니 치하에서 교육부 장관으로 일하면서 열정적으로 공동체 정신과 그 정신의 일체성에 대한 글을 썼다고 한다. 그 후로도 젠틸레는 미국 컬럼비아대학교 교육대학에서 출발한 진보적 교육 이념의 숭배자로 묘사되었다고 한다.[34] 의미심장한 이야기들이다.

"개인적인 의견입니다만"은 사족 표현이다. 어떤 사람이 말하는 의견은 그 자신의 것이므로 개인적이다. 그러므로 우리는 자기 의견을 말하기에 앞서 "개인적으로는"이나 "개인적으로 생각하기에는" 같은 말을 덧댈 필요가 없다. 김 선생님이 맞고 이 선생님이 틀렸다. 그런데 우리는 김 선생님보다 이 선생님 말에 더 귀를 기울인다. 아주 이상적인, 개인적이지 않으며 공평무사한 의견이 따로 있다는 듯. 그러나 그런 것은 없다. 우리는 "공동체적인 의견입니다만"이나 "조직적인 의견입니다만" 같은 말을 쓰지 않는다.

김 선생님과 이 선생님이 의견의 '성격'을 놓고 주고받은 짤막한 논쟁

---

33. 넬 나딩스 씀, 심성보 옮김(2016), 《21세기 교육과 민주주의》, 살림터, 103쪽.
34. 미국 교육학자이자 문학평론가인 에릭 도널드 허시 2세의 견해라고 한다. 넬 나딩스 씀, 심성보 옮김(2016), 《21세기 교육과 민주주의》, 살림터, 103쪽 참조.

(?)은 상대방에게 '나'에 대해 말하거나, '나'의 언어로 무엇인가를 써서 내놓는 일이 얼마나 어려운지를 절감하게 한다. 교사들은 '나'를 드러내는 말하기와 글쓰기를 최대한 숨기거나 절제해야 하는 환경에서 산다. 우리나라 법률이 규정하는 교사의 임무는 "법령에 따라 교육"[35]하는 일이다. 교사는 국가교육과정에서 명시한 교육 목표와 "추구하는 인간상"을 생각하면서 수업을 설계하고 실행한다. 교사가 구조적으로 '나'를 개입시킬 여지는 거의 없다. 교사는 '나'를 숨기는 삶을 살아야 하는 존재다.

벌써부터 공동체주의자들이 걱정스럽게 말하는 소리가 들려온다. 교사는 공교육에 종사하는 사람이므로 1인칭 말하기와 글쓰기를 하지 않는 것이 당연하지 않은가. 공동체가 안정과 질서 상태를 유지하는 것은 필요하고 중요하다. 교사가 '나'를 앞세워 말을 하거나 글을 쓰면 교육 활동이 사사로운 일로 전락할 수 있다. 법령과 국가교육과정이라는 기준이 없다면 여기서 발생할 수 있는 혼란과 무질서를 감당하기 힘들다. 이렇게 공동체주의자들은 반론을 펼칠 수 있다.

'나' 말하기와 글쓰기가 부담스러운 공동체주의자들에게 '나' 글쓰기와 책임감의 문제를 연결해 살핀 앞 절의 내용을 환기해 주자. 나는 '나' 글쓰기가 자기 자신(의 생각과 경험)을 진실하게 말하면서 세계에 참여하고 타인과 손쉽게 소통할 수 있는 방법이라고 정의했다. 진실하다는 것은 사실에 근거하고 현실에 터를 잡고 있다는 것이다. 적어도 그렇게 될 확률이 높아진다. '나'가 사실이 아닌 것, 거짓인 것을 말하는 것은

---

35. 「초·중등교육법」 제21조 제5항.

윤리적으로 옳지 않다.

현실에 기반하지 않은 이야기를 '나' 주어문으로 이끌어 가는 것은 부담스럽다. 청자나 독자와 소통하는 일은 청자나 독자가 '나'(의 생각과 경험) 이외의 다른 주체, 수단, 경로를 번거롭게 고려할 필요가 없음을 전제로 한다. 그때 '나'와 청자, 독자의 관계는 '나'와 '너'의 관계로 질적으로 변화한다. 그렇게 변화한 관계 속에서 '나'는 '너'에게 아무 이야기나 할 수 없다! '나'는 '나'를 말하면서도 '너'를 생각하고 '너'와 대화를 나누어야 한다. 공감과 소통의 글쓰기가 시작되는 순간이다.

3인칭의 말하기와 글쓰기는 다르다. 나는 미국 공립학교 교사이자 작가인 조너선 코졸의 말이 허세 넘치는 과장이나 촌철살인의 풍자만은 아니라고 생각한다.

> 삼인칭으로 숨 쉬고 살아가는 조종사와 대통령은 무기 하나로 대륙 전체를 초토화하거나 도시 하나를 없애거나 주민을 몰살하는 섬뜩한 짓을 저지른 후에도 자러 가서는 여덟 시간 내내 한 번도 깨지 않고 단잠을 잘 수 있을 것이다.[36]

이 문장이 어떻게 다가오는가. 조종사라는 전문기술직의 지성과 양심, 대통령이라는 최고 정치인이 가진 공감 능력이나 종합적인 판단력을 무시하는, 책상물림 교사 출신 작가의 능변처럼 들리는가.

---

36. 조너선 코졸 씀, 김명신 옮김(2011), 《교사로 산다는 것》, 양철북, 26쪽.

어떤 언어는 자신의 진짜 모습을 3인칭의 가면 뒤로 숨긴다. 제2차 세계대전 당시 독일 나치 당국은 유태인 학살 계획을 세우고 거기에 '조절'이라는 명칭을 붙였다. 1950년 발발한 한국전쟁에서 미국 국방성은 자국 전폭기의 오인 폭격으로 숨진 민간인들을 가리킬 때 '부수적인 피해'라는 말을 썼다. 1983년 로널드 레이건 미국 대통령은 그레나다를 침략한 자국군을 '평화유지군'이라고 불렀다.[37]

독일의 나치 군인, 미국의 전폭기 조종사와 평화유지군 병사들은 객관적인 3인칭 시점의 주인공이었다. 그들이 한 일은 상대방(적군)을 조절하고, 부수적인 피해를 주고, 화해와 평화를 유지하는 것이었지 학살하고 강제하고 침략하려는 것이 아니었다. 무엇이 그들의 진짜 얼굴이고 생각인가.

유태계 출신 미국 철학자 한나 아렌트는《예루살렘의 아이히만》에서 나치 친위대장 아돌프 아이히만[1906~1962]이 제2차 세계대전 중 "수백만 명의 유태인 남녀와 아이들을 상당한 열정과 가장 세심한 주의를 기울여 죽음으로 보내는 일"을 성실하게 수행한 사람이라고 묘사했다. 아렌트는 도피 중이던 아르헨티나에서 이스라엘 비밀 정보 요원들에게 체포돼 이스라엘로 압송된 아돌프 아이히만을 법정에서 관찰하고 "무사유의 범죄"를 이야기했다. 그것은 "말과 사고를 허용하지 않는 악의 평범성banality of evil", "(결코 어리석음과 동일한 것이 아닌) 순전한 무사유sheer thoughtlessness"에서 비롯된 범죄였다.

---

37. 이와 같은 언어 사용법을 일반적으로 완곡어법(euphemism)이라고 부른다. 중립적으로 해석하면 대상이나 상황을 직설적으로 드러내지 않고 돌려 말함으로써 부정적인 감정이나 의미를 최소화하는 방식이라고 할 수 있다. 표현 대상의 본모습을 감춘다는 면에서 속임수, 위장, 사기 의도가 있는 표현법이기도 하다.

악의 평범성은 말과 사고를 허용하지 않는다는 아렌트의 말은 우리에게 깊은 통찰의 실마리를 안겨 준다. 이렇게 바꿔 말할 수 있을 것이다. 악의 평범성은 3인칭의 말과 사고 속에서 증식한다. 순전한 무사유가 어리석음과 동일한 것이 아니라는 아렌트의 지적은 허를 찌른다. 순전한 무사유의 주체는 철저히 자기 이익만을 사유하며, 그 과정은 1인칭의 언어가 아니라 3인칭의 언어가 이끈다. 3인칭의 언어가 자기 이익을 향한 노골적인 욕구나 열망을 은폐해 주기 때문이다.

아돌프 아이히만이 '최종 해결책'을 위한 계획서를 만지작거렸을 미지의 시간을 상상해 본다. 아이히만은 절대신처럼 전능하고 전지적인 3인칭 시점을 취했을 것이다. 그도 잘 알고 있는 살아 있는 유태인들을, 그들과 친하게 지냈던 한때의 경험을 머릿속에 떠올리지 않았을 것이다. 그의 손에서 만들어진 유태인 학살 계획서에는 중립적이고 건조해 보이는 행정 용어와 숫자만 있었을 것이다. 행정 용어나 숫자에는 사람의 온기가 없다. 그것들을 보면서 인간적인 죄책감이나 양심을 떠올리기는 쉽지 않다.

3인칭으로 이루어지는 언어 활동이 사람을 죽이거나 괴롭히는 부정의한 일에만 쓰이는 것은 아니다. 나는 교육 언어를 만들어 내는 무수한 저자들과 그들이 쓰는 3인칭의 글들을 떠올린다. 그들은 이렇게 외친다. '우리는 익명의 정체성을 선호한다. 우리가 쓰는 언어는 부정하고 암울하며 배제하는 언어가 아니다.'

교육 언어를 창조하는 익명의 저자들은 교육 비전과 목표와 구체적인 활동을 멋진 단어들로 장식한다. 교육부 누리집에 들어가면 "함께 성장하는 포용사회 내일을 열어가는 미래교육"이라는 공식 슬로건이 방문

객을 맞이한다. 전북교육청은 수년째 "가고 싶은 학교 행복한 교육 공동체"를 교육 비전으로 쓰고 있다. 우리 학교에는 교실 벽마다 "즐거운 학교를 위한 학생의 약속"이라는 글이 담긴 교육용 게시판이 걸려 있다. "우리는 자신을 사랑하고 스스로의 발전과 성장을 위해 최선의 노력을 다한다." 같은 계몽적인 내용의 문장 8개가 그것을 채운다.

교육부 슬로건과 전북교육청의 교육 비전은 누구 시점에 따라 누가 썼을까. 그 모든 문장에는 주어가 없다. 저자를 익명화하고 교묘하게 은폐하는 3인칭 문장의 전형처럼 보인다. 성장하고, 내일을 열며, 학교에 가고 싶어 하는 주체가 학생과 교사여야겠으나, 나는 교육부장관이나 교육감이 먼저 떠오른다. 교실 게시판에 적힌 '약속'은 약속이 아니라 학교(교장, 교사)가 일방적으로 강요하는 '지시'나 '명령' 같다.

국어 교과서 집필자들은 주관성이 글을 망치는 주범인 것처럼 취급한다. 나는 그런 시선이 못마땅하다. 우리가 쓰는 글은 모두 '나'에서 출발하며, '나'의 경험과 생각을 전달하는 매개물이다. 주관성이 명확하지 않은 글은 누가 썼는지 모르는, 주인 없고 무책임한 글처럼 보인다. '나'를 쓰지 않은 글, '나'를 교묘하게 은폐하는 글을 쓰는 저자는 스스로를 부정하고 세상을 속인다.

글이 우리를 만든다

'나'를 드러내는 글쓰기, '나'를 전면에 내세워 주인공처럼 움직이게 하는 글쓰기를 강조한다고 해서 그것이 '우리'를 무시해도 된다는 주장으로 받아들여서는 안 되겠다. 다음은 조너선 코졸이 한 에세이[38]에서 '1인칭으로 말하기'의 중요성을 누누이 강조한 끝에 남긴 문장이다. "우선 '나'를 말하다 보면 자연스레 '우리'를 말하게 될 것이다." 코졸이 단지 수사적 효과를 염두에 두고 이 문장을 쓰지는 않았을 것이다. '나' 말하기는 실제 '우리' 말하기를 가져온다.

이 세상에 순연한 독백으로 이루어지는 말하기와 글쓰기는 없다. 나는 아침에 일어나 거울 앞에서 다짐하는 독백을 말하면서 또 다른 나를 청자로 만난다. 한밤중에 일기를 쓰면서 언젠가 그 일기를 읽을 또 다른 나를 가상의 독자처럼 머리에 떠올린다. 아침에 하는 다짐은 나 혼자 하는 독백이 아니라 두 명의 서로 다른 나가 나누는 대화 같다. 한밤중에 쓰는 일기는 현재의 필자와 미래의 독자를 잇는다.

나는 독백을 하고 일기를 쓰면서 상호작용적인 대화 시간을 경험한

---

38. 조너선 코졸 씀, 김명신 옮김(2011), 《교사로 산다는 것》, 양철북, 25~31쪽에 실린 "내가 한 말은 나의 의견이 아니다?: 1인칭으로 말하기"라는 짧막한 글이다.

다. 아침에 독백을 하는 나는 바로 지금 현실 세계의 나와 곧 다가올 또 다른 현실 세계 속의 나를 만나 이야기를 나눈다. 일기문을 쓰는 나는 미래의 어느 시점에서 살아가는 나(또는 가상의 독자로서의 '너')에게 전해지는 일기 속 이야기가 진실하게 다가가기를 기대한다. 나는 살아 있고 진실한 독백문을 만들어 내려고 단어를 신중하게 고른다. 경험을 묘사하고, 경험을 하면서 느낀 감정과 생각이 생생하게 드러나게 하려고 문장을 다듬는다.

'나'에서 출발하는 모든 언어 활동은 '너'를 전제로 한다. '나'의 이름으로 수행하는 모든 언어 활동은 '우리'를 만든다. 어떤 글은 '나'가 없다. '너'가 없고, '우리'도 없다. 어떤 글은 가짜 '나'에서 시작해 가짜 '우리'에서 끝난다. 가짜 '나' 글쓰기다.

앞에서 개조식 글쓰기의 문제를 지적했다. 나는 개조식으로 쓰인 문장이 가짜 '나' 글쓰기를 대표한다고 생각한다. 여기에 화려한 언어로 장식한 공공기관의 슬로건, 표어, 비전 들을 덧붙이자. 주체와 맥락과 배경이 거세된 슬로건과 표어와 비전은 공감하기 힘들다.

가짜 '나' 글쓰기를 확산시키는 또 다른 글쓰기 유형으로 파워포인트형 글쓰기가 있다. 파워포인트는 정보 전달의 효율화를 극대화하려는 차원에서 고안된 프레젠테이션 도구다. 파워포인트형 글쓰기에서는 압축성을 중시한다. 프레젠테이션에 사용하는 슬라이드 1개당 텍스트 정보가 5행을 넘어서는 안 된다는 따위의 슬라이드 작성 지침 같은 것으로 드러나는 특성을 말한다.

파워포인트 슬라이드에서처럼 내용을 효과적으로 축약하여 제시하면 내용이나 메시지를 신속하고 정확하게 전달할 수 있는 이점이 있다. 그런데 내 눈에는 파워포인트형 글이 정확하게 압축된 메시지로서가 아니라 뼈대만 앙상하게 남은 철골 구조물처럼 다가온다. 글쓴이가 담으려고 했던 메시지는 보이지 않고 정보 자체, 더 심하게 말하면 정보의 흔적만 보인다. 강연자가 전하는 흥미진진한 이야기를 들으면서 뜨거운 눈으로 응시하던 파워포인트가 기억 속에 쉽게 자리 잡지 못하는 이유를 이런 데서 찾을 수 있을 것이다.

파워포인트형 글쓰기에서는 시각적 이미지들을 통해서 구체화하는 감각성을 중시한다. 사진, 그림, 동영상 같은 시각 자료들이 자유롭게 출몰하는 프레젠테이션 장면을 연상해 보자. 빠르게 점멸하는 시각 이미지들 사이를 눈과 귀가 바삐 오간다. 시각이나 청각 영역을 관장하는 뇌세포들에 전기 신호가 부지런히 오간다. 그런데 분석, 유추, 상상, 사유, 성찰 같은 의식 활동은 시각이나 청각 영역을 벗어난 초감각 영역에서 이루어진다. 파워포인트형 글과 자료는 감각 영역의 작용을 극대화하는 데 골몰한다. 특정한 심상의 공간 안에 감금되는 우리 뇌는 생각하지 못한다.

주변을 둘러보면 파워포인트형 글쓰기가 커다란 흐름을 만들어 가고 있는 것 같다. 짧은 문장, 불분명한 문단 구분, 맥락 없이 분산된 문장들, 시점과 서술 방식의 급격한 변화와 같은 파워포인트형 문체 특징이 있는 글들이 서류, 보고서, 에세이 등 텍스트 장르를 불문하고 자주 쓰인다.

파워포인트형 글쓰기의 문체 특징들을 살펴보면 개조식 문장에서 드러나는 서술 방식의 특징과 흡사한 면이 많다. 개조식 문장이 가장 어울리는 매체가 파워포인트다. 실제 개조식 문장을 활용하지 않는 파워포인트형 글쓰기를 상상하기 어렵다. 파워포인트형 글쓰기의 매개 수단이 개조식 문장이며, 개조식 문장이 기생하는 숙주 공간이 파워포인트다.

그러나 파워포인트는 죄가 없다. 우리는 잘 짜인 파워포인트로 프레젠테이션을 하는 작가, 전문가, 강연자들을 얼마나 자주 보는가. 스티브 잡스는 프레젠테이션의 귀재였으며, 사람들을 놀라운 감동의 세계로 인도했다. 수많은 청중이 그가 선보인 파워포인트 슬라이드를 보며 열광했다. 그렇다면 파워포인트형 글쓰기가 가짜 '나' 글쓰기를 확산시킨다는 내 주장은 헛소리에 지나지 않을지 모른다.

다음 두 가지 사례를 보면서 파워포인트형 글쓰기와 가짜 '나' 글쓰기 사이의 관계를 좀 더 생각해 보자. 국내 카드 회사인 현대카드에서는 2014년 "제로 피피티PPT 캠페인"을 시작했다.[39] 캠페인 시작 3개월 뒤 현대카드는 피피티 양식을 다양화해 38퍼센트는 워드프로세서로, 35퍼센트는 엑셀로, 19퍼센트는 이메일로 대체했다. 제로 피피티 캠페인에 대한 설문조사 결과 직원 78퍼센트가 사내 문화가 바뀌었다며 긍정적으로 응답했다. 평소 피피티 발표에 피로감을 호소하던 임직원들의 만족감이 캠페인 실시 이후 높아졌다.

2016년 3월 현대카드에서는 임직원들에게 아예 피피티 금지령을 내렸다. 피피티 대신 보고서를 손으로 직접 작성하거나 간단한 엑셀 양식을 활용하라고 지시했다. 금지령을 실시하고 3개월이 지난 뒤 정태영 현대

---

39. 현대카드 사례는 〈머니투데이〉 2016년 5월 7일 자 기사 "정태영 현대카드 부회장 'PPT 없애니 달라진 것들'"을 참조했다.

카드 부회장은 피피티 사용 금지 효과를 여섯 가지로 정리해 에스엔에스에 공개했다.

첫째, 보고서들이 대부분 한두 장으로 짧아지고, 다 흑백이었다. 둘째, 회의 시간이 짧아졌다. 셋째, 논의가 핵심에 집중되었다. 넷째, '다섯 가지 원칙'이나 '세 가지 구성 요소' 등 피피티를 멋지게 보이게 하려고 억지로 만들어 내는 표현들이 없어졌다. 다섯째, 연간 5000만 장에 달하던 인쇄 용지와 잉크 소모량이 줄어들었다. 여섯째, 사람들이 더 지적으로 보였다.

안티 파워포인트 현상은 전 세계 유수한 기업들 사이에 속속 퍼지는 중이다. 제프 베조스 아마존 최고경영자는 2018년 연초 주주들에게 보낸 서한에서 "직원회의 시 파워포인트 발표를 금지하고 '6쪽짜리 서술형 줄글 읽기'를 권장하겠다"라고 선언했다.[40] 아마존사 건물에서 회의가 시작되면 직원들은 6쪽짜리 서술형 줄글 보고서를 소리 내 읽어야 했다.

베조스가 파워포인트 대신 줄글 쓰기와 읽기를 강조한 이유는 세 가지였다. 첫째, 사람 뇌는 항목별로 정리한 요약 글보다 서술형으로 작성한 글에 더 적합하다. 이것은 두뇌가 이야기를 받아들이는 데 적합하도록 설계됐다는 인지 과학자들의 견해를 근거로 한다. 둘째, 이야기는 슬라이드보다 설득력이 있다. 슬라이드 내용을 일일이 설명하는 것보다 발표 내용을 개인적인 일화로 풀어내는 것이 청자의 감정에 호소하는 데 더 도움이 된다. 셋째, 파워포인트 특유의 '글머리 기호' 정리 방식이 아

---

40. 아마존 사례는 〈뉴스 1〉 2018년 5월 5일 자 기사 "베조스 CEO, 아마존서 'PPT 금지'한 3가지 이유는"에 기댔다.

이디어를 공유하는 데 비효율적이다. 이야기로 직접 전해 들은 말은 기억하기 쉽지만 글머리로 정리된 항목들은 쉽게 잊는다.

사람들은 현대카드나 아마존 같은 거대 회사들이 성과와 효율성과 속도를 중시하는 사내 문화의 지배 아래 운영될 것이라고 짐작한다. 대체로 그럴 것이다. 그렇다면 현대카드와 아마존은 짧고 간결해서 효율적이고 신속하게 메시지를 전달할 수 있는 파워포인트형 글이 아니라 길고 장황해 비효율적이고 느린 매체의 본보기 같은 줄글을 멀리해야 했을 것이다. 그러나 그들은 그렇게 하지 않았다.

한 편의 글에 등장하는 모든 '나' 이야기는 '너'를 호출한다. 파커 파머는 《가르칠 수 있는 용기》 첫 문장을 이렇게 썼다. "나는 마음속 깊은 곳에서 나 자신을 교사라고 생각한다."[41] 나는 이 문장을 읽으면서 '나' 자리에 나 자신을 넣어 본다. 파머는 자기 자신의 이야기를 하고 있을 뿐이지만, 나는 나도 모르게 그의 '너'가 되었다. 나와 파머는 그렇게 '우리'가 되었다.

'나'와 '너'는 '우리'를 만든다. 그렇게 하나가 된 '우리'가 세상을 바꾼다. 파워포인트에는 '나'가 없다. 그곳에는 '너'가 없으며, '우리' 역시 존재하지 않는다. '우리'가 만들어지지 못하는 곳에서 '나'와 '너'가 자리 잡을 곳은 없다.

나는 화려하고 매끄러운 슬라이드로 무장한 발표자들이 프레젠테이션을 하는 강연장을 여러 번 다녔다. 그때 그 강연장들에서 본 슬라이드를, 나는 한 장도 기억하지 못한다. 대신 나는 '나' 주어문으로 자기

41. 파커 J. 파머 씀, 이종인 외 옮김(2010), 《가르칠 수 있는 용기》, 한문화, 34쪽.

이야기를 하던 사람 몇 명을 기억한다. 그리고 그가 어느 순간 내게 전해 주었던 조그만 인간적인 감정 같은 것을 떠올린다.

감추고 싶은 이야기들

미국의 저술가이자 글쓰기 강연 전문가인 셰퍼드 코미나스는 청년 시절 원인을 알 수 없는 악성 편두통에 시달렸다. "내가 곧 편두통"이라는 망상에 빠져 있을 정도로 심각한 상태였다. 어느 날 코미나스는 통증 치료 클리닉의 70대 전문의의 제안에 따라 일기 쓰기를 시작했다. 일주일이 지나자 코미나스는 자기가 편두통이나 어깨 결림을 자각하지 않고 오후 내내 일기를 쓰고 있다는 것을 깨달았다. 그렇게 하루하루 일기를 써 나간 끝에 코미나스는 "내가 곧 편두통"이라는 절망의 심리 상태에서 벗어날 수 있었다. 그 뒤로 코미나스는 50년 동안 일기 쓰기를 계속하면서 마르지 않는 힘과 용기를 얻었다.[42]

일기 쓰기는 가장 대표적인 '나' 글쓰기다. 일기에는 '나'의 경험과 생각과 감정이 가장 생생한 날것의 형태로 담긴다. 일기와 같은 글쓰기 외에 '나'의 경험과 생각과 감정을 진실하게 표현하는 글쓰기로 감정적 글쓰기가 있다. 감정적 글쓰기를 본격적으로 제안한 학자는 심리학자 제임스 페니베이커였다. 제임스 페니베이커는 글쓰기가 가져오는 힘을 과

---

42. 셰퍼드 코미나스 씀, 임옥희 옮김(2018), 《나를 위로하는 글쓰기》, 홍익출판사, 10~22쪽.

학적으로 연구한 최초의 심리학자였다. 그 후 글쓰기와 신체·정신적 건강 사이의 관계를 연구하는 분야에서 세계적인 전문가로 인정받고 있다.

감정적 글쓰기는 개인이 경험 속에서 겪은 상처와 트라우마를 치유하기 위해 실시하는 글쓰기다. 페니베이커에 따르면 감정적 글쓰기[43]는 사람들의 수면 습관, 일의 효율, 대인 관계(사회생활)에 긍정적인 변화를 가져온다.[44]

2014년 2월 전체 상조회 자리에서 법인 소속 학교 전체 교원들에 대한 인사 결과를 발표했다. 나는 그 며칠 전 교장에게 중학교 전보 이동 소식을 전해 들었다. 재직 학교가 한 사립재단 소속이었고, 해마다 학년 말 즈음이면 교사들 사이에 학교 간 인사 교류 이야기가 단골 소재로 오갔다. 그때마다 주변에서 이런 말을 심심치 않게 들었다. "정 선생 같은 사람이 어디로 튈지 모르는 중학생들을 어떻게 감당할지 모르겠어. 힘들 거야."

교직 입직 후 여자고등학교에서만 13년 동안 있었다. 중학교라는 새로운 환경도 그랬지만, 대학 교생 실습생 시절 이후 20여 년 만에 처음 만나게 될 남학생들에 대한 부담감이 클 수밖에 없었다. 나는 교장에게 인사 소식을 들으며 교직 생애 처음으로 맞이할 남녀 공학 중학교 교사 생활을 극도의 긴장감 속에서 맞이해야 했다.

벌써 8년째를 지나고 있지만, 중학교 교사 생활을 시작한 첫날의 기억

---

43. 전문 연구 분야에서는 '표현적 글쓰기(Expressive Writing)'라고 부른다.
44. 감정적 글쓰기에 관한 연구와 효과에 관한 내용은 제임스 W. 페니베이커 외 씀, 이봉희 옮김(2017),《표현적 글쓰기》, 엑스북스, 16~29쪽을 참고해 정리했다.

이 머리에 선명히 남아 있다. 나는 새 학년 개학 후 첫날 첫 수업을 정수(가명)가 있는 반에서 했다. 정수는 그 첫 수업에서 이루 말하기 힘든 싸늘한 태도로 나를 대했다. 싸늘함이라는 단어로 그 상황을 전부 묘사하기는 힘들다. 나는 혼자서 정수와 보이지 않는 줄다리기를 하다가 냉랭한 표정에 질려 몰래 식은땀까지 흘렸다. 점심밥을 먹고, 퇴근길에 운전을 하고, 집에 돌아와 잠자리에 들려고 할 때까지 정수 모습이 머리에서 떠나지 않았다.

우리는 수업 시간에 활동지에 짧게 모방 시 한 편을 쓰는 활동을 했다. 학생들에게 활동 내용을 설명하고 좌석 사이를 천천히 돌아다녔다. 설명할 때 딴짓을 하다가 뭘 해야 할지 잘 듣지 못하는 학생들, 설명을 들었어도 제대로 이해하지 못해 활동 시간이 시작되었는데도 한참을 머뭇거리는 학생들이 있었다. 그런 학생들에게 따로 도움말을 주기 위해서였다. 교실 반 바퀴를 돌아 정수가 앉은 자리 옆으로 갔다. 정수는 고개를 옆으로 돌리고 책상 위에 엎드려 있었다.

나는 다리를 반으로 접고 정수 책상 옆에 쪼그려 앉았다. 정수의 활동지는 뒤로 뒤집힌 채 비스듬하게 널브러져 있었다. 앞에 앉은 친구가 건네준 뒤로 한 번도 만지지 않은 것 같았다. "정수야, 교과서 작품 다시 읽어 봤니?" 대답하지 않을 걸 예상 못 한 건 아니었다. 그 정도였다면 식은땀을 흘리지 않았을 것이다. 정수는 계속 엎드려 있으면서 대꾸 한마디 하지 않았다. 정수 활동지를 만지작거리던 손이 민망했다. 무시당했다는 사실이 더 견디기 힘들었다.

다시 "정수야." 하고 불렀다. 정수가 고개를 들어 나를 쳐다보았다. '왜 부르는 거냐'는 듯한 표정 속에 짜증 나고 귀찮다는 기색이 역력했다. 눈빛이 기세등등해 보였다. 그 이상 자기를 건드리면 폭발해 버리고 말겠다는 '경고' 같았다. 솔직히 무서웠다. 정수는 마치 내가 큰 실수나 잘못을 저지르거나 한 것처럼 생각하게 하는 표정과 눈빛으로 무언의 시위를 하고 있는 것 같았다. 나는 몇 마디를 더 하다가 서둘러 자리에서 벗어났다.

그 일 이후 정수 생각을 할 때마다 가슴이 두근거렸다. 며칠 뒤 정수를 조용히 불렀다. 그날 내가 느낀 감정을 솔직하게 이야기한 뒤 어떤 사정이 있었는지 듣고 싶다고 말했다. 정수는 예상외로 심상하게 말해 주었다. 나는 내가 식은땀을 흘리게 된 일이 어떤 상황에서 만들어졌는지 이해했다.

나는 그 모든 상황의 자초지종을 글로 정리했다. 정수가 첫 수업 때 보인 냉소적인 태도가, 나에 대한 반항과 모욕 주기가 아니라 새로 온 낯선 국어 교사에 대한 정수 나름의 거친 탐색전이자 시험이었음을, 그 뒤 몇 차례 더 대화를 주고받고 글을 쓰면서 깨달았다. 수업 중에 흘린 식은땀과 순간적으로 느낀 무서움에 끝까지 갇혀 있었다면 그런 깨달음에 도달하지 못했을 것이다.

나는 정수의 말과 시선을 미처 예상치 못한 갑작스러운 '공격'으로 받아들였다. 그 때문에 부정적인 감정을 느끼고, 자존감에 커다란 상처를 입었다고 생각했다. 대화 시도하기와 글쓰기는 정수가 무언의 표정과 몸짓으로 건넨 메시지의 의미가 무엇이고, 내가 그것에 어떻게 반응해야 했으며, 내 임의적인 해석의 결과에 따라 훼손된 자존감을 다시 세우기 위해서 어떤 일을 해야 하는지를 탐색하는 과정이었다.

당시에는 페니베이커의 감정적 글쓰기 이론을 몰랐다.[45] 그러나 정수와 이야기를 몇 번 나누고 그에 관한 글을 쓰면서, 일기 쓰기 같이 자기 일상을 성찰하며 쓰는 진솔한 글쓰기가 우리 내면에 자리 잡은 상처를 고칠 수 있음을 경험으로 실증하고 있었다.

페니베이커가 글쓰기의 힘에 대해 연구하기 시작하면서 내세운 가설은 다음과 같았다. "인생을 살면서 경험하는 중요한 문제들(심리적 외상, 감정적 격변)에 대해 말하지 않는 것은 건강을 위협하는 주요한 원인이 된다." 심리적 외상과 감정적 격변을 언어화하는 일은 누구에게나 어렵다. 그와 같은 언어화가 건강에 도움이 된다는 것도 분명치 않다. 어떻게 보면 절망적인 기억을 되살려낸 대가로 정신 건강에 더 심각한 위협을 받을지 모른다. 페니베이커는 하나의 실험 프로젝트를 고안해 가설의 진실성을 입증하려고 했다.

1980년대 중반 페니베이커는 약 50명의 대학 신입생들이 참여한 첫 번째 글쓰기 프로젝트를 실시했다. 신입생들은 연속 4일 동안 하루 15분씩 글쓰기를 해야 하는 일정을 소화했다. 그들은 글을 쓰기 전에 동전을 던져 써야 할 글의 주제를 임의로 결정했다. 하나는 심리적 외상이나 감정적인 주제의 글이었고, 다른 하나는 피상적이거나 무감정적인 주제에 대한 글이었다.

페니베이커 연구팀은 실험 참가자들에게 4일간 표현적 글쓰기를 수행하게 한 뒤 그들의 동의를 받고 실험 3개월 뒤부터 1년 사이에 의사를 방문한 횟수를 조사했다. 표현적 글쓰기로 트라우마와 같은 자기 마

---

45. 페니베이커의 표현적 글쓰기에 관한 책은 2017년에 처음으로 번역되어 나왔다.

음속의 깊은 감정을 글로 털어놓은 사람들은 단지 피상적이거나 무감정적인 주제로 글을 쓴 집단보다 43퍼센트 적게 의사를 방문했다. 의사를 방문한 횟수도 평소 횟수의 절반으로 줄었다.

감정적 글쓰기가 가져오는 효과는 놀랍다. 1980년대 이래로 감정적 글쓰기의 유익함과 효과를 밝히기 위해 적어도 300개 이상의 연구가 진행되었다고 한다. 이들 연구는 이구동성으로 '나'의 깊은 감정을 드러내는 글쓰기가 트라우마와 같은 심리적 외상을 치유하는 데 탁월한 효과가 있음을 증명하고 있다. 특히 감정적 글쓰기는 면역 기능을 전반적으로 향상시키고 의학적 건강 표지들을 개선시켰다.

천식 환자와 관절염 환자들은 감정적 글쓰기를 하면서 심폐기능과 관절 유연성이 좋아졌다. 에이즈 환자는 백혈구가 늘어났고, 과민성대장증후군 환자들은 발병도가 현저히 떨어졌다. 암 환자들은 전반적인 체력 향상, 통증 감소, 수면 질 향상 등의 효과를 경험했다. 감정적 글쓰기를 하는 동안에는 스트레스가 즉각적으로 줄어들어 안면 근육의 긴장이 완화되고 손의 발한發汗 정도가 감소했다. 감정적 글쓰기를 하고 나면 즉시 혈압과 심장박동수가 떨어졌다.

감정적인 글쓰기를 실시하면 심리적으로 복합적인 현상이 나타난다. 단기적으로는 극심한 슬픔에 빠지거나 기분이 나빠지는 등의 경험을 할 수 있지만, 장기적으로는 감정적 글쓰기를 했을 때 그 전보다 행복감을 더 느끼고 부정적인 감정을 덜 느꼈다. 감정적인 글쓰기는 실제적인 삶의 행동 양식에도 변화를 가져왔다. 학교나 직장에서 업무를 수행할 때 실질적인 도움을 주고, 사회생활을 하면서 부딪치는 문제를 처리하는 데 효과를 발휘했다.

감정적 글쓰기의 대상을 엄밀하게 규정하면 트라우마나 격렬한 감정 변화다. 보통 심리적 외상이나 감정적 격변은 특별한 소수의 사람에게만 생기는 예외적인 상황이라고 간주되는 경향이 강하다. 그러나 트라우마가 전쟁, 자연재해, 강간 등 특수하고 예외적인 상황에서만 발생하는 것은 아니다. 일상의 공간에서 주변 사람이 무심히 던진 말 한마디나 행동 때문에 정서적인 충격을 당하는 일은 더는 특별한 부류의 사람들에게만 일어나지 않는다.

교실에서 교사를 무시하고 조롱하는 학생, 고성을 지르고 폭언을 하면서 위협하는 학부모, 냉소적인 표정과 어조로 교사의 자존감을 뭉개는 언어를 던지는 교장 때문에 극심한 분노와 무력감을 느낀 경험이 한두 번쯤 있을 것이다. 화살 같은 언어를 쏘아대는 그들 앞에서 교사가 할 수 있는 말과 행동은 얼마 되지 않는다. 평범한 일상에서 마주치는 트라우마에서 자유로운 사람은 거의 없다.

페이스북 같은 에스엔에스 공간에서 교장이나 선후배 교사가 던진 몇마디 말 때문에 분노를 토하고 좌절감을 쏟아 놓는 교사들을 자주 본다. 이들이 묘사하는 이야기 중에는 흔한 막말이나 갑질로는 설명하기 힘든, 공교육 시스템에 따라 운영되는 학교에서 벌어지리라고는 상상하기 힘든 비현실적인 상황이 포함된 사례들이 많다. 그런 이야기들을 읽고 있으면 지금도 19세기나 20세기풍의 과거 학교가 여전히, 또는 시대를 알기 힘든 혼란스러운 미래 학교가 이미 우리 주변 어딘가에 자리하고 있는 것 같은 느낌이 든다.

교사가 느끼는 공포와 두려움은 근거 없는 피해망상이나 환상이 아니다. 학교는 관료 시스템이 지배하는 행정 파이프라인의 말단 하수구 같은 위치에 자리 잡고 있는 공간이다. 시스템과 파이프라인의 상층부에는 익명의 '그들', 학교와 교사를 감시하면서 책임진다는 명목으로 권력자와 당국자들이 즐비하게 늘어서 있다. 시스템 외곽에는 지역사회, 학부모가 있다. 교사는 '그들'이 만들고 규정한 교육과정과 지침에 따라 학생들을 가르치고 있는지 스스로 검열한다. 지역사회나 학부모가 이끄는 일방적인 민원 공포극의 주인공이 되지 않으려고 학교를 둘러싼 외부자들의 시선에 신경을 곤두세운다.

우리는 교무실이나 교실에서 '나'의 공포와 두려움을 정면으로 응시하는가. 있는 그대로 바라보고, 그것을 인정하는가. '나' 이야기는 세상에서 가장 오래된 이야기다. 더 확장해서 보면 '나' 이야기는 인간의 본질과 인간됨의 근원을 보여 준다. 그 출발점에 '나'가 있다. 나는 '나'를 진솔하게 돌아보는 한 편의 글을 쓰면서 아픈 몸을 치유하고 절망에 빠지려는 마음을 추스른다. 그 과정에서 내 가슴 깊숙한 곳에 숨어 있는 어떤 힘을 발견한다. 나는 그것이 감추고 싶은 이야기들이 주는 힘이라고 믿는다.

두 개의 우리

갑자기 가슴이 두근거렸다. 학교성과급심의위원회의 위원 일부를 어떻게 선출할 것인가를 두고 교직원회 의장인 교감과 선생님들 사이에 설왕설래가 오간 얼마 뒤부터였다. 교감은 교장이 주요 보직 부장 중에서 필요한 수만큼 지명해 위원에 임명하는 방식을 쓰자고 했다. 업무를 신속하고 효율적으로 진행하는 데 도움이 된다는 이유에서였다. 선생님들은 자유 추천을 받아 피추천자가 복수로 나오면 거수 투표로 결정하자고 했다. 이야기가 계속 제자리를 맴돌았다. 한마디 해야 하지 않나 생각하자 가슴이 떨리기 시작했다.

10여 년이 지났다. 학교에서 내 의견을 말하는 일이, 나는 여전히 어렵고 부담스럽다. 언제 끼어드는 게 적당할까. 안건을 논의하기 시작한 직후 조리 있게 이야기해서 기선을 잡는 게 좋지 않을까. 논의가 제자리를 맴돌 때 치고 들어가는 방법이 더 나을 수 있다. 동료 교사들에게 신선한 자극을 줘 분위기를 바꿀 수 있을 것이다.

내가 의견을 말하는 것 자체를 싫어하거나 부담스러워하는 선생님들은 어떻게 해야 하나. 그들이 '또 당신이야?' 하며 냉소하지 않을까. 그런 감정들에 둘러싸이는 일이 유쾌하지는 않다. 지금 논의하는 일이, 그런 불편한 사태를 감내하면서라도 꼭 내 뜻에 따라 말을 보태야 할 사안인가. 그렇지 않다. 나는 입을 닫는다.

의견 말하기의 어려움은 회의, 협의, 차 한 잔 나눠 마시며 하는 짤막한 간담회 등 자리를 가리지 않고 나타난다. 그럴 때 나는 학교에서 회의가 길어질 것 같은 분위기 속에서 펼쳐지는 회의장 풍경[46]을 머릿속에 그리며 말을 하지 않을 이유와 근거 등 여러 가지를 떠올린다.

내 생각이나 관점이 다른 교사들의 지성을 믿지 못하는 것이 아닌가. 불신을 전제로 해서 그들의 지성을 바라볼 필요는 없다. 내가 입을 열지 않더라도 사람들은 결국 어떤 식으로든 결정을 내릴 것이다. 여러 사람이 함께 고민하고 결정했으니 신뢰하지 못할 까닭이 없다. 집단지성의 힘을 믿는다면 그들이 내린 결정에 따르는 게 더 현명하다. 나는 다시 입을 다문다.

학교 안에는 '나'를 드러내는 것을 금기시하는 문화가 널리 퍼져 있다. '나'는 학교에서 일종의 금기어처럼 존재한다. 학교는 '나'를 싫어하고 '우리'를 좋아한다. '우리'는, 그것이 1인칭 복수 대명사로서 담당하는 중립적인 의미 기능과 무관하게 특정한 시공간 속에 있는 사람(들)을 하나로 강하게 잡아매는 이데올로기적 의미 작용을 한다.

'내 학교'와 '우리 학교'는 쓰임새가 다르다. '내 학교'는 어색해 비문법적인 표현처럼 다가오지만 '우리 학교'는 자연스럽다. 학교는 '나'가 아니라 '우리'가 더 강력한 지배력을 발휘하는 공간이다. '나'와 '너'로 이루

---

46. 학교 회의장뿐 아니라 다른 거의 모든 조직이나 기구의 회의장에서도 비슷하게 나타날 것이다. 침묵, 팔짱 끼기, 턱을 괴고 조용히 잠자기, 눈 감기, 어색한(?) 하품 소리 내기, 딴짓하기, 혼잣말인 것처럼 가장해 회의 종료를 노골적으로 압박하는 불평 말하기 등.

어진 덧셈의 '우리'가 아니라 '나'와 '너'가 없는 '우리', 때로 '나'와 '너'를 억압하고 배제하는 뺄셈의 '우리'다.

수년 전 한 인터넷 언론사의 시민기자로 활동하다가 학교 징계 위원회에 회부된 적이 있었다. 교사가 교육 외 활동을 하기 위해서는 사전에 겸직 신고를 해 허락을 구해야 한다는 국가공무원법상의 복무규정이 있다. 내가 겸직 신고를 하지 않고 교육 외 활동을 했으니 교육 공무원이 지켜야 할 복무 의무 사항을 위반했다는 것이 징계 위원회 회부 사유였다.

지금도 당시 징계 위원회 회의가 열렸던 회의장의 분위기를 어제 일처럼 생생하게 기억한다. 징계 위원들은 대부분 법인 이사회 이사 직함을 가진 분들이었다. 나는 조심스럽게 회의장에 들어섰다. 그들이 진지한 표정을 짓고 의자에 앉아 처다보는 정경이 한눈에 들어왔다. 고개 숙여 인사를 하자 그들이 정중한 목례로 인사를 받아 주었다.

당시 징계 위원 중에 인근 대학교 교수로 재직 중인 분이 있었다. 그와 나는 쟁점 사안 몇 가지를 두고 상당히 많은 이야기를 주고받았다. 우리가 나눈 대화는 보기에 따라서는 논쟁처럼 보일 수 있었다. 그는 내가 시민기자 활동을 시작한 이유와 구체적인 활동 과정 등을 시시콜콜 물었다. 나는 그가 내 귀책 사유를 낱낱이 밝혀내려고 다른 징계 위원들을 대신해 총대를 멘 것 같다는 생각이 들었다. 어떻게 해서든지 그를 설득해 내 생각을 관철하고 싶은 마음이 컸다. 나는 중간중간 목소리를 높였다.

전체적으로 보면 나와 징계 위원들 모두 시종 점잖고 차분한 태도를 잃지 않으면서 질문하고 대답했다. 우리 사이에 오간 대화는 서로를 존중하는 토대 위에서 상호작용적으로 이루어졌다고 해도 무방하다. 다만 그들이 진심으로 내 말에 경청하고 나를 이해하려고 했는지는 의문이다. 그들은 내내 '우리'를 강조했다. 그러면서도 '우리'를 구성하는 '사람' 보다 학교 '조직'을 더 걱정하는 것 같았다.

그들은 학교에 있는 다른 수많은 '나들'을, '우리 학교'라고 불리는 거대한 기계 조직의 조그만 부품이나 학교라는 행정기관에 딸린 하나의 톱니바퀴처럼 정의하는 것 같았다. 어느 징계 위원이 말한 한마디가 아직 귓가에 쟁쟁하다. 그것은 우리가 교무실에서 오랫동안 들어 왔고, 앞으로도 자주 들었으며, 어쩌면 영원히 듣게 될 한마디, "그건 정 선생님 생각입니다"였다. 그 말을 듣는 순간 그들이 내 언어를 의미 없는 독백이나 소음이나 투정처럼 받아들이고 있구나 싶은 생각이 들었다. '나'라는 존재가 근원적으로 부정당하는 것 같은 느낌을 지울 수 없었다.

내가 있던 곳이 징계라는 특별한 사안을 다루는 공간이어서 그랬을 것이다. 그들은 머릿속으로 이런 생각을 하고 있지 않았을까. 징계 위원회 회의장은 토론장이 아니다. 잘못을 저지른 사람이 징벌을 받는 데 특별한 근거가 필요한 것은 아니다. 징벌 자체를 정당화하거나 징벌 부과 수준을 가늠하는 데 쓰일 경우를 제외하고 그의 언어가 의미 있게 다루어질 이유는 없다. 그러므로 그가 하는 말을 경청하고 그의 생각을 존중하지 않아도 된다.

교사가 학교에서 자기를 드러내는 일은 힘들다. 교사는 다른 교사들과 관계를 맺거나 일상의 대부분을 보내는 교무실에서 '나'보다 '우리'

이야기를 더 자주 한다. 교무실의 김이박최정 선생님은 1인칭 주인공 시점보다 전지적인 절대자 시점, 비교적 객관적이라는 1인칭과 3인칭 관찰자 시점을 선호한다. 그들은 실제 '나' 이야기를 하면서도 '우리'의 시선을 빌려 '우리' 생각을 전하는 것처럼 표현한다.

교사는 학교에서 다른 교사들과 떨어져 각자 고립된 존재처럼 지낸다. 교무실 책상들 사이에는 보이지 않는 경계선이 그어져 있다. 교무실에서 온종일 컴퓨터를 보고 앉아 있는 교사들은 자기도 모르게 '피시방' 사용자[17]가 된다. 교실에 들어가 수업을 하는 교사는 '달걀 상자'[18] 같은 공간에서 홀로 자기만의 시간을 보낸다. 그래서 교사들은 마치 바다 위에 드문드문 떠 있는 '섬'[19]처럼 보인다.

당신이 하는 말을 이해하지 못하겠다. 당신은 교무실의 김이박최정 선생님들이 이야기들을 얼마나 많이 하는지 모르는가. 맞다. 가끔 교무실에서 들려오는 교사들의 사적인 이야기들을 정리한 주제 목록을 작성하고 싶을 때가 있다. 짐작건대 목록표상의 상위 순번 자리에 방학 중에 다녀온 국외 여행 기행기, 지난 학기 다른 학교로 옮겨 간 모모 동료 교사 이야기, 며칠 전 인터넷에서 산 의복 품평기, 공부 잘하는 자녀에 관한 비법 교육론 같은 것들이 들어갈 것 같다. 이런 이야기들은 지금 내가 주장하는 '나' 이야기 목록과 어울리지 않는다.

이들을 '나' 이야기 목록에 넣을 수 있는 조건이 있다. 김 선생님이 자기가 다녀온 국외 여행지의 숙박 서비스를 언급하면서 그것이 그 나라

---

47. 교사 임정훈이 《학교의 품격》에서 썼다.
48. 미국 교육학자 댄 로티가 《미국의 교직사회》에서 사용한 비유다.
49. 사회학자 엄기호가 《교사도 학교가 두렵다》라는 책에서 쓴 비유다.

의 문화적 특성을 담은 실마리였다는 것을 깨달았다는 이야기를 함께 해 준다면 나는 그것이 김 선생님의 1인칭 이야기라고 알고 경청하겠다. 이 선생님이 모모 선생님에 관한 이야기를 꺼내면서 교직 문화의 구조적인 한계나 교육 시스템의 문제에 관한 내용을 진지하게 언급한다면 나는 그의 말을 귀 기울여 듣고 '나' 이야기 목록에 주저하지 않고 올리겠다.

교무실의 김 선생님이나 이 선생님 들이 무슨 유별난 취향이나 생활철학을 가져서 그런 사적인 이야기를 하는 것이 아닐 테다. 그런 이야기를 주고받으면서 학교 교무실을 채우는 의례적이고 형식적인 인간관계에서 벗어나기를 기대할 수 있으며, 좀 더 친밀한 관계를 만든다며 지지할 수 있다. 나도 그런 긍정적인 측면을 마냥 무시하지 않는다. 하지만 교무실 문화나 구조가 인간적인 유대 관계만으로 긍정적으로 바뀌거나 개선되기는 힘들다.

한때 학교에서 몇몇 선배 교사들을 '형님'이라고 불렀던 적이 있다. 뜻이 통하는 분들이 아니었지만 그렇다고 그냥 무시하고 지낼 정도로 소원한 사이는 아니었다. 사립학교의 특성상 동료 교사들과 한 공간에서 오랫동안 함께 지내야 했기 때문에 '좋은 게 좋은 것'이라는 식의 세속적인 처세술(?)도 마냥 무시하기 힘들었다. 그들에게 알게 모르게 도움을 받을지 모른다는 삿된 욕심도 있었다. 그러면서 가슴 깊은 곳에서는 더 깊고 따뜻한 유대감이 생겨나기를 기대했다.

그런 일은 일어나지 않았다. 따뜻한 관계가 형성되기는커녕 형식적이고 의례적인 상하 관계가 더 굳어지는 것 같았다. 그분들과 함께 학교 안에서 일어나는 공적 사안에 대해 정색하고 진지하게 대화를 나눈 기억이 별로 없다. 오히려 '형님'이라고 부르며 교류하던 선배 교사 몇에게 '뒤통수를 맞는', 전혀 예상치 못한 충격적인 일을 겪었다. 그 후 나는 교무실 호칭어 목록에서 '형님'이라는 말을 삭제했다.

사담私談 문화는 우리나라 교무실을 지배하는 주요 언어문화 중 하나다. 교무실 사담 문화를 유지하는 요인들은 다양하다. 사담의 주체인 교사들의 동기와 의지, 사담이 가져오는 현실적인 효용성 같은 것들이 복합적으로 작동한다. 여기에 '형님, 동생'이나 '누나, 언니'처럼 비공식적인 친연 관계를 나타내는 호칭어들이 끼어들어 사담을 주고받는 데 영향을 미친다. 그럴수록 '나' 이야기는 교무실에서 점점 멀어지고, 원래 자기 모습을 바꾼다.

오염된 주관성

단어는 그 사람을 나타내는 표지다. 어떻게 생각하는가. 제임스 페니베이커는 그렇다고 생각했다. 페니베이커는 《단어의 사생활》이라는 흥미로운 제목의 책을 쓰면서 단어가 손가락 지문이나 개인 서명과 비슷하다고 말했다.

페니베이커의 입장은 언어가 인간의 사고를 반영한다는 오래된 언어학적 명제들을 떠올리게 한다. 사람은 언어를 통해 다른 사람과 구별된다. 언어는 사고의 집이며, 한 사람의 생각을 비춰 주는 거울이다 등등. 그래서 어떤 사람의 정체성이나 살아 온 배경을 알고 싶다면 그가 사용하는 단어들을 면밀히 추적하면 된다.

페니베이커는 특별히 '기능어function words'라고 불리는 특정 부류의 단어에 주목했다. 기능어는 실질적인 의미를 나타내기보다 문법적인 의미 차원에서 문장을 지원하는 구실을 하는 말이다.[50] 전체 어휘 목록 중에서 기능어가 차지하는 비중은 대략 0.1퍼센트에 불과하지만, 우리가 실제 사용하는 단어를 기준으로 보면 거의 60퍼센트를 차지할 정도로

---

50. 페니베이커는 이들이 기본적인 내용과 의미를 전달하는 단어들 곁에서 그들을 돕는 기능을 한다면서 "묵묵히 지원하는 단어(quiet words)"라고 표현했다.

비중이 높다.

기능어에 해당하는 단어 종류에는 인칭 대명사, 지시 대명사, 조사, 부정어, 접속사, 수사(약간의, 몇몇의), 일반적인 부사 들이 있다. 기능어는 쓰임새에 따라 독특한 결과를 가져온다. 페니베이커에 따르면 기능어를 어떻게 쓰는가에 따라 지도력, 지위와 권력, 정직성, 감정, 성격, 성별, 나이, 사회적 계층, 격식을 차리는 정도, 조직 내의 서열 관계가 드러난다.

페니베이커의 관점을 따라 이들 단어가 어떻게 인간의 지문 역할을 하는지 인칭 대명사 '나'와 '우리'를 통해 알아보자. '나'는 사회적 사다리의 낮은 곳을 향한다. 지위가 매우 높거나, 자아 존중감을 즐기고 지나치게 자신만만한 경향이 있는 사람들은 일반적으로 '나'라를 단어를 적게 사용한다. 대신 이들은 '우리'를 훨씬 더 많이 쓴다.

자기 성찰적이고 다른 사람들에게 관심이 있는 사람들은 '나', '우리', '너'('당신', '너희들', '여러분'), '그녀', '그들'을 포함한 모든 종류의 인칭 대명사를 자주 애용한다. 불안하거나, 남의 시선을 의식하거나, 괴로워하거나, 우울한 사람이 '나'를 많이 사용한다. 페니베이커는 '나'라는 단어가 부정적 감정을 나타내는 단어보다 우울증을 더 정확하게 예측하게 한다고 보았다.

사실을 있는 그대로 말할 때와 거짓을 말할 때의 경험을 떠올려 보라. 당신의 말과 글에는 진실과 거짓의 흔적이 고스란히 담긴다. 진실을 말하는 사람은 거짓을 말하는 사람에 비해 더 많은 단어, 더 어려운 단어, 더 길고 복잡한 문장을 구사하고 더 적은 감정 단어를 사용한다. 진실을 말하는 사람은 '나'를 더 많이 사용하고 자기 자신을 자주 언급한다. 법정에서 무죄로 밝혀지는 사람들은 1인칭 단수 대명사를, 유죄였던 사람들은 3인칭 대명사를 많이 사용했다.

페니베이커가 분석한 '나'와 '우리'의 쓰임새가 모든 사람, 모든 담화 상황에 기계적이고 획일적으로 적용되지는 않을 것이다. 다만 페니베이커의 주장은 다음과 같은 사실을 시사해 준다. 단어는 우리 자신의 많은 부분을 드러내는 중요한 수단이다. '나'나 '우리'와 같은 말들이 글에 쓰이는가 그렇지 않은가, 이들이 글에서 어떻게 쓰이고 있는가 하는 문제들은 글을 쓰는 이의 세계관, 처지, 사태를 바라보는 관점과 태도의 여러 측면을 보여 준다.

한나 아렌트는 언어와 사람 사이의 관계를 좀 더 근원적인 차원에서 천착했다. 아렌트는 우리가 말하고 행위를 하면서 인간 세계에 참여한다고 보았다. 사람들은 말하고 행위를 하면서 자신을 표현하고 고유한 인격적 정체성을 능동적으로 드러내며 인간 세계에 자기 모습을 나타낸다. 우리는 그가 어떤 사람인가 하는 인격의 문제를 그가 말하고 행하는 것을 통해 파악한다. 아렌트는 사람이 말과 행위로써 세계에 참여하는 것을 제2의 탄생과 비슷하다고 보았다. 인간 실존의 시작이 말과 행위에 있음을 보여 주는 통찰이다.

우리나라 교육 시스템은 살아 있는 각각의 '나'로서보다 김이박최정 선생님 중의 하나, 'n분의 1'로서의 교사를 더 선호한다. 학교는 개별자로서의 '나'를 앞세우는 교사를 학교 부적응자, 반사회성 인격장애자, 분란을 일으키는 사람, 불평불만이 많은 자, 문제 교사, 벌떡 교사 등이라고 부르면서 경계하거나 부정적인 낙인을 찍는다. 이런 현실에서 교사들은 '나'를 쉽게 드러내지 못한다. '나'라는 1인칭 대명사가 교무실에서 제

자리를 잡기에는 '나'의 진정한 주인이 너무 적다.

페니베이커는 '나'가 일종의 '신원 확인' 역할을 하는 대명사라고 생각했다. '나'라는 인칭 대명사는 말하거나 글을 쓰는 한 개인의 실존을 강하게 드러낸다. 이 세계의 모든 나는 '나'라는 단어로 존재한다. '나'라는 말이 곧 나의 존재를 입증한다. 그러므로 '나(저)'를 주어로 시작하는 말을 하거나 글을 쓸 때, 우리 모두는 세상과 다른 사람에게 자기 자신을 보여 주는 것이다.

'나'가 갖는 이러한 특성을 언어의 실존성이라고 부를 수 있다. '나' 대명사의 실존성은 실제 현실에서 어떻게 작동하는가. 나는 '나'를 말하거나 쓰면서 종종 나 자신이 남들 앞에 발가벗겨지는 것 같은 느낌을 받는다. '나'가 곧 나이므로 누구에게 기대거나 그 사람 뒤로 숨지 못한다. 이런 상황은 공동체주의와 집단주의 문화가 퍼진 교무실에서 상상하기 힘들 정도로 나를 위축시킨다.

'나'를 드러내는 말하기와 글쓰기는 내가 믿고 의지하는 세계관이나 정치적 신념을 밝히는 일이다. 그때 내 가슴속에는 공포가 자리 잡는다. 그것은 우리가 다른 사람과 대화를 나누거나 회의를 하면서 "개인적인 의견입니다만"라는 허두사虛頭辭 같은 표현을 쓰지 않으면 안 되게 하는 강박적인 심리와 비슷한 감정이다.

파커 파머는 교직이 다른 많은 직업과 달리 개인 생활과 공적 생활이 교차하고 공과 사가 만나는 지역에서 이루어진다고 보았다. 그곳은 위험한 지역이다.[51] 교사는 가슴에 아름다운 꿈을 품고 교직에 들어선다. 신

---

51. 파커 J. 파머 씀, 이종인 외 옮김(2010), 《가르칠 수 있는 용기》, 한문화, 59쪽.

규 입직 교사의 머릿속에는 자기 교과를 학생들에게 뜨겁게 가르치고 그들을 훌륭하게 키우려는 생각으로 가득 차 있다. 그러나 교실에 앉아 있는 학생들의 상당수는 무관심하거나 거칠고, 냉소적이다. 교사는 그런 학생들이 넘치는 교실에서 상처를 받으며 점차 태도를 바꾼다. 파머는 교사가 마음의 상처를 줄이기 위해 자기 자신과 교과를 무관심과 비판과 조롱에 내맡긴다고 생각했다.

훌륭한 치료사는 개인적인 방식으로 의뢰인을 치료하지만 그것을 공개하지 않는다. 훌륭한 변호사는 공개적인 법정 토론장에서 자기 의견 때문에 동요되는 법이 없다. 교사는 다르다. 파머가 교직이 이루어진다고 본 공과 사의 교차 지역은, 다르게 표현하면 공과 사 모두에 속하거나 공과 사 모두에 속하지 않는 지역이다. 교사가 상처를 받기 쉬운 직업이라는 사실이 여기에서 비롯하며, 그래서 파머는 교사가 "내적 진실과 외적 연기 사이에 높은 벽을 쌓고 교사라는 역할을 연기한다"라고 생각했다.

교실은 대표적인 공적 공간으로서 개인적이거나 사적인 것을 드러내기가 현실적으로 힘든 공간이다. 공공기관으로서의 학교는 '나'를 금기시하는 문화가 넓게 퍼져 있다. 사람들은 교사가 교실과 학교에서 '사'를 감추고 '공'을 최우선시할 때 훌륭하다고 평가한다. 이와 같은 우리 사회 일각의 태도는 교육이 중립성이나 객관성의 틀 안에서 이루어져야 공정해질 수 있다는 맹목적인 믿음에 기대 꾸준히 강화되었다.

'나' 이야기를 비판적으로 바라보는 사람들이 문제시하는 것은 '나'의 시선이다. '나'의 눈은 편향적이고 주관적일 가능성이 높으므로 사태를 균형적이고 공정하게 살피지 못한다. 교육의 중립성이나 공정성이나 객관성 신화에 빠진 교사는, 파커 파머의 말처럼 "내적 진실과 외적 연기演技 사이에 높은 벽을 쌓고 교사라는 역할을 연기한다." 교사 역을 연기하는 교사가 '나'를 외면하거나 죽이는 일에 앞장서는 것은 자연스러운 결말이다.

> 학계는 다양한 지식 형태를 갖고 있다고 주장하지만, 실은 단 하나의 형태만 중시한다. 즉 '우리 자신으로부터' 우리를 꺼내어 '실제' 세계로 인도하는 '객관적' 지식 형태만 숭상하는 것이다. 이러한 문화에서 객관적인 사실은 순수한 것으로 평가되는 반면, 주관적인 느낌은 의심스러운 것 혹은 오염된 것으로 폄하된다. 이러한 문화에서 자아는 영감의 원천이 아니라 억압되어야 할 위험스러운 대상이고, 성취되어야 할 잠재력이 아니라 극복되어야 할 장애물이다. 이러한 문화에서 자아와 절연된 언어의 병리학은 하나의 미덕으로 간주되거나 칭송된다.[52]

나는 '학교 지식의 정치학'을 화두처럼 던지고 싶다. 학교에서 가르치는 지식은 정치 투쟁의 산물이다. 학교 지식을 둘러싼 정치 투쟁의 기본적인 프레임은 다음과 같다. 객관적인 것은 선하고 주관적인 것은 악하다. 교과서에 담긴 지식은 객관적이므로 교육의 공공성이나 중립성 원칙에 위배되지 않는다. 교사의 머릿속에 있는 이야기는 주관적이므로 편향적이며, 지도서에 있는 이야기는 객관적이므로 균형적이고 중립적이

---

52. 파커 J. 파머 씀, 이종인 외 옮김(2010), 《가르칠 수 있는 용기》, 한문화, 59~60쪽.

다. 교사들은 학교 안팎에서 이와 같은 이분법적 대립의 논리를 지속적으로 주입받는다.

'나'를 이야기하는 것이 왜 중요한가. 역설적이지만, '나'를 말하고 쓰는 것은 '신원 확인'이 주는 부담감이나 세상에 내던져지는 데서 느끼는 공포심에서 빠져나올 수 있게 한다. '나' 이야기는 '우리'로 가는 징검다리가 된다. 글에서 1인칭 화자로 말하는 모든 사람은 '너(당신)'를 생각하고 '너'에게 말을 건네고 있는 것이다. 글 밖 '나'는 글 속 '나'를 '너'라고 생각한다. 글을 사이에 두고 '나'와 '너'가 만나 '우리'가 된다. 홀로 떨어진 '나'는 불안하지만 '우리' 속의 '나'는 평안하다. 그런 '우리'가 세상을 만들고 바꾼다.

글 한 편을 쓰면서 세상을 이루고 바꾸어야겠다는 거창한 목표를 생각하는 사람은 별로 없을 것이다. 말을 하고 글을 쓰는 사람은 그저 자기 이야기를 풀어내는 것이며, 우리는 그 이야기를 듣거나 읽으며 '나'를 돌아볼 뿐이다. 그런데 우리는 이야기하는 또 다른 '나'와 함께 '우리'를 상상한다. 우리 자신이 여러 '나들'로 이루어진 '우리' 안에 있다고 느낄 때 공포와 불안이 줄어든다. 우리를 '우리'라는 울타리 안에 있게 하는 것, 그것이 '우리'로 확장하는 '나' 이야기의 힘이다.

시스템 안에 나가 있다

2020년 5월경이었다. 학교에 접수된 공문들을 확인하다가 전북교육연수원에서 주관하는 "교사의 삶을 가꾸는 글쓰기"라는 이름의 직무연수 안내 공문을 보았다. 수년 전부터 교사들의 학교 글쓰기 문화를 질적으로 강화하는 일에 관심이 있었다. "교사의 삶을 가꾸는 글쓰기"라는 직무연수 이름에 자연스레 눈길이 갔다. 공문 표지와 첨부한 연수 계획서를 출력해 천천히 훑어보았다. 연수의 성격을 좌우하는 커리큘럼의 기조나 주제가 단조롭고 딱딱한 직무(업무) 글쓰기가 아니라 일상을 기반으로 하는 생활 글쓰기에 가까울 것 같았다.

사람들은 글쓰기를 하면서 자기 자신을 성찰한다. 글은 세상을 넓게 살피고 인간의 삶을 깊이 관조하게 하는 효과적인 수단이자 매체다. 교사들은 글을 쓰면서 학교에서 바람직한 교육 활동을 수행하는 데 필요한 자질이나 태도를 기를 수 있다. 글쓰기가 교육의 전문성을 키우고 교직에 대한 신뢰성을 증진시키는 과정이라는 사실에 이견을 달 사람은 없을 것이다.

그러나 그런 글쓰기 공부를 하거나 글쓰기를 직접 실천하는 교사는 찾아보기 힘들다. 글쓰기를 본격적으로 배우고 싶어도 도움을 받을 만한 경로나 수단도 마땅치 않다. 교육청에서 글쓰기 직무연수를 만들었다는 것은 그만큼 학교 현장에 글쓰기 연수에 대한 교사들의 관심과 수요가 있음을 방증하는 것이 아닐까. 그래서 처음 공문을 보면서 교육청에서 글쓰기 연수를 정식 직무연수 프로그램에 포함시켰다는 게 놀라웠다.

'연수 목적'과 '연수 방침'을 읽어 보았다. 글쓰기 연수를 기획했을 익명의 교육청 연구사는 "교사로서 자신의 교육적 실천에 대한 글쓰기"와 "글쓰기를 통한 자신의 삶의 성찰과 치유"를 연수 목적으로 제시해 놓았다. 교육 결과가 아니라 연수생의 다양한 자기 경험을 연수의 주요 내용으로 삼고, 연수생이 선택하는 방식에 따라 연수 과정을 구성해 나가는 데 초점을 맞춰 연수 방침을 정리했다. 무난한 내용들이었다.

연수를 실제 진행하는 데 필요한 방식과 절차에 관한 내용도 있었다. 연수에 참여하는 교사들이 연수 내용과 방식을 선택하는 데 상당한 자율성과 주도권을 행사할 수 있는 시스템이었다. 1팀 6~8인씩 소규모 그룹을 편성 방식, "글쓰기-나누기-삶 보기"를 되풀이하는 "순환 실행 연수" 등을 큰 틀로 제시해 놓았다. 연수생 각자 글을 쓰고, 그 글들을 모두 함께 자유롭게 나누면서 자기 삶을 성찰할 수 있을 것 같았다.

교사들은 오랫동안 자신들의 요구와 계획을 바탕으로 연수를 구성하고 실행하는 시스템을 요구해 왔다. 그간의 직무연수는 일반적으로 연수생이 외부 전문가의 일방적인 강의를 듣는 일정을 중심으로 짜였다. 일정이 촘촘하게 짜인 계획표에 따라 진행되는 연수에서 연수생들이 주도성을 발휘할 여지는 별로 없었다. 글쓰기 연수는 현장의 그런 요구와 문제점을 두루 고려한 바탕 위에서 고안된 것처럼 보였다.

직무연수 시간은 전체 30시간이었다. 3시간짜리 강의가 3회 9시간, 3시간짜리 워크숍이 2회 6시간, 실행(모둠별 글쓰기와 합평) 과정 15시간이었다. 실행 과정 15시간은 연수에 참여하는 교사들로 이루어진 모둠 단위별로 진행될 예정이었다. 연수생 각자가 글을 준비해 와서 돌려 읽고 서로에게 조언을 하는 방식이었을 것이다. 전체적으로 보면 실행 과정, 곧 모둠별 글쓰기와 합평이 직무연수의 핵심을 차지할 것 같았다.

"삶을 가꾸는 글쓰기" 직무연수의 기간은 4개월여 남짓이었다. 4개월이면 꽤 긴 시간이다. 연수 영역은 '전문영역'으로 분류되었다. 전북교육연수원에서 연수 전체의 진행 과정을 질적 차원에서 상당히 엄격하게 관리할 것으로 보였다. 연수에 참여하는 교사들 역시 기대감과 책임감을 갖고 임할 것이므로 연수 성과가 높게 나올 것 같았다.

평소 글쓰기 연수를 원했으므로 교육청에서 그와 관련된 연수를 개설했다는 사실 하나만으로도 후한 점수를 주기에 충분했다. 그런데 아쉬움과 의구심도 있었다. "삶을 가꾸는 글쓰기" 직무연수의 하이라이트는 실행 단계, 실제로 글을 쓰는 과정이다. 그 과정이 얼마나 짜임새 있고 효과적으로 진행될지 감을 잡기 힘들었다. 연수생들이 글을 쓰면서 교육자로서 자기 삶을 성찰하는 시간을 가질 수 있을지 확신하기 어려웠기 때문이다. 합평 시간을, 글을 잘 쓰기 위한 기술이나 기교를 탐색하는 데 초점을 맞추어 보낼 가능성도 있었다. 그러다 보면 연수의 애초 취지를 살리기가 힘들 것 같았다.

그런 생각을 두서없이 하다가 내가 왜 아쉬움과 의구심을 느끼게 되었는지 깨달았다. "삶을 가꾸는 글쓰기"의 '가꾸는'이라는 말 때문이었다. '가꾸다'는 "좋은 상태로 만들려고 보살피고 꾸려 가다"라는 뜻이 있는 동사다. 누군가가 무엇인가를 가꾸는 과정은 가꾸려는 대상을 좋은 상태로 만들기 위한 '개인'의 노력과 의지 같은 것들을 우선 전제한다. 이렇게 되면 '사회' 구조를 바꾸는 일보다 '개인'이 실천하는 일이 더 중요하다.

생각을 거듭할수록 "삶을 가꾸는 글쓰기"라는 직무연수가 우리 사회에 가득 찬 '능력주의에 따른 개인 책임론'의 세련된 버전처럼 다가왔다. '나'를 돌아보고 바꾸라. 그러면 삶이 변화할 것이다. 그런데 우리는 안다. 삶은 개인의 노력과 의지뿐 아니라 사회적 환경과 조건이 함께 갖춰져야 바뀐다. '나'를 바꾸려고 '나'에게 집중하는 삶에 빠지면 빠질수록 우리 앞에는 각자도생과 무한경쟁의 지옥도가 펼쳐진다.

내가 글쓰기 연수를 제목만 보고 근거 없이 감정적으로 비난하거나, 연수생들의 연수 평가나 소감 등 전체적인 연수 과정과 결과를 직접 살펴보지도 않고 성급하게 비난한다고 오해하지 말기 바란다. 나는 여전히 "교사의 삶을 가꾸는 글쓰기" 직무연수가 모처럼 교육적 의미를 고려한 바탕 위에서 개설된 직무연수 과정이라고 평가한다. 그것은 공적인 글쓰기, 공공기관에서 수행하는 글쓰기에 관한 사람들의 일반적인 관점을 뛰어넘는 차원에서 개설된 뜻깊은 직무연수다.

글쓰기에 관한 사람들의 일반적인 관점은 그것이 사적이거나 사사로운 행위에 가깝다고 생각한다는 점이다. 개인의 감정과 생각과 경험을 바탕으로 쓰이는 것이 글이므로, 공적 기관이 개인의 글쓰기를 돕는 연수를 개설해 운영하는 일은 불필요하다. 공문서나 보고서나 계획서 같은 공적 문서를 작성하는 공공적 형식의 글쓰기 작업은 정해진 규정이나 격식에 맞춰 이루어진다. 사람들이 사전에 특별한 교육이나 훈련을 받지 않아도 된다.

"삶을 가꾸는 글쓰기" 직무연수는 이런 보통의 시각을 넘어선다. 교사들이 글쓰기를 하면서 각자의 교육적 사유와 실천 경험을 돌아보게 하는 장을 마련했다는 것만으로 응원을 받아 마땅하다. 글쓰기를 개인의 사사로운 취미 활동이나 특이 취향 정도의 차원에서만 바라보았다면 "삶을 가꾸는 글쓰기" 같은 직무연수는 만들어질 수 없었을 것이다.

글쓰기는 세계 안에서 세계와 함께 세계를 향하는 행위다. 공적인 활동이다. 공적 배경과 목표가 배제된, 완전히 사적인 활동으로서의 글쓰기는 존재하지 않는가. 완전히 사적으로 보이는 글을 쓰는 어떤 사람이 사는 공간은 반드시 세계 안에 있을 수밖에 없다. 누군가를 가르치는 사람, 학교에서 지내므로 자신이 수행하는 글쓰기의 어느 한 측면에 반드시 공적 성격이 자리 잡고 있어야 하는 교사라면 더욱 그렇다.

가정에서 이루어지는 교육조차 사사로운 감정과 생각에 따라 이루어지지 않는다. 대다수의 부모는 자녀가 예의 바르고 사려 깊고 독립적인 성인으로 성장해 사회나 공동체에 기여하면서 살기를 바란다. 부모들은 스스로 자랑스럽게 여기는 집안 전통이나 사회에서 바람직스럽게 여기는 가치를 자녀에게 전수함으로써 자기 자녀가 가족과 사회에서 훌륭한 공동체 구성원으로 살아가게 하는 데 큰 관심을 기울인다.

학교는 두말할 나위가 없다. 학교는 시민들의 세금으로 조성되는 공공 예산으로 운영되는 공적 기관이다. 학생들이 스스로 성장하고, 사회의 훌륭한 구성원으로 살아갈 수 있게 하는 능력과 태도를 기르는 일을 중요한 책무로 삼는다. 교사는 공교육의 최일선을 책임지는 공무 수행자다. 학교에서 국가교육과정을 실행하고, 개별 교과교육과정을 교실 수업을 통해 구현하는 일을 맡는다. 그러므로 교사는 글을 쓸 때 자기 글이 갖는 공공적인 측면을 두루 살피고 글에 반영해야 하는 의무가 있다.

나는 앞에서 '나'와 '우리'의 관계에 대한 문제를 여러 차례 이야기했다. 교사의 글쓰기가 공적 측면을 갖는다는 말의 의미를 '나'와 '우리'의 관계 측면에서 정리해 보자. 교사는 교육의 문제를 최초에 '나'의 차원에서 고민하되 '너'를 포함하는 '우리'와 다른 수많은 우리의 존재 조건을 규정하는 교육 체제나 구조의 문제로까지 확장해 보아야 한다. '나' 이야기가 진정한 의미와 가치를 갖고, 그것이 우리 자신에게 힘을 발휘하는 과정 역시 이와 비슷한 맥락에서 이해할 수 있다.

진정한 '나' 이야기는 '나'를 말하면서 '너'를 이야기 속으로 끌어들일 때 시작되고, '나' 이야기가 포함되고 영향을 미치는 범위가 더 큰 '우리'로 확대되는 과정을 거치면서 완성된다. 그렇게 할 때 교사는 교육자로서의 삶의 조건을 규정하는 체제, 구조, 시스템의 문제를 정면으로 직시할 수 있다.

나는 "교사의 삶을 가꾸는 글쓰기" 같은 새로운 형식과 내용의 교사 직무연수를 지지하고, 그와 비슷한 부류의 연수가 더 확대되기를 바란다. 여기에는 몇 가지 조건이 있다. 연수에 참여하는 교사들이 자기 개인적인 "삶을 가꾸는" 데서 나아가 공교육 시스템 안에서 살아가는 '나'를 돌아보는 글쓰기가 가능했으면 한다. 독립적이고 주체적인 존재인 '나'를 전제하되, 그런 '나'의 의식과 존재를 규정하는 체제의 표면과 이면을 간과하지 않으면서 글을 쓰는 기회가 주어지면 좋겠다. 그런 글쓰기가 공무 수행자이자 공교육 책임자로서 교사가 견지해야 하는 기본적인 태도를 강화해 줄 것이다.

파머는 훌륭한 가르침이 언제나 상호 연결적이라고 생각했다. 교사의 훌륭한 글쓰기도 마찬가지라고 본다. '나'와 '우리'와 시스템(체제, 제도)은 떼려야 뗄 수 없이 서로 연결되어 있다. 그중 어느 것도 다른 것을 배제하지 않는다. 그럴 수 없고, 그래서도 안 된다. '나' 없는 '우리', '우리' 없는 시스템은 없다. 그 반대 또한 마찬가지다. 교사는 이 모든 점을 고려하고 숙고하면서 글을 쓰려고 노력해야 한다.

진실이라는 이름의 폭주 기관차

어느 교장이 있었다. 교장은 매사 성실하고 열정적이고 모범적이었다. 그는 젊은 시절부터 교장이 되고 싶은 마음이 컸다. 어느 날 학교에 온 교육 실습생들과 이야기를 나누는 시간을 가졌다. 학교장으로서뿐 아니라 선배 교육자이자 교직 동료로서, 교육에 청운 같은 소망을 품었음 직한 예비교사들에게 희망을 안겨 주고 싶었다. 그가 힘주어 말했다. "교사로서 보람을 찾으려면 교장이 되기 위해 노력해야 합니다."

누군가에게 이 이야기를 전해 들으면서 쓸쓸하고 실망스러운 마음이 앞섰다. 교장은 진심을 담아 그 말을 꺼냈을 것이다. 교육 실습생들은 교장 앞에 놓인 의자에 단정히 앉아 있으면서 어떤 표정을 지었을까. 그들이 속으로 학교와 수업과 교육이 무엇이라고 생각했을지 떠올려 보았다. 교사의 보람이 고작(?) 교장 승진에, 교장이 되기 위해 노력하는 과정에 있다고? 어처구니없다는 듯한 표정을 제대로 짓지도 못하고 시선을 떨구거나 민망하게 미소 짓지 않았을까.

몇 년 전 이 이야기를 들었다면 지금보다 더 격하게 반응했을 것 같다. 교장을 속으로 비웃거나, 그런 생각을 하는 교장이 책임을 지고 운영하는 학교가 오죽할까 싶은 생각에 가슴이 답답했을 것이다. 지금은 그런 생각을 쉽게 하지 못한다. 나는 교장을 비웃고 조롱하고 싶은 감정보다 씁쓸한 마음이 더 먼저, 더 크게 일었다. 예의 교장처럼 교사의 보람을 교장이 되기 위한 노력에서 찾는 교장들이 많고, 그것이 우리나라 교육 생태계의 중요한 축인 승진 시스템을 지탱하는 핵심 요인으로 작용하고 있는 현실 때문이다.

언젠가 예의 교장 이야기를 글로 써서 에스엔에스 개인 계정에 올렸다. 전국의 여러 학교에 흩어진 교사들이 댓글을 달았다. "헐", "바보 교장", "지금도 그런 교장이?", "아이들로부터 하루라도 빨리 멀어지는 것에서 보람을 찾는 분"같이 교장의 태도를 비판하는 댓글이 많았다. 이와는 분위기가 미묘하게 다른 댓글들도 꽤 있었다. 교사의 보람을 승진하기 위해 들이는 노력에서 찾는 교장들이 실제로 있으며, 그들의 그런 태도가 교직 문화에 상당한 영향력을 행사하고 있다는 내용[53]이었다.

교사의 보람을 승진 길에서 찾는 교장의 모습은, 어느 교사의 댓글마따나 "저희 학교에도 계"시다는 말이 자연스러울 정도로 흔했다. 무엇인가에 대해 비슷한 생각을 가진 사람 수가 많다는 말이 어떤 의미가 있을까. 교사가 승진 점수를 차근차근 쌓아 가는 행위가 무조건 비난받을 이유는 없다. 그들은 마일리지 교장제라는 공적 제도에 충실하게 자기 일을 해 나가는 것일 뿐이며, 그렇게 수많은 시간 동안 꾸준한 노력이 쌓이고 쌓인 결과 교감이나 교장이라는 직책을 다는 데 이른 것이다. 이것은 일반적인 관료제 조직에서 채택하는 승진 시스템에 보편적으로 적

---

53. "'마일리지(점수제)' 교감, 교장들이 승진 경로에 대해 갖는 자부심." "학교 관리자나 부장교사들이 승진하는 것을 가르치거나, 학생들을 가르치지 않으면서 교직 인생이 달라지는 신규 교사들." "자아실현의 최고봉이 교장직이라는 강한 믿음." 같은 댓글들이 있었다.

용되는 사실이다. 보편적인 것은 그것이 좋다는 것을 의미하며, 좋은 것은 올바를 가능성이 크다. 올바른 것은 추구할 가치가 충분하다는 것을 의미한다. 그러므로 승진하는 교장에게는 죄가 없다.

교장은 법적으로 학교를 통할[54]하는 일을 하는 사람이다. 학교에서 실시하고 일어나는 모든 일에 대해 최종 책임을 진다. 업무가 주는 중압감, 넘치는 책무감, 그러한 직위를 기꺼이 감내하는 자기 자신을 향한 존중감, 감정이 복잡하게 얽히는 그 사고 회로들을 돌아설 때마다 나타나는 공적인 고양감은 교장 스스로를 강하게 자극할 것이다. 세상과 주변에서 교장을 손가락질하고 비난할수록 자기 긍정과 자기 확신의 태도가 더욱 굳어진다.

과거의 교장은 학교 왕국의 완전한 지배자였다. 교장에게 직간접적으로 부여된 권한과 학교 안팎의 문화가 교장 왕국 체제를 뒷받침했다. 오늘날 교장이 된다는 것은 점점 몰락하는 영웅의 한숨과 비애가 가득한 비극의 주인공이 되는 일에 가깝다. 교장의 권한이 갖는 힘은 무르고, 교장을 무시하고 비난하는 문화는 갈수록 강고해진다. 다가오는 시대의 교장은 시대를 한탄하고 사람을 냉소하면서도 교육의 본질과 궁극을 추구하는 일을 결코 망각하지 않는 언해피엔딩 이야기의 진정한 종결자일 것 같다. 그들은 교육자로서의 소명 의식이 강하다. 그들은 스스로 '우리는 죄가 없다'고 외칠 것이다. 교장제의 진실은 어디에 있는가.

나는 지금 우리나라 교장들과 교장제도를 조롱하는 것이 아니다. 그렇게 읽었다면 글을 잘 못 쓴 내 책임이다. 나는 학교교육에 어떤 진실

---

54. 統轄. 모두 거느려서 다스림.

이 있다면 그것을 찾는 일이 무척 어렵다는 것을 말하고 싶을 뿐이다. 교장제라는 시스템 안에는, 시스템이 만들어진 역사와 그 후의 변천 과정, 오랜 시간 동안 사람들이 서로 얽히면서 만들어 온 관행과 습속과 문화, 그 배후에 숨겨 둔 갖가지 상징과 의미 들이 복잡한 모양으로 존재한다.

교사는 '나'와 '우리'를 통해 시스템 안에 있는 무엇을 보아야 하는가. '나'에서 '우리'를 거쳐 시스템을 이야기하려고 할 때, 교사가 볼 수 있고 보아야 하는 것은 무엇인가. 그것이 시스템에 관한 진실을 말해 주고 있다면 우리는 그것을 어떻게 볼 수 있는가. 분명히 대답하기 힘든 질문들이다. 교장제 역시 마찬가지다. 교장제에 관한 진실을 알기 위해서 우리가 보아야 하고 볼 수 있는 것을 찾아내는 일은 쉽지 않다.

우리 부부는 둘째가 초등학생이었을 때 '규범주의자', '원칙론자' 같은 별명을 붙여 불렀다. 최고 속도가 100킬로미터인 고속도로를 지날 때 둘째의 잔소리 폭탄을 피하려면 자동차 속도가 절대 100킬로미터를 넘지 않게 조심해야 한다. 좁은 도로에서 넓은 도로로 진입하기 위해서는 점선이 그어진 부분에서 차선을 바꾸어야 한다. 무심코 실선 부분에서 차선을 바꾸기라도 하면 한바탕 잔소리를 들어야 한다.

언젠가 둘째가 국어 교과서를 보며 공부하다가 우리말 문법에 관한 질문을 했다. 높임말의 쓰임새에 관한 내용이었다. 내 설명이 교과서 내용과 조금 다른 부분이 있었던 모양이다. 둘째가 "교과서에서는 그렇게 설명하지 않아요"라는 말을 되풀이했다. 답답해서 교과서 내용이 전부가 아니라고 하자 놀란 표정으로 되물었다.

"교과서 내용이 다가 아니라니 믿을 수가 없어요. 그럼 아빠가 쓴 책도 그래요?"

"당연하지. 책에 쓰였다고 모두가 올바르고 완벽하다고 말할 순 없어."

둘째는 당황한 것처럼 보였지만 자기 생각을 금방 굽히지 않았다. 교과서와 책이 그럴 리 없다는 듯한 표정을 계속 지었다.

우리는 오랫동안 '어떤 책에 이렇게 쓰여 있다'라는 말을 진리와 진실의 보증수표처럼 여기던 시절을 거쳐 왔다. 글과 문자는 범접할 수 없는 신성한 존재나 경건한 사물처럼 숭배되었다. 어떤 사람이 글 자체에 일정한 권위가 있다고 느낀다면, 그가 느끼는 권위의 상당 부분은 이와 같은 역사적 배경 속에서 만들어졌을 가능성이 높다. 둘째가 그런 역사를 알고 있지는 않았을 것이다. 다만 기질적으로 규범과 규칙을 잘 따르는 유형처럼 보이는 둘째에게 책, 그것도 학생들에게 가장 중요한 교과서에 실린 내용은 위엄과 권위의 상징 그 자체에 가깝다.

저자author와 권위authority가 동일한 어근을 공유한다는 사실은 많은 것을 시사한다. 글을 쓰면서 진정한 권위를 생각하지 않는 작가나 저자는 없다. 그들은 자기가 쓰는 글이 독자들 앞에서 권위를 발하기를 원한다. 우리는 진실한 글을 향해 고민하고, 글을 써서 세상의 진리를 밝혀내려는 작가나 저자들의 열정을 잘 안다.

글을 쓰려고 책상 앞에 앉은 우리를 해치는 최대의 적병은 다른 데 있지 않다. 책 한 권으로 세상을 흔들고, 수많은 사람의 영혼에 강렬한 흔적을 남기는 작가들의 이야기를 들어 본 적이 있을 것이다. 때로 그들이 쓴 이야기는 너무 평범하다 못해 상투적이다. 그런 이야기로 장안의

지가를 올렸다고? 나라고 그렇게 하지 못할 이유가 없다. 이제 나는 삶의 비밀이 우리와 아주 가까운 곳에 있다는 믿음 하나로 진실이라는 이름의 폭주 기관차에 올라탄다. 가자, 아름다운 글이 기다리는 곳으로.

기관차는 이름으로만 폭주한다. 거대한 포효를 내지르며 질주할 것 같지만, 출발은커녕 시동도 제대로 걸지 못한다. 나를 내내 휘감던, 아름다운 글을 향한 정체 모를 고양감과 열의는 찾아보기 힘들다. 나는 반성문 쓰기 같은 글쓰기로 벌을 서야 하는 말썽꾸러기 학생처럼 어쩔 줄 모른다. 멋진 글을 쓰려고 진실이라는 이름의 폭주 기관차에 올라 탄 나는 독일 작가 지그프리트 렌츠[1926~2014]가 쓴 장편소설 《독일어 시간》의 주인공인 지기 예프젠이 처한 상황과 흡사한 처지에 놓인다.

예프젠은 소년원에 수감되었다. 그곳에는 소년범들을 교화하는 프로그램으로 독일어 수업이 개설되어 있다. 교도소에 있는 코르프윤이라는 심리학 박사가 예프젠의 독일어 수업 시간에 '의무의 기쁨'이라는 테마로 작문 과제를 냈다. 벌의 일종이었다. 마침 순순히 의무의 기쁨을 찾고 있었던 예프젠은 갑자기 할 이야기가 너무 많다고 생각한다.

코르프윤이 예프젠을 비롯한 소년범들에게 요구한 것은 단 한 가지였다. "쓰고 싶은 것은 무엇이든 좋다. 다만 내용이 의무의 기쁨을 다룬 것이면 된다." 그러나 예프젠은 꼬박 하루 동안 글의 서두 쓰기를 시작조차 할 수 없을 정도로 난관에 부닥쳤다. 글로 써야 할 이야기가 너무 많았기 때문이다. 코르프윤 박사가 구상한 글쓰기 벌 계획은 크게 성공했다.

나는 진실의 폭주 기관차에 올라탄 예프젠과 비슷하다. 내 앞에는 써야 할 이야깃거리들이 쌓여 있다. 나는 그것이 무엇에 관한 것이어야 하는지 안다. 그것을 써 내려가기만 하면 된다. 그러나 안타까운 시간이 다가온다. 하루를 지나고 이틀이 다 되어 가도록 첫 문장의 첫 번째 단어도 떠올리지 못한다. 예프젠 역시 머릿속으로 비집고 들어오는 기억들을 막을 수 없었다. 기억 속에 있는 모든 것을, 발췌하거나 요약하지 않고 있는 그대로 쓰고 싶었다. 그러기에는 인물과 배경들이 너무 많았다. 예프젠은 이들을 미처 정리하지 못했다.

예프젠이 그랬던 것처럼, 내 앞에는 쓸 수 있는 것과 써야 하는 것이 너무 많다. 그것들 모두 진실을 보증하는 크고 작은 단서들이다. 모두 글에 담겨야 하는 것, 거꾸로 말하면 그 모두를 글에 담을 수는 없는 것들이다. 비로소 깨닫는다. 한 편의 글이 일말의 진실을 담을 수 있다면, 진실은 그처럼 모든 것을 쓰는 방식으로는 절대 글에 담기지 못한다.

영화 〈설국 열차〉에서 달리는 열차의 진실은 하층민 칸에 탄 사람들이 끝없이 투쟁하는 과정에서 조금씩 우리 앞에 모습을 드러냈다. 열차의 진실은 보이는 것에 있지 않았다. 그들 스스로 보는 것에 있지 않았다. 보이는 것을 뛰어넘고, 보는 것을 향한 의지를 품에 안으며, 감춰진 것을 드러내려고 끝없이 분투한 끝에 진실과 대면할 수 있었다. 다가오는 진실을 조용히 서서 기다리지 않았다. 진실을 향해 한 걸음 한 걸음 힘겹게 싸우며 다가갔고, 마침내 진실을 알아냈다.

모든 일은 용기가 필요했다. 용기는 대범함이 아니다. 불굴의 의지와 무관하다. 용기는 진실을 보고 싶어 하는 마음, '나'를 말하는 행위 속에서 만들어진다. 용기는 영웅hero이 갖춰야 할 필수 덕목이자 자질이다. 흔히 생각하는 것과 달리 영웅은 절대적인 힘을 가진 사람이나 불세출의 능력을 구사하는 사람이 아니다. 영웅이란 말은 본래 호머에서 트로 이의 모험에 참여하여 이야기될 수 있었던 모든 자유인에게 붙여진 이름이었다. 영웅의 필수 자질이라고 생각하는 용기의 의미는 기꺼이 행위하고 말하려는 의지 속에 들어 있다![55]

아렌트는 이렇게 말했다. "용기와 대담성은 사적인 은신처를 떠나 자기가 누구인가를 보여 줄 때, 즉 자아를 개시하거나 노출할 때 이미 현존한다. 말과 행위 그리고 자유가 가능하기 위해서 필수적인 본래의 용기는, 비록 '영웅'이 겁쟁이라고 우연히 밝혀진다고 할지라도, 마찬가지로 위대하며 심지어는 더 위대할지도 모른다."[56] '나'를 말하고 글을 쓰는 우리 자신이 진정한 영웅이다.

---

55. 한나 아렌트 씀, 이진우 외 옮김(1996), 《인간의 조건》, 248쪽.
56. 한나 아렌트 씀, 이진우 외 옮김(1996), 《인간의 조건》, 248쪽.

보이는 것 보는 것 감춰진 것

교장제는 진실 찾기의 어려움을 말해 준다. 교사가 이상적으로 여기는 수업의 진실은 무엇이고 어디에 있는가. 누구나 학교 민주주의를 당위처럼 말하지만, 학교 민주주의라는 이름으로 작동하는 현실의 겉과 속에는 민주적인 것, 유사민주적인 것, 반민주적인 것, 비민주적인 것처럼 보이는 것들이 어지럽게 뒤섞여 있다. 학생과 교사의 인권은 학교 교문 안과 밖에서 각기 다르게 취급되며, 어떤 학교폭력은 진실을 감춘다. 우리가 할 수 있는 것은 진실에 다가서기 위해 꾸준히 노력하며 용기를 내는 일밖에 없다.

몇 년 전 《사유하는 교사》를 처음 읽었을 때가 기억이 난다. 《사유하는 교사》는 교육학 초심자들을 위해 쓰인 입문서다. 표지 뒤쪽에 있는 짤막한 책 소개 문구와 머리말, 차례 부분을 살펴보면서 편집 체제가 특이한 책이라는 생각이 들었다. 일반적인 입문서라면 해당 분야에서 널리 쓰이는 용어들을 설명하고, 기본 이론들을 소개하는 순서로 내용이 짜이는 것이 보통이다. 이 책은 교육 현장의 임상적 사건과 사례를 보여주면서 이론 체계를 넌지시 암시하는 식으로 내용을 구성했다. 차례만 보고 교육 사례집처럼 받아들이는 사람들이 많겠다는 생각이 들었다.

《사유하는 교사》에서 가장 인상적으로 읽은 이야기는 제1장 두 번째 절에 있는 〈라몬과 하랄트〉였다. "다음은 소위 「머리가 달린 초등학교」, 다시 말해서 5학년 이상의 상급 학년 과정을 해당 지역의 종합학교에 연계시킨 초등학교 운동장에서 일어난 사건에 관한 이야기이다." 첫 문장을 읽자마자 강한 호기심이 생겼다. "머리가 달린 초등학교"라는 낯선 표현의 함축적 의미와 "운동장에서 일어난 사건"의 정체, 그것이 처리되는 과정에서 드러나는 교육학적인 성찰의 단서들이 무엇일지 궁금했다.

〈라몬과 하랄트〉의 서술자는 제3의 외부자다. 사건을 조망하는 객관적인 위치를 떠나지 않으면서 되도록 상황을 있는 그대로 기술하는 데 초점을 맞추어 이야기를 끌고 갔다. 문장들은 시종일관 담담했다. 어떤 수사학적인 기교나 감흥에도 관심을 기울이지 않고 완성한 것처럼 보이는 문장들은 전문 상담가나 임상 전문의가 자기 상담 일지나 진료 차트에 건조하게 새겨 넣은 정보들 같았다. 그런데도 라몬과 하랄트 이야기는 흥미진진했고, 강한 힘으로 나를 빨아들였다.

이야기는 의외로 평범했다. 초등학교 1학년 학생 하랄트는 이주민 가정 출신의 동료 학생 라몬에게 1마르크를 주면서 70페니히짜리 껌을 사오라고 시켰다. 라몬은 하랄트에게 껌을 사고 남은 거스름돈 30페니히를 돌려주지 않았다. 하랄트는 교실에서 라몬이 도둑질을 했다고 비난하고 라몬과 난투극을 벌였다. 라몬은 친구들에게 도둑놈이라는 손가락질을 받았고, 집에 가서 아버지에게 심한 체벌을 당했다.

라몬은 처음에 성적이 전체적으로 좋았고, 꽤 수줍음을 타는 평범한 학생이었다. 그러다가 하랄트와 얽힌 예의 사건을 겪은 뒤 점점 거칠고 소란스럽고 공격적인 아이가 되었다. 라몬은 교사들에게도 공격성을 보였다. 학생들은 학급에서 분실 사건이 일어날 때마다 라몬을 도둑으로 의심했다.

라몬은 성적이 떨어질 대로 떨어져 유급 판정을 받고 특수학교 전학 결정을 받았다. 라몬이 전학을 가기로 한 특수학교의 교장은 먼저 라몬의 지능을 확인했다. 라몬은 지능 검사에서 전체적으로 정상 판정을 받았다. 서술자는 여기까지 서술한 뒤 다음과 같이 썼다. "지능의 결손은 이 학생의 취약한 성적의 원인이 될 수 없었다."

나는 이 문장에 밑줄을 긋고 별을 그리고 동그라미 표시를 했다. 글이 끝나는 다음 페이지 하단 여백에는 "모든 아이에게는 '역사'가 있다!"라는 문장을 썼다. 그리고 화살 머리가 왼쪽 페이지로 향하는 화살표를 이 문장 왼쪽에서 시작해 왼쪽 페이지 중간의 긴 문단 전체로 이어지도록 길게 그었다. 그 문단에는 문제의 사건 이후 라몬의 학업 성적이 형편없이 떨어지고, 학교 부적응 학생처럼 생활 태도가 엉망이 되어 가는 일련의 상황 끝에 특수학교에 전학을 가기로 결정되기까지의 과정이 개략적으로 서술돼 있었다.

〈라몬과 하랄트〉를 쓴 사람은 독일 베를린조형예술대학교 교수 게오르크 엠 뢰크림이었다. 책 뒤편 저자 소개 글에 교사교육과 성인교육에 관한 저서를 다수 썼다는 정보가 있었다. 예술대학교 교수가 '교육' 문제에 관심을 갖고 있다는 게 의외로 다가왔다. 라몬과 하랄트 사이에 벌어진 일을 묘사하고 주요 처리 과정의 골자를 빼먹지 않고 요령 있게 기술한 것이 인상적이었다.

라몬과 하랄트의 이야기는 자연스럽게 교사들이 학교에서 하는 생활교육을 떠올리게 했다. 갖가지 생활지도 사안들, 예를 들어 학생 간 갈등이나 교실 내 소지품 분실 문제 같은 것들이 교사들의 태도, 학교의 일반적인 분위기, 교사들의 학생관, 학교생활 문화에 따라 어지럽게 처리되는 현실이 머릿속에 그려졌다. "모든 아이에게는 '역사'가 있다!"라는 문장은 그 과정에서 나온 생각의 흔적이었다. '라몬'이 거쳐 온 과정은 자기 뜻과 무관하게 잘못된 역사의 경로에 들어선 동시대의 수많은 '라몬들'이 거친 과정과 다르지 않았다.

《사유하는 교사》에는 〈라몬과 하랄트〉 외에도 우리를 교육학적인 성찰과 사유의 세계로 이끄는 이야기들이 많다. 하르트무트 폰 헨티히가 쓴 〈작은 아이들과 큰 아이들〉의 마지막 문장, "학교에 가서 제발 아무 얘기도 하지 말아 주세요!"를 읽고 아무 일도 없었던 것처럼 다음 이야기 대목으로 곧장 넘어가는 교사는 없을 것이다. "어떤 나라의 한 집안에서 일어난 이야기"로서 우화적인 성격이 강해 보이는 야누쉬 코르착의 글 〈누가 교사가 될 수 있는가?〉는 분량이 3페이지밖에 되지 않는 짤막한 글이지만 그 어떤 체계적이고 긴 교사론보다 공감을 불러왔다.

《사유하는 교사》는 '교육자의 글쓰기'나 '교육적인 글쓰기'의 어떤 본보기를 제시해 준다. 〈학교에서 시작하는 하루〉는 성숙한 교육적 관점을 견지하기 위해 학교에서 펼쳐지는 일상을 섬세하게 바라보고 기록하는 교육자의 글쓰기 사례에 해당한다. 〈말썽꾸러기 페터〉는 교육적인 차원의 임상 기록이 중요하다는 점을 담담하게 말해 주는 기초적인 교육적 글쓰기 사례다. 〈교육학적 행위의 문제와 원칙으로서의 과도한 요구〉라는 글은 하나의 교육 문제를 발본색원하듯 치밀하게 천착해 나가는, 전문적인 교육적 글쓰기의 모범이다.

세상에 존재하는 모든 것을 말할 수 있는 작가나 저자는 없다. 사람들은 자기 눈에 보이는 것, 자기 뜻과 의지에 따라 보는 것에 초점을 맞춰 글을 쓴다. 보이는 것, 보는 것을 쓰는 것만으로 우리 생각과 삶은 더 넓어지고 깊어지고 풍요로워진다.

그 한편으로 우리 눈에 보이고, 우리 눈으로 보는 모든 것을 무작정 쓸 수는 없다. 우리에게 보이고 우리가 보는 일들의 이면에는 숨어 있는 것이 많으며, 그렇게 숨어 있는 것의 의미와, 그런 의미를 만들어 낸 구조, 체제, 외부의 힘 같은 것들이 더 복잡하고 중요할 때가 있다. 우리는 그렇게 볼 수 없고 감춰진 것들까지를 염두에 둘 수 있다. 그때 우리는 좀 더 교육적인 의미의 글을 쓸 수 있게 된다.

〈라몬과 하랄트〉는 학생 생활지도 사례집에 실린 수많은 평범한 이야기에 불과했을 수 있다. 문제아나 학교 부적응 학생처럼 보이는 라몬 같은 학생은 부지기수다. 사회적인 파장을 불러일으키는 학교 내 폭력 사건들과 비교할 때 라몬과 하랄트 사이에 벌어진 일은 평범한 축에도 끼지 못한다. 그런데도 특수학교 교장은 라몬의 일에 특별한 관심interest을 기울여 추가 조사를 실시했고, 사안 일체를 교육상담소에 보내 전문 상담을 의뢰했다. 이를 바탕으로 심층 연구를 하는 데까지 이르렀다.

교장은 라몬에 대한 지능 검사 결과가 "전체적으로 정상"이었다는 사실을 눈여겨보고 라몬이 성적이 낮아진 데에는 다른 이유가 있었을 것이라고 짐작했을 것이다. 교장이 라몬이 하랄트 돈을 중간에 가로챘고, 이에 화가 난 하랄트가 라몬을 때렸으며, 그 뒤 라몬이 학교생활에 흥미를 잃고 성적이 점점 떨어져 특수학교로 전학을 가게 되었다는 것과 같은, 눈에 보이는 사실에만 주목했다면 그런 특별한 관심이 생기기 어려웠을 것이다.

서술자는 글에서 교장이 라몬 문제에 흥미interest를 갖기 시작했다고 썼다. 관심이 생긴 것이다. 교장은 라몬이라는 한 인간과의 사이inter에 존재est하는, 눈에 보이지 않는 어떤 감춰진 것을 보았을 것이다. 그런 교장 덕분에 우리는 라몬과 하랄트가 살고 있는 배경으로서의 도시생활, 가족 문화와 가정 내 분위기, 외국 이주민 가정과 토착 주민 가정사이의 갈등과 대립이 평범해 보이는 한 학생을 어떤 의도치 않은 길로 이끌었는지 알게 되었다.

한나 아렌트는《인간의 조건》에서 관심이 결코 일방적이지 않다고 말했다. 사람은 다른 사람들과 사물들 사이에서 그들을 지향하며 말을 하고 행위를 한다. 사람의 말과 행위는 다른 어떤 사람이나 대상(사물)을 일방적으로 향할 때조차도 말하고 행위를 하는 주체를 드러낸다. 우리가 말하고 행위 한다는 것은 내 눈앞에 있는 존재 사이, 예컨대 나와 다른 사람 사이에 놓여 있는 어떤 영역에 눈길을 주는 것이다. 관심과 흥미는 그런 것이다.

아렌트는 이와 같은 중간 영역이 두 가지로 구별된다고 보았다. 이해관계와 관련되는 객관적이고 물리적인 중간 영역과, 흔히 인간관계의 '그물망'이라고 비유되는 주관적이고 추상적인 중간 영역이다. 교장은 자신의 특별한 시선을 활용해 라몬이 살아가는 삶의 공간과 배경 영역을 포착했다. 처음 교장의 눈에 들어온 것은 한 명의 학생으로서의 라몬뿐이었다.

그때 라몬은 물리적이고 객관적인 영역에 존재한다. 여기서 그들의 관계는 교장 대 학생으로만 맺어진다. 교장은 한 발 더 나아갔다. 그는 라몬을 '학생'으로서뿐 아니라 '인간'으로 보고 싶었다. 마침내 한 명의 인간으로서의 라몬은, 학교에서 학생으로서 보여 준 특정한 사실들 너머의 진실들을 보여 주었다.

글쓰기는 세계에 대한 관심과 흥미에서 출발한다. 글을 쓰는 데 중요한 것은 글쓰기 자체에 대한 감각이나 문장 구사 능력이 아니라 눈에 보이는 세계를 제대로 볼 줄 아는 태도에 있다. 제대로 보기는 우리 눈에 보이는 것 뒤에 감춰진 것을 간파하려는 노력을 전제로 한다. 감춰진 것이 무엇인지 깊이 고민하고 생각하며, 그것을 바탕으로 사물과 대상과 상황의 진실이 무엇인지 제대로 보려고 노력할 때, 우리 눈에 자연스럽게 보이는 것들 사이에 무심히 존재하는 특별한 것들을 골라내는 능력이 생긴다. 《사유하는 교사》에 실린 글들은 그런 일련의 과정을 멋지게 보여 주었다.

제3장

쓰고 또 쓰고 다시 쓴다

읽기와 달리 글쓰기는 육체적인 활동이다.
글을 쓰려면 연필, 펜, 타자기, 워드프로세서 같은 도구를 사용해야 한다.
글쓰기는 반복되는 언어적 노력을 통해서 사유를 뒤쫓고 조직화하고
마침내 명료하게 표현해 내는 과정으로 우리를 이끈다.
우리는 글을 쓰면서 끊임없이
'나는 지금 내가 말하고자 한 것을 말하고 있는가?'라고 자문한다.

－윌리엄 진서, 《글쓰기 생각 쓰기》

글쓰기 신화

"책을 읽는 게 힘들어요. 글을 쓰는 일은 더욱 그렇습니다."

교사들이 모인 자리에서 함께 책을 읽고 공부하면서 글쓰기를 해 보자고 제안하면 꽤 많은 이들이 이렇게 말한다. 나는 이 말을 두 가지 뜻으로 해석한다. 첫째, 나는 책을 읽고 글을 쓰는 일이 싫다. 싫지만 꼭 해야 한다면 기본만 하겠다. 둘째, 나는 책을 제대로 읽고 글을 글답게 쓰고 싶다. 두 가지는 상반되는 것처럼 보이지만 책 읽기와 글쓰기가 교사들 사이에서 차지하는 중대한 의미를 환기해 준다는 점에서 밀접한 관계가 있다.

책 읽기와 글쓰기가 교육자로서 교사가 일상적으로 실천해야 하는 중요한 일 중 하나라는 사실에 이의를 다는 사람은 없을 줄로 안다. 반면 학교 안에는 교사가 교무실에서 책을 읽고 글을 쓰는 일을 한가한 선비취향 정도로 간주하는 시선 또한 엄연히 존재한다. 매시간 수업을 준비하고 학생들을 꼼꼼히 지도하는 일만도 버거운데 교사가 언제 책을 읽고 글을 쓸 수 있느냐는 것이다. 그들은 교사의 책 읽기와 글쓰기를 삐딱하게 바라본다.

책 읽기와 글쓰기에 관한 한 교사들은 이중구속의 상태에 빠져 있다.

교사는 교육자로서 책을 읽고 글 쓰는 일을 부지런히 해야 한다는 당위론과, 책 읽기와 글 쓰는 일에 열중하면 수업과 생활지도 같은 교사의 기본 직무를 수행하는 데 소홀해질 수 있다는 현실론이 동시에 발목을 잡는다. 여기에 교사 집단의 약한 직업적 정체성 사이를 반지성의 논리로 간단히 파고 들어오는 학교 관료주의, 책 읽기와 글쓰기를 대수롭지 않게 여겨도 원활하게 움직이는 행정 시스템이 있다.

이중구속의 압박을 체감하는 교사들 대부분은 첫째 부류 줄에 선다. 그들은 책 읽기나 글쓰기를 하지 않거나 최소한의 기본만 채운다. 둘째 부류에 포함되는 교사는 각자 형편껏 책을 읽고 글을 쓴다. 최근 수업 연구 모임이나 전학공 활동 활성화 차원에서 교사 동아리와 교사 연구회 활동을 적극 장려하는 분위기가 비교적 널리 퍼졌다. 책 읽기와 글쓰기를 적극적으로 실천하기를 바라는 교사들이 학교 관리자들의 눈치(?)를 보는 일이 조금 줄어든 것은 그나마 다행이라고 해야겠다.

당위론과 현실론으로 이루어지는 이중구속 상태를 답답하게 여기는 교사라면 현실론의 맹점을 극복하고 싶은 마음이 없지 않을 것이다. 수업이나 생활지도 같은 현실적인(?) 업무를 수행하면서 교육적 의미를 최대한 얻으려면 책 읽기나 글쓰기를 꾸준히 하면서 업무의 질적 수준을 끌어올리는 일이 병행돼야 한다.

학교 일의 본말을 제대로 분간하지 못하는 철부지 교사처럼 허튼소리를 하고 있다고 지레 비난하지 말았으면 한다. 학생들을 말로 가르치고, 교과서와 교사용 지도서와 참고서를 보면서 수업 준비를 하고, 교실 칠판에 분필로 판서를 하거나 교무실 책상에 앉아 학생들 공책을 검사하면서 무엇인가를 써넣는 교사의 모습을 떠올려 보라. 교사들은 이미 충분히 말을 하고 책을 읽고 글을 쓰며 지낸다. 나도 그렇다고 생각한다. 내가 하고 싶은 말은 이와 조금 다른 데 있다.

다음과 같은 질문을 던져 보자. 교사들은 각자의 말하기에서 의미를 찾으며, 책 읽기와 글쓰기를 충실히 하며 스스로 만족할까. 교사들은 '요즘 아이들'의 언어를 별로 이해하려고 애쓰지 않으며, 그들과 대화하는 일을 힘겨워한다. 여느 다른 직종의 사람들과 마찬가지로 교사들 역시 글을 쓰는 행위에 대해 오래된 편견을 갖고 있다. 교사들을 둘러싼 교육 환경이나 분위기가 차분하게 책을 읽거나 글을 쓰는 일을 어렵게 만든다.

사람들은 글쓰기가 보통의 일과 다른 매우 특별한 일이라고 생각한다. 글을 쓰는 것을 좋아하고 글을 잘 쓰는 감각이나 능력을 천성적으로 타고난 사람들이나 하는 예외적인 일이 글쓰기라고 믿는다. 사람들을 사로잡고 있는 글쓰기 신화의 핵심이다. 이 두 가지 사실을 대전제와 소전제로 하여 도출되는 결론은 다음과 같다. 글쓰기는 힘들고 어려운 일이다. 글쓰기는 아무나 하는 일이 아니다. 동어반복처럼 보이는 문장들의 메시지는 단순하고 익숙하다. 글쓰기는 나와 거리가 멀다. 글쓰기는 글을 쓰는 사람들만의 것이다.

우리는 이런 시선이 잘못된 것이라고 단정하기 힘들다. 평범한 일상인의 상식과 감수성으로는 이해하기 힘든 작가들이 있으며, 타고난 것처럼 보이는 문재文才 덕분에 어리거나 젊은 시절부터 훌륭한 글쓰기를 보여 주는 작가들의 예를 얼마든지 찾아볼 수 있다. 그들과 다른 우리가 글을 쓰지 않고 쓰지 못한다고 생각하는 것은 당연하고 정당하다.

역사상 뛰어난 작가들은 탁월한 감수성과 통찰력으로 시대와 지역을 초월해 사람들에게 자극을 주었다. 그런 일은 아무나 할 수 있는 일이 아니다.

그러나 이와 같은 생각들이 우리 같은 보통 사람이 함부로 글을 써서는 안 된다는, 또는 범인凡人은 글을 쓸 수 없다는 주장의 근거가 될 수는 없다. 또 다른 당연한 사실들 때문이다. 천재처럼 평가받는 작가들은 처음에 글쓰기의 범인이었다. 사람들에게 널리 알려진 글들은 독보적인 능력을 타고난 천재 작가가 탁월한 영감이나 통찰에 따라 하루아침에 쓴 것이 아니라 수시로 들썩거리는 엉덩이와 처절한 싸움을 벌인 끝에 탄생시킨 노작勞作들이다.

사람들이 글과 글쓰기에 대해 갖는 유별난 시선은 역사적으로 형성된 측면이 크다. 인류가 문명 생활을 시작한 이래로 문자를 다루고 글을 쓰는 일은 매우 특별한 의미가 있었다. 고대의 문자와 글은 그 자체로 신성했다. 고대인들은 문자를 신이 인간에게 건네준 선물이라고 생각했다. 근대 이전까지 문자를 다루거나 글을 쓰는 일은 특별한 부류에 속한 사람들만 할 수 있는 전유물이었다. 글을 배우거나 쓰는 일 자체가 특권 계층으로 오르는 데 도움을 주는 사다리 구실을 했다.

조선 시대 양반들은 여성과 노예(종)가 글을 배우는 일을 금기시했다. 사람은 생각하고 행동하면서 자기 정체성을 형성하고, 말과 글을 통해 자기 정체성을 세상에 드러낸다. 반대로 말과 글이 한 사람의 생각과 행동을 이끌고, 그의 정체성을 강화하거나 변화시킨다. 사람은 생각하고 행동하고 말하고 글을 쓰면서 스스로 변화하고 세상을 바꾸는 힘을 얻는다. 조선의 특권층들은 글과 글쓰기에 잠재된 그와 같은 전복적인 힘을 두려워했다.

1776년 조선 제21대 국왕 정조1752~1800는 당대의 진보적인 조정 신료와, 왕실 최고의 고등교육기관인 성균관에 소속된 유생들을 표적으로 삼아 문체반정文體反正 정책을 실시했다. 정조는 당시 유행하던 연암 박지원풍의 한문 문체를 순정고문醇正古文으로 되돌려 바로잡기를 원했다. 문체반정은 당대의 정치 권력이 글쓰기를 얼마나 엄중한 시선으로 보았는가를 말해 주는 문예학적인 실례이자, 글쓰기의 보이지 않는 힘이 현실 세계에 미치는 위력을 반증하는 역사적 사례다.

정조를 비롯한 문체 보수주의자들이 내세운 논리는 다음과 같았다. 순수한 문체는 사람들의 정신을 순수하게 한다. 타락한 문체는 사람들을 타락하게 한다. 단순하지만 강력한 논리다. 나는 정조가 글과 글쓰기가 사람들에게 미치는 막강한 힘을 잘 알고 있었다고 생각한다. 문체반정은 글과 글쓰기의 보수 혁명을 꿈꾼 이상주의자들의 실험이 아니었다. 그것은 글쓰기 문제가 단순히 문예 미학 차원에 국한되는 것이 아니라 사람들의 관념과 현실 정치 영역에까지 영향을 미칠 수 있음을 생생하게 보여 준다.

이제 사람들은 누구나 자유롭게 글과 책을 읽고 쓸 수 있다. 특정 계층을 대상으로 선별적인 특권 교육을 했던 과거와 달리 오늘날 대부분의 국가나 정부에서는 학생들이 문자와 글쓰기를 더 쉽고 효율적으로 배울 수 있도록 보편적인 공교육 제도를 마련해 운영한다. 작문을 포함한 기본적인 글쓰기 교육, 상급학교 진학에서 상당한 비중을 차지하는 논술 쓰기 활동, 논문이나 에세이 쓰기 교육이 학교의 기본적인 교육과정에 반영되어 있는 나라가 많다.

문자 문명이 태동한 아래 수천 년 동안 이어진 글쓰기의 비수기가 끝났다. 성수기는 유례 없이 폭발적이고 광범위하게 이어졌다. 1990년대 이후 전 세계적으로 퍼져 나간 인터넷이 결정적인 발화점이었다. 온라인을 중심으로 글쓰기 플랫폼의 종류와 범위와 양식이 양적·질적 차원에서 확대되었다. 함께 글을 읽고 글쓰기를 공부하는 교양 강좌와, 제목에 '글쓰기'를 단 책들이 오늘날처럼 넓게 퍼진 시대도 없을 것이다.

글을 쓰는 사람이 늘어나고, 글을 쓸 수 있는 사회 문화적인 환경과 조건이 크게 개선되었다는 사실이 글쓰기 문화가 진정으로 발전했음을 그대로 보증하지는 않는다. 글쓰기는 생각하기 도구다. 생각하기가 전제다. 좋은 생각은 우리를 좋은 행동과 실천으로 이끈다. 사회의 변화와 성장은 스스로 변화하고 성장하는 '나'와 '우리'가 이끈다. 글쓰기는 현대의 문명 사회를 살아가는 사람에게 민주주의를 경험하게 하는 생각의 도구다. 글쓰기의 역사적인 성수기를 진정으로 완성하기 위해 반드시 기억해야 할 명제다.

그곳에 글이 있다

글쓰기를 특별한 사람들이 하는 일이라고 생각하는 사람들은 글 자체도 그렇게 바라보는 경향이 있다. 좋은 글은 뛰어난 수공품 같다. 좋은 글에는 글쓴이의 개성적인 생각이나 관점이 뚜렷이 담겨 있다. 멋진 글은 통일성이 있다. 일관된 주제가 글 전체를 관통하고 구조나 짜임새가 탄탄하다. 훌륭한 글은 독자들의 가슴을 울리고 세상을 바꾼다.

좋은 글과 멋진 글과 훌륭한 글이 그러한 것처럼, 글쓰기 신화에 빠진 사람들은 자기 글이 사람들의 시선을 사로잡는 아름답고 사려 깊은 문장과 공감을 자아내는 주제 의식으로 가득 차기를 바란다. 그러나 성급하게 욕심을 내거나 절망하지 말자. 가슴을 움직이는 글은 가슴을 움직일 수 있는 사람이 쓴다. 아름다운 글은 아름다운 삶을 상상하고 살 수 있는 사람이 쓴다.

글은 묘하다. 가슴을 움직이는 글, 아름다운 글에 집착할수록 우리가 바라는 글은 사막 한가운데 있는 신기루처럼 아주 먼 곳에 어렴풋이만 존재하는 것 같다. 손에 바로 닿을 듯하지만 영원히 만질 수 없는 것. 글을 쓰면서 '내 글이 사람 가슴을 움직이는 그런 글이야.' 하고 자부하는 글쓰기 천재는 없다. 글쓰기 유전자를 타고나 처음부터 아름답고 멋진 글을 완벽하게 쓰는 사람은 없다. 어떤 작가도 생의 마지막 순간까지 빼어난 글쓰기를 일관되게 유지하지 못한다.

좋은 글, 멋진 글, 훌륭한 글은 좋은 글, 멋진 글, 훌륭한 글에 관한 이론이나 생각으로 만들어지지 않는다. 좋은 글, 멋진 글, 훌륭한 글에 이르는 가장 확실한 방법은 하나다. 글을 쓰는 것이다. 글쓰기는 글을 쓰겠다는 생각이 아니라 실제 글을 쓰는 행위에서 시작된다. 문장을 쓰고 쓰고 쓴다. 다시 쓰고 쓰고 쓴다. 이것이 글쓰기다. 좋은 글, 멋진 글, 훌륭한 글을 쓰는 일은 그다음이다.

글쓰기는 문장 꼬리 물기다. 앞 문장 꼬리를 뒤 문장이 물고, 뒤 문장 꼬리를 그 뒤 문장이 문다. 단조로운 반복 작업, 장기 체력전 같은 것이다. 무한 루프다. 글쓰기 과정에 필요한 것은 착석 상태를 지탱하는 튼튼한 허리와 엉덩이 근육과, 되풀이되는 손(가락) 운동을 끝까지 놓지 않는 내면의 의지다.

글쓰기는 글을 쓰겠다는 마음에서 시작한다. 글을 쓰기 위해 자리에 앉아야겠다고 생각한다. 당신은 글쓰기의 절반 지점에 이르렀다. 의자에 앉아 첫 문장을 쓴다. 나머지 절반 중 절반을 지났다. 문장 꼬리 물기의 문턱에 들어섰다. 이제 당신은 글을 쓰는 사람이 되었다.

글을 머리로 쓰는 사람들이 있다. 그들은 글을 쓰기를 원하는 마음에 찬물을 끼얹는 이런저런 현실적인 사정들을 떠올리고, 글을 쓸 능력이나 감각이 부족하다며 자기 자신을 옥죄는 마음의 형편 같은 것들을 만들어 낸 다음, 그것들을 글쓰기를 주저하게 만드는 핑곗거리로 삼는다.

작가 은유는 《글쓰기의 최전선》에서 재미있는 말을 남겼다. "글을 쓰고 싶은 것과 글을 쓰는 것은 쥐며느리와 며느리의 차이다." 이 둘은 완전히 다른 차원의 세계다. "하나는 기분이 삼삼해지는 일이고 하나는 몸이 축나는 일이다. 주변에 글을 쓰고 싶어 하는 사람은 많은데 정작 글 쓰는 사람은 별로 없다."[57]

쓰고 싶은 '마음'을 쓰는 '행위'로 바꿔 주는 것이 무엇일까. 글쓰기 전문가의 고품격 글쓰기 강좌? 고전적인 글쓰기 책? 유명 작가와 함께 하는 글쓰기 토크? 나는 '나'라고 생각한다. 미국의 논픽션 작가 메러디스 매런은 퓰리처상을 비롯한 세계 유수의 문예상 수상 작가들의 글쓰기 비법을 정리한 책《잘 쓰려고 하지 마라》에서 2011년 퓰리처상 수상 작가 제니퍼 이건을 극찬하면서 그 이유를 이렇게 말했다. "이건이 독보적인 작가인 이유는 단지 남다른 방식으로 쓰기 때문이 아니라 남다른 것을 쓰기 때문이다."

우리는 각자 쓸 수 있는 글을 쓴다. '나'가 아는 것, 알고 싶어 하는 것, 직접 경험한 것, 보거나 들은 것, 상상한 것 등 나의 머리와 가슴, 손과 발, 몸과 정신이 만들고 간직하고 있는 모든 것들이다. 남과 다르므로 남다른 것, 그것들을 글로 쓸 수 있는 사람은 이 세상에서 오직 한 사람, '나'다. '나'를 글쓰기 여정의 맨 앞줄에 세우는 것, 이것이 민주적인 글쓰기와 글쓰기의 민주주의를 실현하는 길이다.

'나'가 이끄는 글쓰기가 무엇인지를 세 가지 수첩 이야기를 살펴보면서 생각해 보자. 첫 번째 수첩 이야기는 탤런트 최불암 씨의 것이다. 최

---

57. 은유(2015),《글쓰기의 최전선》, 메멘토, 55~56쪽.

불암 씨는 한국방송에서 방영하는 〈한국인의 밥상〉을 진행한다. 〈한국인의 밥상〉은 프로그램 제목처럼 우리나라 사람들의 삶과 역사를 간직한 음식 문화를 소개하는 내용으로 구성되어 있다.

최불암 씨는 여타 티브이 프로그램 진행자들과 다른 특별한 모습으로 출현한다. 그는 프로그램 촬영차 전국 방방곡곡의 지역과 마을을 방문할 때마다 한쪽 손에 항상 조그만 수첩 하나를 들고 다닌다. 자타가 공인하는 대한민국 최고의 연예인 중 한 사람, 특유의 너털웃음으로 대변되는 개성 있는 연기 이력과 삶의 경륜이 묻어나는 진행 멘트만으로 시청자들에게 충분히 신뢰를 주는 배우가 최불암 씨다. 그런 그가 아날로그 시대를 대표하는 필기 매체인 수첩을 들고 다니는 까닭이 무엇일까.

최불암 씨는 육지와 섬을 가리지 않고 전국 방방곡곡을 다니면서 사람들을 만나고 그들과 대화를 나눈다. 그의 앞뒤에는 첨단 기능을 갖춘 카메라들이 따라다니며 다채로운 여정을 차곡차곡 기록한다. 카메라는 현장의 소리와 영상 모두를 잡아 저장할 수 있는, 수첩보다 섬세한 기록 매체다. 그런데도 나는 카메라 렌즈에 포착된 정겨운 밥상과 그 위에 놓인 맛깔스러운 음식들보다 그가 손에 들고 다니는 조그만 수첩에 더 눈길이 간다.

최불암 씨가 그저 '폼'을 잡으려고 수첩을 들고 다니는 건 아닌 것 같다. 방송 영상을 보면 그는 사람들과 이야기를 나누다가 어느 순간 펜을 들어 메모를 한다. 때로는 승용차나 열차 안에서 홀로 시간을 보내면서 수첩을 펼쳐 거기에 무엇인가를 적어 넣는다. 평소에 메모를 즐겨 하는 습관이 없는 사람이라면 하기 힘든 자연스러운 행동들이다.

두 번째 수첩 이야기의 주인공은 북한 인민들이다. 북한 최고 지도자 김정은 국무위원회 위원장 앞에 선 북한 인민들은 독특한 풍경을 연출한다. 그들은 손바닥 위에 수첩을 펼쳐 놓고 무엇인가를 열심히 적는다. 고위 공무원과 군부대의 말단 병사, 대도시 평양의 사무원과 함경도 벽지 광산의 광부, 나이 많은 농부와 젊은 대학생을 가리지 않는다. 북한 인민들의 사회적 지위와 직업과 연령은 다양하지만 궁실 사관이나 행정 속기사가 된 듯한 모습은 한결같이 똑같다.

국가 최고 권력자 앞에 선 북한 인민들의 광속 메모 행위 이면에는 우리 상식으로 속단하기 어려운 복잡한 사회심리학적 요인이 있을 것이다. 고도의 통제 사회에서 자신의 일거수일투족이 언제든지 검열을 당할 수 있다는 두려움이 표면으로 드러난 행동이거나, 최고 권력자를 향한 절대적인 외경심의 발로일 수 있다. 그 무엇이 되었든 그들은 수첩에 메모를 하면서 신성한 절대자의 언어를 기록하고 있다고 생각하지 않을까. 이런 생각에 일말의 진실이 숨어 있다면 그들은 마땅히 써야 할 글을 쓰고 있는 것이다.

세 번째 수첩 이야기는 우리나라 최고 권부인 청와대에서 만들어진 것이다. 수첩의 주인은 박근혜 정권 시절 청와대 비서실 민정수석이었던 고 김영한 씨다. 김 전 수석은 재직 시절 업무에 관련된 내용을 꼼꼼하게 메모했다고 한다. 박근혜 정권의 전교조 대응 기조 같은 정치적 사안에서부터 상급자의 취임 연설 같은 시시콜콜한 업무 일정까지 수첩을 채운 내용은 다채롭고 세세했다.

고 김 전 수석의 메모는 정갈했다. 우리나라 공무원들이 애호하는 개조문식 메모의 전형을 보여 준다. 문단 들여쓰기, 글머리표, 별표, 각종 기호, 수치 등 여러 가지 방식과 도구들을 사용하여 내용 간 위계 서열과 메시지의 체계와 구조를 감각적으로 표현했다. 권부 깊은 곳이 아니면 만나기 힘든 공적 언어들이 유려하고 세련된 필기체 글씨로 적혀 있다. 메모 자체의 권위가 한층 살아 있는 것처럼 보이는 생생한 사례다.

나는 김 전 수석의 수첩과, 그가 수첩에 기록한 메모들의 기록학적 가치가 어느 정도인지 평가할 수 없다. 그 대신 김 전 수석의 수첩과 메모에는 최불암 씨나 북한 인민들이 손에 든 수첩과, 그들이 수첩에 무엇인가를 적는 행위와는 다른 독특한 성격이 있는 것은 분명히 알 수 있다.

언젠가 검사 출신의 김기춘 씨가 박근혜 정부의 청와대 비서실장으로 취임하면서 비서실 직원들에게 밝힌 업무 '路線(노선)'[58]을 인상적으로 본 적이 있다. 메모 애호가였을 김 전 수석이 없었다면 만나지 못했을, 그때 그곳에서 그만이 쓸 수 있었을 희귀한 말들이 담겨 있었다. 정말 낯설었다. 상관인 김 전 비서실장의 말을 메모하면서 명령과 지시에 복종해야 하는 조직인으로서의 책무감과, 민의라는 대의명분에 따라야 하는 엘리트 공직자로서의 양심과 책임감 사이에서 혼란을 느꼈을 김 전 수석 또한 낯선 감정에 빠지지 않았을까. 김 전 수석의 메모에 기록학적 가치가 있다면 이런 측면에서 분석해야 할 것이다.

한때 학교 안팎에 '적자생존'이라는 말이 유행한 적이 있었다. '적어야

---

58. (고 김 전 수석의 자필 메모 사진)

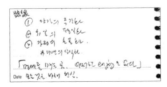

생존한다'는 뜻 정도로 쓰이는 우스갯말이다. 학교 교사들은 학부모 민원이나 업무를 처리하는 과정에서 관련 기록이 제대로 갖춰져 있지 않으면 곤란을 겪는다. 이런 상황에 빠지지 않으려면 평소 업무수첩 같은데 관련 내용을 자세하게 메모를 해 놓아야 한다. 그렇게 해서 나온 말이 '적자생존'이었다.

'적자생존'이라는 말을 들을 때마다 마음이 편치 않았다. '적자생존'이라는 우스갯말 속에는 학교와 교사의 변화하는 위상이 담겨 있다. 교사들이 생존을 위해 무엇인가를 메모해야 하는 학교에서 교육다운 교육을 줏대 있게 펼치기는 힘들 것이다. '적자생존'이라는 말은 시장 한복판에 내던져져 만인의 조롱거리가 되어 버린 학교교육의 위상을 적나라하게 드러내는 것 같았다. 생존하기 위해 교육을 하고 그 과정을 기록하는 교사에게서 주체적인 교육자로서 존엄을 찾기는 힘들다.

그런 불편한 감정과 별개로 적자생존이라는 말은 메모하고 기록하는 일의 엄중함과 가치를 나타낸다. 살아남는 것이 중요하지만, 실존과 자존감을 지키며 사는 것이 더 중요하다.

교사는 회고하고 성찰하면서 자기 실존을 의식하며, 밖으로 드러나지 않는 자존감을 지키면서 자신만의 삶을 꾸린다. 그것은 자기가 쓸 수 있고 써야 하는 글, 자신만이 쓸 수 있는 글에 대한 자각에서 시작한다. 지금 우리가 쥔 수첩은 어떤 용도로 쓰이는가. 그것들은 평소 어디에 있으며, 우리는 수첩의 빈칸에 무엇을 적고 왜 적는가.

독수리의 눈과 벌레의 눈

2010년 2학기, 당시 교육과학기술부에서 처음 도입한 학습연구년제 대상자로 선발되어 학교 밖에서 보냈다. 전국적으로 혁신학교가 출범하기 시작한 직후 시기라 학교 혁신과 수업 혁신을 향한 갈망이 뜨겁게 분출하고 있었다. 책을 널리 읽고 공부하면서 그간 학교에서 실시한 교육 활동을 혁신이라는 화두와 엮어 정리하고 싶었다.

교육청에 제출한 주제는 협력의 원칙에 기반한 문학 수업 모델 구안이었다. 나는 교실에서 학생들을 가르치는 방식, 학생들과 관계를 맺을 때 취하는 태도와 방법, 내가 사용하는 언어와 그에 담긴 심리와 의식의 양태를 정리하고 분석하면서 협력적 문학 수업 모델을 설계했다.

6개월 동안 집과 연구실을 오가며 부지런히 공부했지만, 연구한 내용들을 연구년 기간 안에 제대로 검증해 보지 못한 것이 못내 아쉬웠다. 학교에 복직하자마자 본격적으로 '협력수업'을 시도했다. 내가 직접 연구한 수업 모델을 교실에 적용하면서 협력적인 문학 수업의 가능성을 실증해 보이고 싶었다.

현실은 여의치 않았다. 학생들은 협력수업을 하는 교실에서 서로 눈치를 보거나 견제하는 것처럼 보였다. 크고 작은 분열과 경쟁과 혼란 속으로 빠져들었다. 그런 일들이 몇 번 되풀이되자 협력을 유도하는 방향으로 설계된 내 수업이 진짜 협력수업인지 확신하기 힘들었다.

'토론수업'에도 심혈을 기울였다. 토론식 교육은 학생과 교사 모두에게 교과 주제를 확장하고 심화할 수 있는 계기를 마련해 준다. 하지만 수업 시간에 실제 토론다운 토론을 하기가 어려웠다. 나와 학생들 모두 배경지식이 충분치 않았다. 경청하기와 말하기 기술을 제대로 익히지 못한 상태에서 나오는 말들은 자주 말꼬리잡기 놀이처럼 바뀌었다. 우리는 토론수업을 할수록 토론을 싫어하게 되는 악순환에 빠졌다.

나는 협력수업이나 토론수업을 '모둠수업' 형식을 기본으로 해서 진행했다. 모둠수업 역시 뜻대로 이루어지지 못했다. 학생들이 옹기종기 머리를 맞대고 앉아 대화를 주고받는 모습은 보기 좋았으나, 한 학급당 8개를 넘는 모둠 수를 혼자 아우르기가 역부족이었다. 서로 사이가 좋지 않은 학생들이 한 모둠이 되면서 교실에 미묘한 분위기가 퍼지는 것도 감당하기 힘들었다. 그때마다 모둠 구성의 황금률이 무엇인지 고민을 거듭했다.

나는 협력수업과 토론수업과 모둠수업을 이끄는 감각과 역량과 의지가 부족했다. 그러면서도 협력수업을 주창하고, 토론수업의 중요성을 새기며, 모둠수업의 가능성과 의의를 강조하는 일을 멈추지 않았다. 협력수업과 토론수업과 모둠수업이 힘들다고 불평하면서도 수업 혁신 담론에 기꺼이 동참하려고 했다. 그러다 언젠가부터 수업 혁신이나 수업 개선과 같은 말들이 거북하게 다가왔다. '혁신'과 '개선'과 같은 말들이 어떤 진실을 담고 있는 것처럼 생각해 큰 목소리를 냈지만, 어느 순간 나도 모르게 천천히 입을 다물었다.

협력 없는 협력수업과 토론이 사라진 토론수업과 따로국밥 같은 모둠 수업 때문만은 아니었던 것 같다. 수업 혁신을 하겠다고 교실 수업을 공개하고, 이런저런 방식으로 교사들이 함께 이야기를 나누며, 특정한 이론이나 방법론에 따라 수업을 분석하고 연구하는 일이, 그전에는 자연스러웠고 언젠가부터 어색해졌다. 이상한 일이었다. 혹시 그 모든 과정에서 마주친 언어와 생각과 행위가 '정답 수업'을 찾기 위한 몸부림 같은 것이 아니었을까. 이런 질문들이 머리에 가득 찼다.

교육은 스펙트럼이 넓은 인간 활동이다. 교육에 관한 양극단의 생각과 관점 사이에 다양한 개념이 자리하고 있어서 간단명료하게 정의하기 힘들다. 수업 역시 '정답'이 있을 수 없다. 백인백색이다. 100명의 교사가 100가지의 수업을 한다. 그즈음 나는 내가 중시하는 교육철학과 교수법과 학생관이 정답이라는 생각에 푹 빠져 있었다. 정답 수업을 향한 몸부림이 절실해질수록 완전한 수업에 대한 열망도 함께 자랐다. 내가 하는 수업에 대한, 자기최면에 가까울 것이 분명한 확신이 커져 갔다. 오만하고 경솔한 태도였다.

나는 나를 사로잡고 있던 생각들을 하나씩 돌아보았다. 정답이라고 생각한 수업이 내 뜻대로 진행되지 않을 때가 있었는데도 머릿속으로는 '이게 정답이야'를 외쳤다. 답답하고 부끄럽고 혼란스러웠다. 나는 나와 다르게 수업을 하는 동료 교사들을 '오답 수업'을 하는 문제 교사처럼 보았다. 그들을 판별하고 평가하는 어떤 기준이 있었다. 단순했다. '그들은 나와 같은 수업을 하는가 다른 수업을 하는가.' 나와 다른 그들을 삐딱한 시선으로 보고 평가하는 일은 쉬웠다.

나는 이제 정답 수업을 향한 강박이 별로 크지 않다. 내면의 혼란과 통제 불능을 경험하는 일이 드물다. 진작부터 그리했어야 할 일인데, 학교와 교실을 모자이크처럼 보려고 노력한다. 다양한 생각과 방식으로 살아가는 이들이 모여 각자의 삶을 형성해 나가는 곳이 학교이고 교실이다. 그곳이 '수업'만이 아니라 '교육'이라는 이름으로 무엇인가를 경험하면서 삶을 살아야 하는 장소라면 말이다. 독일 교육학자 요하임 바우어는《학교를 칭찬하라》에서 이렇게 말했다.

> 교사들 내부에서 동료의식을 갖고 연대하며 서로를 지원할 수 있게 하려면, 무엇보다 좋은 교사가 되는 데는 여러 가지 방식이 있다는 사실을 인정해야 한다. 수업에서 매우 확고한 태도를 취하는 교사가 아이들의 정신을 망가뜨릴지 모른다는 두려움은, 자유롭게 행동하는 교사가 학생들에게 아무것도 가르치지 못한다는 생각과 마찬가지로 지극히 부당하다.[59]

정답을 찾는 일에 빠져 있었을 때는 진실에 이르는 길이 하나라고 보았다. 하지만 그렇지 않다는 것, 좋은 학교와 좋은 교사가 되는 길에는 여러 가지 길이 있다는 것을 학교 안팎에서 선생님들을 많이 만나고 이런저런 책들을 읽으면서 조금씩 깨달아 갔다. 그전에는 이런 점을 깊이 고민하지 못했다. 그렇게 된 데에는 교사가 세상을 바라보고 이해할 때 취하는 시선의 문제가 깊이 작용하고 있었다.

---

59. 요하임 바우어 씀, 이미옥 옮김(2014),《학교를 칭찬하라》, 궁리, 74쪽.

교사가 교육 자체와 그 주변을 둘러싼 환경과 조건을 객관적으로 수용하는 데에는 성격이 서로 다른 시선이 있어야 할 것 같다. 하나는 '조감鳥瞰 시점', 다른 하나는 '충모蟲眸 시점'이다. 전자는 숲 전체를 멀리서 넓게 보는 눈, 후자는 나무 한 그루 한 그루를 가까이서 좁게 살피는 눈이다. 의미상 대립적이지만, 이들은 서로를 배제하지 않고 상보적인 관계를 맺는다.

조감 시점은 3인칭 전지적全知的 시점과 비슷하다. 새鳥가 높은 곳에서 아래를 내려다보는瞰 것처럼 전체를 한눈으로 살피는 시점이다. 조감한다는 것은 이를테면 나무 한 그루 한 그루가 아니라 숲 전체를 한꺼번에 보는 것이다.

한 학생이 다른 학생을 때렸다. 사람들은 때린 학생의 폭력적인 성향이나 평소의 불량한 태도를 문제 삼는다. 그럴 수 있다. 다른 한편으로 우리는 가해 학생이 살아가는 삶의 배경을 살핀다. 그 과정에서 학생이 평소 아버지가 자행하는 폭력에 노출된 채 살고 있었다는 점을 알게 된다. 여기서 우리는 유서 깊은 교육학적 명제를 만난다. 학생이 교문 안으로 가지고 들어오는 것은 책가방만이 아니다.

새는 물론 어느 누구도 세상 모든 것을 한눈에 속속들이 볼 수 없다. 교사가 볼 수 있는 대상의 범위는 한계가 있다. 그럼에도 불구하고 교사가 자신을 둘러싸고 있는 세상을 새처럼 넓은 눈으로 바라보아야 하는 이유는, 그렇게 하는 것이 교사에게 균형감을 유지할 수 있게 해 주기 때문이다. 교사의 균형적인 태도는 교육이 교육 외적인 힘이나 요소에 흔들리지 않게 하는 최소한의 요건이다.

세상을 넓게 조망하는 조감 시점이 진실로 의미가 있기 위해서는 교사가 자신을 둘러싼 넓은 세상과, 그 안에서 살아가는 사람들의 삶과 생각을 더 속속들이 이해하고 공감하려는 태도를 동시에 갖춰야 한다. 이때 교사에게는 벌레蟲가 눈앞에 있는 대상을 자세히 보는眸 것과 같은 충모 시점이 필요하다. 벌레의 눈동자를 기준점으로 하는 시점이다.

땅을 기어가는 개미를 관찰해 본 적이 있는가. 개미는 땅을 기어갈 때 앞만 보며 직진하지 않는다. 고개를 위아래와 좌우로 끊임없이 돌리며 주변을 살핀다. 머리 위에 있는 풀잎의 부드러움을 가늠하고 오른쪽에 있는 돌멩이의 크기를 재면서 천천히 지나간다. 대개 개미는 앞을 향해 가지만, 주위를 면밀히 관찰하고 분석한 결과 위험을 감지하면 방향을 바꾼다. 그렇게 하다가도 개미는 기어코 자기 갈 길을 찾는다.

충모 시점은 숲만 보다가 나무 한 그루 한 그루의 면면을 제대로 보지 못함으로써 곤경에 빠지게 되는 우를 미리 막아 준다. 나는 벌레가 눈과 다리와 촉수 등 모든 감각기관을 총동원해 주변을 끊임없이 둘러보며 움직이는 것처럼 교사가 눈을 부릅뜨고 귀를 쫑긋 세우고 발걸음을 천천히 옮기며 주변 사람들 곁으로 갔으면 좋겠다. 그들 각자가 들려주는 삶의 이야기와 역사, 경험, 꿈과 욕망과 감정을 듣는다면, 조감의 시선 아래서 잘 보이지 않던 그들의 흐릿한 모습이 좀 더 분명하게 보일 것이다.

나는 대범한 동시에 섬세한 시점론자가 되고 싶다. 섣부른 삼인칭 전지적 시점을 취하면서 섬세함을 도외시하는 교사는 독선과 오만으로 무장한 제왕, 학생들 위에 군림하는 독재자가 될 수 있다. 교사는 독수리의 눈으로 세상을 조감하는 전지적 시점의 주인공이 되었다가도 어느 순간 가장 낮은 곳에서 겸손한 자세로 자기 주변을 살피는 일인칭 충모 시점의 섬세한 관찰자가 되어야 한다.

교사를 포함한 모든 교육자는 본질적으로 고독하게 일하는 존재들이다. 이것은 교사가 실수하고 실패하는 존재들이며, 그와 같은 사실을 인정할 때 교육자가 비로소 마음을 열고 다른 사람에게 진심으로 다가갈수 있음을 뜻한다. 스스로 실패하지 않았다고 여기는 교사는 실패하지 않았다고 여기는 바로 그 사실 때문에 자기도 모르게 실패하는 교사가된다. 교사는 강력한 자기 확신이 아니라 스스로를 낮추는 겸손의 시선으로 학생을 바라보는 사람이어야 한다.

글쓰기의 수고로움에 대하여

수년 전부터 에스엔에스 글쓰기 활동을 부지런히 해 오고 있다. 그전에는 모 언론사에서 제공하는 개인 블로그를 글쓰기 공간으로 활용했다. 어느 시점부터 온라인 독자들과 나누는 소통이 정체되는 것 같은 느낌이 들었다. 페이스북 계정을 만들어 그곳에 글을 올리기 시작했다. 이듬해 5월에는 다음-카카오에서 운영하는 글쓰기 전문 사이트 '브런치'에도 개인 계정을 만들었다.

그 후 6년여가 지났다. 페이스북에서 친구 관계를 맺은 사람은 4천 명이 넘었고, 최초 개설 이후로 꾸준히 게시물을 올리고 있다. 지난 5년 동안 브런치에 올린 글은 모두 415편이었다. 내 글을 읽겠다며 '구독자' 신청을 해 온 사람이 1062명에 이르고, 전체 글의 누적 조회 수가 70만 회를 넘었다. 415편 중 가장 높은 조회 수를 받은 글은 32만 회였다. 공유 횟수로는 2880회가 최고 수치였다.

에스엔에스 글쓰기 활동을 하는 사이 몇 가지 사실을 깨달았다. 에스엔에스는 의도적이든 비의도적이든 패거리 문화를 조장하면서 사람들의 정치의식이나 관념을 극단화하는 경향이 있는 것 같다. 한편으로는 사람들 사이를 매개하여 관계를 맺고 소통하게 하는 데 일정한 자극을 준다. 에스엔에스 이용자를 포함하여 온라인에 접속하는 사람들이 기본적으로 세상과 접촉하고 다른 사람과 연결되기를 강력하게 바라며, 이런 욕구가 에스엔에스 이용자들의 참여 동기를 적극적으로 이끄는 것 같다.

사람들은 페이스북에 가벼운 일상사를 단편적으로 기록한 단문체의 글을 주로 써서 게시한다. 그래서 페이스북 타임라인에 올라오는 글들을 보면 종이쪽지에 짧막하게 휘갈겨 써 놓은 메모 같다. 브런치에 실리는 글은 페이스북 글보다 조금 길고 내용이 비교적 진지한 편이다. 전체적으로 개인적인 에세이 성격을 띠는 글이 상당 부분을 차지한다.

나는 주로 교육정책이나 교육제도, 학교 현장의 문제를 길고 진지하게 다룬 글을 즐겨 썼다. 그렇게 쓴 글을 브런치에 먼저 올리고 페이스북에 공유하는 방식으로 독자들에게 공개했다. 가끔 페이스북에 사소한 일상을 스케치한 글과 사진을 올리거나 짧막한 글들을 쓰기도 했다. 대개 읽고 있는 책 일부를 인용한 것이거나, 교육 이슈에 대해 간단하게 논평한 것들이었다.

페이스북 타임라인에 글을 올리고, 친구들의 반응('좋아요' 등 감정 이모티콘 누르기, '댓글' 달기 알림)을 기다리고 확인할 때면 묘한 기분이 든다. 일상을 가볍게 정리한 기록에 감정 이모티콘을 누르고, 내 글을 읽으며 떠올린 생각과 느낌을 나누려고 댓글을 다는 친구들의 모습을 보면서 내가 세상 한복판에서 여러 사람과 연결돼 있음을 실감했다.

브런치에는 주로 학교교육을 둘러싼 정책과 제도의 문제, 교실 안팎에서 마주치는 교육적인 사안들을 소재로 진지하고 묵직한 성격의 글을 써서 올렸다. 교육 현장의 민감한 속살을 파헤침으로써 일부 독자에게 불편함을 안겨 주거나, 특정 시기의 교육 이슈와 밀접하게 연결되어 있어서 쟁점에 대해 서로 다른 생각을 가진 사람들 사이에 이견을 불러일으킬 수 있는 글이 많았다.

브런치에서는 글 공유하기, 댓글 달기, 글 소장하기, 구독자 신청, 관심 작가 지정 같은 방식으로 작가와 독자 사이를 연결하는 소통 시스템을 운용한다. 그런데 나를 구독자로 신청한 사용자들이 앞다투어 내가 쓴 '엄근진한' 글을 자기 타임라인에 공유하거나 개인 계정에 소장한다. 브런치에 올린 415편의 글 중에서 공유 횟수가 2880회로 최고 수치에 이른 글은 사람들의 양심과 도덕에 관한 사회심리학적인 연구 결과를 주로 담은 묵직한 주제의 글이었다.

무거운 내용을 포함하는 글들이 좋아요 횟수나 공유 및 소장 횟수가 평균 이상으로 나오는 의외의 경우가 있다. 그럴 때 나는 그와 비슷한 글을 쓰고 싶은 유혹에 빠진다. 숫자가 부리는 마술에 빠져드는 것이다. 상당한 시간을 들여 자료를 모으고 개요를 구상해 길고 진지한 문체로 글을 쓴다. 설레는 마음으로 에스엔에스에 올린다. 그런데 독자들반응이 미지근하다. 숫자 욕심을 숨기고 쓴 글을 가만히 읽어 보면 글의주제, 동기, 목표 측면에서 미흡한 구석이 그대로 보인다. 힘이 잔뜩 들어간 문장들이 눈을 어지럽힌다. 눈 밝은 독자들은 이런 글을 귀신같이알아본다.

글쓰기 동기가 강력하고 자연스러우면 곧바로 멋진 글을 쓸 수 있을까. 조지 오웰은 어느 글⁶⁰에서 책을 쓰는 일이 고통스러운 병을 오래 앓는 것처럼 끔찍하고 힘겨운 싸움이라고 말하면서, 글쓰기가 귀신에게

끌려다니지 않는 한 절대 할 수 없는 작업이라고 생각했다. 그러면서도 오웰은 글쓰기가 거역하기 힘들다는 것을 보여 주려고 이렇게 비유했다. "아마도 아기가 관심을 가져 달라고 마구 울어 대는 것과 다를 바 없는 본능이다. 숫자 욕심에 빠져 글을 쓴 나 자신이 적절한 사례가 아닐까.

글쓰기를 귀신이 하는 일처럼 생각한 사람은 오웰만이 아니었다. 고려 시대의 명문장가였던 이규보[1168~1241]는 "시의 귀신詩魔을 몰아내는驅 글"이라는 뜻의 〈구시마문驅詩魔文〉을 썼다. 〈구시마문〉의 분위기나 주제 의식은 오웰의 것과 조금 다르지만 우리가 글을 쓸 때 글쓰기 귀신이 이끌어 간다고 보는 기본 논지는 흡사하다.

이규보는 처음에 질박하고 꾸밈이 없으며 순후하고 정직하던 사람이 시에 빠지면 말을 요사스럽게 하고 단어를 괴이하게 써서 사물을 어지럽게 하고 사람을 현혹시킨다고 하면서, 그 이유를 시 귀신에게서 찾았다. 그는 시 귀신이 저지른 5가지 죄를 들추어 시 귀신을 쫓아내려고 한다.

첫째, 시 귀신은 순박한 인간을 현혹해 아름다움을 꾸미고 요술을 부리고 괴상한 짓을 저지르게 하여 세상을 어지럽힌다. 둘째, 땅과 하늘의 깊고 신비로운 이치와 천지자연의 도리를 누설하여 사람들을 각박하게 한다. 셋째, 천지에 번성하는 자연과 세상 온갖 것을 보는 대로 남김없이 취하여 읊는다. 넷째, 무기나 높은 지위 없이 사람을 죽이고 나랏일에 관여한다. 다섯째, 사람의 정신과 마음을 혼란케 하거나 병들게 하여 환란을 가져오고 평화를 깨뜨린다.

---

60. 조지 오웰 씀, 이한중 옮김(2010), 《나는 왜 쓰는가》, 한겨레출판, 300쪽.

이규보가 시 귀신이 짓는 죄라며 나열한 것들을 보면 모두 중대하고 엄중하다. 인간을 혼란스럽게 만들고, 세상을 타락시키는 주범처럼 묘사되어 있으니 만악의 근원 같다. 그런데 그날 밤 시 귀신이 꿈에 나타나 나무라자 이규보는 시 귀신의 말을 듣고 감동하여 공손히 허리를 굽혀 절을 하고는 그를 스승으로 삼는다.

〈구시마문驅詩魔文〉이 주는 묘미는 반어적인 수법으로 메시지를 전달하는 표현 방식에 있다. 제목에서 드러나는 표면적인 주제가 반전하는 것이 대표적이다. 서술자는 '시마'를 쫓는 글을 쓴다고 하면서 시 귀신이 저지르는 죄들을 하나하나 나열했다. 그러나 그것들을 뒤집어 해석하면 그대로 시(글)를 예찬하는 숨은 주제가 나타난다.

순박한 인간 현혹하기? 세상의 적나라한 본질을 볼 줄 아는 '불온한' 사람 만들기다. 세상 온갖 것을 남김없이 보는 대로 읊기? 인간 세사世事의 지엽과 말단이 아니라 고갱이, 본질, 진실, 핵심 드러내기다. 사람을 죽이고 나랏일에 관여하기? 현실을 올바른 곳으로 바꾸는 일에 참여하고 불의한 것에 저항하는 행동을 하자는 실천의 메시지다. 사람을 병들게 하기? 일상적인 의식의 상투성을 깨뜨리는 정신의 도끼다.

우리는 오웰의 미스터리적인 글쓰기 귀신과 이규보의 시 귀신을 예술적 글쓰기의 한 전범이나 예시를 말해 주는 소재라고 해석할 수 있다. 글 귀신과 시마의 영역에서 이루어지는 글쓰기는 천둥 번개 같은 영감과 통찰에 이끌려 마무리된다. 그와 같은 글을 쓰는 사람은 조금도 망설이거나 주저하지 않고 붓 끝을 휘두른다. 그는 글을 쓰면서 심미적인 쾌감과 함께 마음속 깊은 곳에서 일렁이는 정신의 충일감을 만끽할 것이다.

그러나 글 귀신이나 시마가 이끄는 글쓰기는 하나의 비유일 뿐이다. 평범한 우리가 글을 이끄는 미스터리한 동기와 글 귀신의 요술에 홀리는 일은 거의 없다. 사람들이 호들갑스럽게 떠받드는 천재 작가는 호사가들의 세 치 혀끝에서 만들어진 가짜 이미지에 가깝다. 글은 그렇게 쓰이지 않는다. 혹여 미스터리한 동기와 시마의 꾀에 빠져 글을 쓰기 시작했다고 하더라도 글을 끝까지 쓰는 과정만큼은 지지부진하고 고통스럽다.

운전을 하다가 글쓰기와 관련된 주제, 아이디어, 문장들이 갑자기 떠오른다. 나는 스마트폰에 있는 녹음 앱을 열어 머릿속 생각들을 문장으로 바꿔 구술 녹음을 한다. 가끔 그것들에 살을 입혀 문단 두어 개로 이루어진 짧은 글 한 편을 완성한다. 이렇게 쓰인 글은 자연스럽다. 나 스스로 만족스럽고, 에스엔에스에 올리면 독자들에게서도 좋은 반응을 얻는다. 이유는 간단하고 분명하다. 억지 춘향 격으로 쓰인 것이 아니라 저절로 우러나온 마음과 동기를 기본으로 쓰였기 때문이다. 일필휘지—筆揮之의 글이 있다면 그런 글일 것이다.

들뜬 마음으로 녹음 앱에 저장한 생각의 단편들이 곧장 완벽한 글로 이어진 적은 거의 없다. 문장들은 저절로 우러나온 마음으로 글을 쓰기 시작할 때조차 우리에게 곧장 다가오지 않는다. 문장들의 순서를 바꾸고, 내용을 빼거나 덧붙이는 방식으로 글을 여러 번 손보아야 그나마 한 번쯤 훑어볼 만한 글이 만들어진다. 한 편의 보고서에 담을 내용을 고민하던 중 멋진 아이디어가 떠올라 컴퓨터 앞에 앉았다가 첫 문장을 수십 번 썼다 지웠다 되풀이해 본 경험이 있는 사람이라면 공감할 것이다.

우리는 불과 몇 개의 문장으로 이루어지는 문자 메시지를 보내면서도 골머리를 앓는다. 자기소개서를 쓰려고 책상 앞에 앉은 취업 준비생에게 컴퓨터 모니터에 띄운 텅 빈 화면은 광활한 만주 벌판처럼 다가올 것이다. 그는 익명의 독자들에게 공감을 얻어 내고 감동을 주는 글을 쓰기를 바라면서 글 귀신이나 시마가 부리는 요술을 간절히 기다린다. 그러나 그에게 찾아오는 것은 불안감과 조급증이다.

글 한 편을 쓰기 시작하려고 의자에 앉았다가 첫 문장, 첫 문단을 어떻게 해야 할지 몰라 머리를 쥐어뜯던 시간들을 기억한다. 입술을 깨물며 고민하고 신음하다가, 간신히 첫 문장을 토해 내는 순간의 기쁨을, 기쁨 뒤에 찾아오는 실망감을 잊지 못한다. 그래도 포기하지 않는다. 문장들을 쓰고 읽고 고치고 지우면서 다시 쓴다. 쓰고 읽고 고치고 지우면서 새로 쓴다. 그런 것이 글쓰기다.

고통스러운 글쓰기가 나를 기쁘게 한다

어떤 사람은 글쓰기가 별일 아니라는 듯이 말하기도 하지만, 아무나 글을 쉽게 쓰지는 않는다. 글을 쓰는 사람이 글을 쓰면서 힘겨워하고 자기 글에 실망하거나 자책하는 것은 자연스럽다. 윌리엄 진서는 《글쓰기 생각 쓰기》에서 글을 쓰는 사람이 절망의 순간에 기억하기를 바란다면서 이렇게 말했다. "글쓰기가 힘들다고 느낀다면 그것은 글쓰기가 정말로 힘들기 때문이다." 글쓰기가 힘든 까닭이 글쓰기가 정말로 힘든 일이기 때문이라는 사실은 우리를 실망시킨다.

사람들이 글쓰기에 대해 갖는 상식적인 생각들은 대체로 다음과 같다. 글을 쓰려는 사람은 글쓰기 기교나 기술을 적절하게 갖추고 있다. 글쓰기는 글을 쓰는 사람이 갖는 능력, 동기, 의지에 크게 의존하므로 글쓰기에 대한 특별한 감각을 천성적으로 타고나는 사람이 글을 더 잘 쓴다. 그래서 스스로 글쓰기 실력이 없다고 결론을 내린 사람은 글쓰기를 시도하지 않는다.

실제 현실 세계에서 이루어지는 글쓰기 행위는 이런 과정을 따르지 않는다. 글을 쓰는 사람은 어쩔 수 없이 글을 써야 하는 상황이나 환경 속에서 글을 쓴다. 이상한 일이지만, 이때는 글을 쓰는 사람이 글쓰기 기교나 기술을 얼마나 갖추고 있으며, 타고난 글쓰기 감각이 어느 정도인가 하는 문제들이 그다지 중요하지 않다. 자신의 능력, 동기, 의지와 무관하게 글을 쓰지 않으면 안 되는 상황에서 글을 써야 하기 때문이다.

우리는 글쓰기에 대한 사람들의 상식적인 생각과 실제 현실 세계에서 이루어지는 글쓰기 과정을 종합해 글쓰기의 진실을 얻을 수 있다. 글쓰기 기술은 대부분 후천적으로 얻어진다. 글쓰기 기술의 다양성이나 수준은 글을 쓰려는 사람이 그것을 획득하는 과정에서 겪는 경험, 자세, 태도에 따라 최종적으로 결정된다. 글쓰기 기술이나 자세, 태도를 배웠더라도 그것이 온전히 자기 것이 되도록 하려면 꾸준히 글을 써야 한다. 이것이 우리 모두가 경험을 통해 익히 알고 동의하는, 글쓰기 비법의 진실이다.

저경력의 미숙련 도제는 한두 가지 단순하고 조잡한 기술을 활용하여 일을 한다. 그의 손끝에서 나온 물건은 아직 단순하고 거칠다. 고경력 숙련 장인은 단순하고 조잡한 기술을 되풀이해 쓰면서 그것을 능수능란한 기예의 수준으로 발전시킨다. 숙련 장인이 만든 물건은 단순하지만 매끄럽고 아름답다. 저경력 미숙련 도제와 고경력 숙련 장인 사이의 차이를 만들어 내는 것은 딱 두 개, 반복과 그에 필요한 시간이다.

글쓰기는 어떤 기술을 오랫동안 갈고닦아 숙련화하는 과정과 비슷하다. 기본 요령이나 원칙은 단순하다. 쓰고 또 쓰고 다시 쓰면 된다. 글을 쓰는 일은 일종의 노동 같은 것이다. 노동이 그렇듯, 글쓰기는 몸으로 시작하고 몸에서 끝난다. 내가 글의 첫 문장을 만날 수 있는 곳은 오로지 책상 앞이다. 우리는 글을 다 쓸 때까지 입술을 다물고 마지막 문장을 토해 낸 다음에야 의자에서 일어난다. 글을 쓰고 싶어 하는 욕망은 마음에서 비롯하지만 글을 쓰는 일, 글을 쓰는 과정은 수미일관 몸의 작용에 따른다.

글쓰기를 유지시켜 주는 힘은 엄격한 자기 규율이다. 규율은 기본적으로 무언가를 통제하고 관리하는 것이다. 외적 규율은 극적인 보상이나 처벌을 전제로 한다. 보상과 처벌이 사라지면 규율 체제가 힘을 잃는다. 자기 규율은 다르다. 보상과 처벌의 유무와 기준을 스스로 정하므로 자기 자신을 효율적으로 통제하고 관리할 수 있다.

나는 일기장에 매일 단 하나의 문장이라도 써넣는 원칙을 세워 실천하고 있다. 책을 읽으면 길거나 짧은 독후감이나 서평을 남기려고 노력한다. 글로 풀어 옮기고 싶은 글감이나 주제가 떠오르거나, 다른 사람과 나누는 대화와 읽고 있는 책에서 글쓰기 소재를 발견하면 휴대전화 메모장에 메모를 해 두었다가 반드시 한 편의 글로 완성한다. 나만의 글쓰기 규율들이다.

글쓰기 원칙이나 기준은 사람마다 수준과 양상이 천차만별이다. 영국 소설가 앤서니 트롤럽1815~1882은 해 뜨기 전 기상해 5시 반부터 8시 반까지 책상 앞에 앉아 소설을 쓴 뒤 출근했다고 한다. 트롤럽은 회중시계 하나를 앞에 두고 15분에 최소한 250자를 쓰는 규칙을 정해 지켰다. 트롤럽의 원칙은 과격하지만 강력하다. 일단 쓴다. 무조건 쓴다.

우리나라 소설가 이인휘는 언젠가 에스엔에스에 이런 문장을 남겼다. "전 공장을 다닐 때처럼 출퇴근 시간을 갖고서 글을 씁니다." 이인휘의 원칙도 트롤럽의 것과 동일하다. 일단 쓴다. 무조건 쓴다. 처음 나는 이인휘의 문장을 보고 크게 자극을 받아 휴대전화 메모장에 저장했다. 매일 한 문장이라도 쓴다는 글쓰기 원칙을 상기하고 실천하는 데 도움을 받고 싶었다.

트롤럽과 이인휘의 사례를 무조건 받아들일 필요는 없지만 글쓰기 규율의 특성을 고민할 때 참고할 수 있는 사례로 활용할 만하다. 글쓰기를 좋아하고 글을 쓰고 싶어 하는 사람은 글을 쓰는 과정에서 겪는 고통의 기쁨을 알며, 글을 쓴 후의 노곤하지만 뿌듯한 보람을 즐긴다. 글쓰기에 담긴 오묘한 이중성이다. 트롤럽과 이인휘는 그러한 글쓰기의 양면적인 측면이 가져오는 행복을 기꺼이 누릴 줄 알았을 것이다.

미국 영화배우 찰리 채플린1889~1977은 영화 〈황금광 시대〉에서 닭 몸짓을 연기하기 위해 석 달 동안 양계장에 다녔다고 한다. 닭 몸짓을 익히는 데 양계장에 있는 닭만큼 훌륭한 스승은 없었을 것이다. 어느 날 중국 당나라 시인 소동파1037~1101가 친구에게 〈적벽부〉를 며칠 만에 지었느냐는 질문을 받았다고 한다. 소동파는 단번에 지었다고 대답했지만, 그가 앉은 자리 아래쪽에는 〈적벽부〉를 쓰면서 나온 초고 더미가 한 삼태기나 놓여 있었다.

채플린은 머릿속으로 어떤 생각을 하면서 양계장을 다녔을까. 양계장을 다닌 이유나 목적이 닭 몸짓을 익혀 능숙하게 '연기'를 하기 위한 것이었다면 닭 연기 교본을 만들어 그대로 반복 연습을 하는 것이 더 효율적이었을 것이다. 채플린은 굳이 시간과 품이 많이 드는 양계장행을 결행했다. 직접적인 관찰이 가져다주는 다른 특별한 이점이 있어서 그런 게 아니었을까. 소동파는 못 쓰게 된 초고를 구겨 내던지면서 좌절감을 느꼈을 법하지만, 그런 느낌이 소동파를 마냥 힘들게 하지는 않았을 것이다. 마침내 〈적벽부〉의 마지막 버전을 얻었기 때문이다.

나는 찰리 채플린과 소동파의 에피소드에서 글 쓰는 사람의 자세나 태도에 담긴 함축적 의미를 읽는다. 우리가 글쓰기를 하면서 의지하는 두 가지 요소, 곧 글쓰기 기술과 태도는 반복 속에서 만들어지고 길러진다. 그것이 보통의 단조로운 반복과 다른 점은 되풀이되는 시간 속에서 자기도 모르게 글쓰기 근육이 강해진다는 사실이다.

가죽으로 만들어진 컨베이어 벨트는 반복 회전을 하다가 언젠가 닳아 끊어지지만 매일 글을 쓰는 손과 머리는 끊어지는 법 없이 살아 움직이는 글쓰기 근육을 만든다. 채플린과 소동파는 반복을 하찮게 여기지 않았다. 반복이 가져오는 힘을 믿었기에 무엇을 단조롭게 반복하는 일이 안겨 주는 지겨움을 이겨 낼 수 있었다. 어찌 보면 즐겼을 것이다.

우리 집 근처에는 '은빛 물결'이라는 멋진 뜻이 담긴 은파銀波 호수가 있다. 은파 둘레에는 전체 길이가 8킬로미터가 넘는 산책로가 닦여 있다. 나는 그 길을 따라 천천히 달리는 운동을 10년 넘게 해 왔다. 2020년 코로나19 사태가 터지면서 외부 활동이나 모임이 줄어든 뒤부터는 더 부지런히 은파를 돌았다. 2021년 한 해 동안에만 은파를 194바퀴를 돌았다.

이상한 마조히즘적 취향이라고 생각할지 모르겠지만, 달리기의 진짜 재미는 평상시의 완만한 호흡 주기가 급격히 바뀌면서 숨쉬기가 고통스러워지고 몸의 위아래 근육들에서 통증이 느껴질 때 비로소 시작된다. 달리기를 시작해 10여 분이 지나면 심장이 크게 출렁거리는 느낌이 오면서 숨이 가빠 온다. 그때부터 혀가 침샘을 찾는 운동을 하며 침을 격렬히 분출시키면, 나는 그것을 목구멍 속으로 부지런히 빨아들인다. 하체에서는 종아리와 허벅지 근육들이 팽팽히 긴장하고, 발과 다리를 잇는 발목 부근에 힘줄이 끊어질 것 같은 통증이 찾아온다. 그 모든 고통이 예외 없이 찾아오는 데 걸리는 시간은 채 10분이 되지 않는다.

고통은 계속 이어지지 않는다. 몸이 힘들어질수록 이마를 스쳐 지나는 바람과, 땀이 얼굴과 목과 등과 팔다리를 타고 흘러내리면서 만들어 내는 묘한 리듬감이 더 강하게 느껴진다. 바람의 흐름과 땀의 흘러내림에 몸을 맡기고 달리면 숨쉬기가 편안해지고 발이 가벼워지는 짜릿한 시점에 이른다. 스포츠심리학에서는 그 쾌감의 순간을 '러너스 하이 runner's high'[61]라고 부른다. 나는 종착점에 도착하여 호수 둘레를 한 바퀴 뛰었다는 사실이 아니라 달리기를 하면서 마주친 고통의 순간을 이겨 내고 즐길 수 있었다는 생각에 스스로 대견함을 느낀다.

글을 쓰는 과정을 들여다보면 달리기와 비슷한 구석이 많다. 달리기와 글쓰기 모두 특별한 요령이 없다. 달리기를 하는 사람은 두 발로 땅을 구르고 팔을 앞뒤로 흔들며 앞을 향해 계속 이동하는 행위를 하면서 달리기를 익힌다. 글을 쓰는 사람은 펜을 쥐고 자판을 두드리는 손을 계속 움직여 문장을 만들어 내면서 글쓰기를 배운다. 꾸준히 달리며 고통스러운 순간들을 이겨 낼 때 달리기에 도움이 되는 작은 근육들이 생기는 것처럼, 매일 조금씩 쉬지 않고 글을 쓸 때 자신만의 글쓰기 근육이 만들어진다.

글을 쓰지 않고 글쓰기를 익히는 방법은 없다. 쓰는 만큼 늘어나는 것이 글쓰기 감각이나 능력이다. 달리기 근육이 힘든 달리기 과정을 직접 겪을 때 생겨나듯이 글쓰기 근육 역시 손끝에서 문장을 만들어 내

---

61. 헤로인이나 모르핀 같은 마약 성분이 있는 약물을 투약했을 때 나타나는 의식 상태나 행복감을 가리킨다. 보통 30분 이상 뛰었을 때 나타난다고 한다.

는 고통스러운 시간을 이겨 낼 때 만들어진다. 어느 순간 글을 쓰는 사람은 러너스 하이를 경험하는 마라톤 주자처럼 글쓰기 자체의 쾌감을 즐기면서 글쓰기를 해 나갈 것이다.

호흡이 만드는 글의 힘

호흡은 숨쉬기다. 글쓰기에서는 호흡이 물리적인 숨쉬기만을 뜻하지 않는다. 글을 쓰는 사람은 어떤 감정과 정신의 토대 위에서 글을 쓴다. 호흡은 그런 감정과 정신의 토대가 얼마나 딱딱하고 부드러우며, 깊고 얕은지 결정한다. 글을 쓰면서 들이쉬고 내쉬는 숨결에 따라 글의 색깔이 달라진다. 호기와 흡기 사이의 간격이 문장의 길이, 단어들의 종류를 결정한다. 글을 쓰는 사람의 호흡이 글을 결정한다.

호흡 문제가 글쓰기에서 중요한 이유는 그것이 글의 본질적인 성격과 깊이 관련되기 때문이다. 글은 말을 문자로 고정한 것이다. 말은 소리의 흐름이며, 소리는 호흡의 장단이나 강약에 따라 달라진다. 글을 쓰는 사람의 감정, 심리, 의식이 복잡하게 뒤섞인 결과가 호흡에 담겨 있다. 글은 그런 호흡의 영향을 받는다.

나는 글을 쓰면서 호흡이 자연스러운지 확인하려고 금방 써 놓은 문장을 여러 번 읽는다. 글을 읽으면서 내 표정과 숨결을 다시 느끼려고 한다. 나는 하나의 문장에서, 문장과 문장 사이에서, 문단을 마무리하고 새 문단을 시작하는 부분에서, 부드럽거나 거칠고 가쁘거나 천천히 호흡하는 나를, 다양한 색깔의 글을 쓰는 저자들을 상상한다. 나와 그들은 평온하거나 불안하고, 자신만만하거나 조심스러운 표정을 짓고 있다. 그 표정들은 문장들이 내게 전해 준 느낌과 별로 다르지 않다.

나는 처음부터 작심하고 체계적으로 '거짓말'을 하듯 쓰인 소설을 읽으면서 작가의 표정을 상상하거나 숨결을 느끼려고 하지 않는다. 일반적인 수필, 칼럼이나 서평 같은 실용적인 글, 세상 이야기를 짤막하게 담고 있는 에스엔에스의 글들을 읽을 때는 다르다. 사람들은 화제나 글감에 대한 관점을 직접적이고 직설적으로 표현하려고 한다. 이런 글들에서는 글쓴이의 '체취'가 강하게 풍겨 나온다. 호흡이 느껴진다.

문장 속에는 글을 쓴 사람이 숨어 있다. 한 편의 글 속에는 글쓴이가 지었을 표정, 숨 쉬는 모습, 세상을 살면서 품고 있는 마음가짐 같은 것들이 들어 있다. 문장과 문장 사이에 숨어 있는 글쓴이의 표정과 호흡과 마음은 그대로 글의 분위기와 색깔을 만든다. 정적인 사람은 정적인 문장을 쓴다. 외향적인 사람은 문장이 경쾌하다. 진지한 사람의 글은 장중하다. 개구진 사람의 글에는 풍자와 반어가 있다. 프랑스 문예학자 뷔퐁은 문체가 곧 사람 자신이라고 했다. 사람이 문체를 좌우한다. 나는 뷔퐁의 생각에서 한 발짝 더 앞으로 나아가려고 한다. 글은 그 사람 자신이다.

글 한 편이 있다. 소재가 시의적절하고, 사람들이 공감할 만한 내용과 주제로 쓰였다. 문장들이 자연스럽고 문맥들 간의 연결 관계와 내용의 흐름이 매끄럽다. 어투나 기조가 시원하고 분명하며, 겉으로 드러난 표현 아래에 숨은 의미들 사이의 논리가 합리적이다. 반박할 만한 논리나 주장이 거의 보이지 않는다. 완벽에 가까운 글이다. 그런데 어딘지 모르게 불편하다. 왜 그럴까.

몇 년 전 전체 교직원이 참석한 회의에서 학교 인사위원회 위원 선출 방법을 놓고 갑론을박이 벌어진 적이 있었다. 학교 측에서는 '관행'과 인사위원들 간의 '팀워크'를, 나를 포함한 몇몇 평교사들은 민주적인 인사위원회 위원 선임 '절차'를 강조했다. 회의가 길게 이어졌지만 똑같은 말이 되풀이되었다. 출근 직후 시작한 회의는 수업 시작 직전 딱히 결론이라고 볼 만한 것도 없이 끝났다.

그날 오후 글 한 편을 써서 에스엔에스에 올렸다. 아침에 있었던 회의 장면을 사실 그대로 복원하듯 문장 하나하나를 건조하게 표현했다. 며칠 뒤 글에 언급된 선생님 한 분과 이야기를 나누게 되었다. 내 글을 어떻게 읽게 되었는지 알 수 없었지만, 자기를 비판의 '표적'으로 삼은 것에 대해 항의하면서 글을 내려 줄 것을 요구했다. 거부했다.

이야기를 끝내고 교무실에 돌아와 며칠 전 쓴 글을 화면에 띄웠다. 다시 천천히 읽어 보았다. 예의 선생님의 감정을 상하게 할 만한, 몇몇 거친 단어와 표현이 보였다. 글을 쓸 당시 가슴에 인 흥분과 가쁜 호흡이 문장에 그대로 노출돼 있는 것 같았다. 나는 상황을 객관적으로 묘사하려는 노력이 부족했다는 사실을 인정하고 조용히 글을 내렸다.

글쓰기의 호흡 문제를 고민할 때마다 영국 작가 조지 오웰과 시인 김수영을 떠올린다. 오웰과 김수영은 동년배까지는 아니지만 동시대인이라고 말해도 될 만큼 비슷한 시기를 살다 갔다.[62] 두 사람 모두 공교롭게 47살에 죽었다. 20세기 전후로 세계를 광포하게 지배한 제국주의의 폭정과 이념 전쟁의 참상을 겪었다. 오웰은 스페인 내전 당시 사회민주주

---

62. 오웰은 1903년에 태어나 1950년에 죽었고, 김수영은 1921년에 태어나 1968년에 죽었다.

의를 지지하는 국제여단 일원으로 참전해 총상을 입었고, 김수영은 한 국전쟁 때 경남 거제의 포로수용소에서 좌우 이념 대립이 극한으로 치 닫는 현장을 온몸으로 체험했다. 이런 사실들이 그들이 비슷한 호흡의 글을 쓰게 된 배경으로 작용하지 않았을까 하는 생각을 종종 하게 만 든다.

오웰과 김수영의 호흡을 어떻게 표현해야 할까. 두 사람이 쓴 문장들은 무거우면서 가볍고, 유연하면서 고집스럽다. 돌려가며 절제하듯 말 하지만 속으로 가쁜 숨을 몰아쉬며 하고 싶은 말을 모두 쏟아 내는 것 같다.

문장 하나하나가 글쓴이의 얼굴이고 표정이다. 나는 글 속 문장들에 글쓴이의 목소리가 어떤 식으로든 반영되어 있는 문장들로 이루어진 글 이 좋은 글이라고 생각한다. 다만 그 목소리는 진정성이 있고 진솔해야 한다. 작가가 자기 생각과 감정을, 삶의 경험을 자기 목소리로 꾸밈없이 솔직하게 이야기할 때 글이 매력적으로 다가온다. 나는 오웰과 김수영이 쓴 글들이 이런 조건을 충족한다고 평가한다.

오웰과 수영의 글을 읽고 있으면 두 사람이 바로 곁에서 숨을 쉬면서 특유의 표정으로 말을 거는 것 같다. 문장들 사이에 숨어 있는 목소리와 호흡에 가식이 없다. 그들은 공허한 이론이나 막연한 상상의 세계가 아니라 실제 현실의 변화무쌍한 측면들에 기대어 글을 썼다. 그들은 불필요한 수식과 미화와 과장을 피했다. 현실을 핍진하게 묘사하면서도 구조와 시스템에 대한 통찰을 글에 담으려고 했다. 무엇보다도 그들은 타협하지 않는 정신을 글쓰기의 밑바탕으로 삼았다.

호흡은 글에 담긴 내용 자체와 무관하게 글쓴이의 세계관, 그가 꾸려

가는 삶의 방식, 일상에서 내보이는 태도, 정치적이거나 사회적인 시선, 그 자신의 인격을 드러낸다. 호흡은 글쓴이의 성격까지 알려 준다. 몇 년 전 내가 써서 공개했다가 감춘 글을 다시 떠올려 본다. 글 속 문장들은 점잖게 포장되어 있었지만, 나는 문장들의 이면에서 거친 숨을 몰아쉬며 날카로운 감정의 늪에 빠져 있었다.

부정적인 의미에서 감정을 배설하는 것과, 감정을 있는 그대로 솔직하게 표현하는 것 사이는 백지 한 장 차이다. 그 미묘한 차이를 만들어 내는 것이 호흡이다. 더 정확히 말하면 호흡 가다듬기다. 호흡 가다듬기는 물리적인 숨쉬기뿐만 아니라 감정과 의식의 상태를 적절히 조절하는 일 모두와 관련된다. 글을 쓰다가 문장이 막히면 심호흡을 한다. 문장이 술술 흘러나올 때에도 어느 순간 글쓰기를 멈추고 숨을 고른다. 우리는 그때 호흡을 의식한다.

내가 문장을 이끌어야지 문장이 나를 이끌어 가도록 해서는 안 된다. 문장이 나를 이끌면 어느 순간 호흡이 길을 잃어버린다. 호흡을 잃으면 문장들이 제 갈 길을 잃고 헤맨다. 거친 호흡은 우리를 감정과 의식 과잉의 상태로 이끌어 노골적인 표현을 거침없이 토해 내게 만든다. 글을 읽는 이에게 메시지를 성급하게 들이대 그것을 강제로라도 받아들이게 하려는 욕심을 앞세운다. 호흡이 가쁜 상태에서 글을 쓰면 단어가 거칠어지고, 문장이 장황해지며, 자기 논리를 그럴듯하게 포장하려는 의도가 저급한 방식으로 드러난다. 접속 표현을 남용하고, 부사어와 보조사를 남발한다. 글을 쓰는 내내 자기 감정과 생각을 드러내기에 바쁘다.

호흡을 가다듬고 글을 쓰는 일은 몇 가지 의의를 갖는다. 글 쓰는 자신이 아니라 독자를 좀 더 배려하게 된다. 쓰는 사람 마음에 따르는 것이 글이지만, 글은 동시에 독자와 무관한 곳에서 존재하지 못한다. 독자를 고려하는 글쓰기는 글쓰기의 기본이다. 호흡을 살피면서 글을 쓴다는 것은 글쓴이 자신을 위하는 일일 뿐 아니라 독자를 위하는 기본적인 방편이다.

글 소재로서의 사태나 상황을 관조하는 힘이 호흡 가다듬기에서 나온다. 그 자체로 객관적인 사태나 상황은 없다. 글쓴이가 글 속에서 취하는 사태나 상황은 취사선택되고 해석된 것이다. 그것들을 차분히 응시하고 냉철하게 분석한 결과에 의지해 글을 쓸 때 독자들이 공감한다. 글쓴이가 호흡을 가다듬으면 전하고 싶은 메시지를 여유 있게 바라보면서 자기 생각을 더 조리 있게 펼칠 수 있다.

글 한 편이 세상 모든 문제를 해결할 수는 없다. 나는 글쓴이가 글 속에 자신만만한 표정과 거친 숨결을 그대로 드러낸 글들에서 불편함을 느꼈다. 그렇게 호흡이 고조된 상태에서 나온 문장은 글 전체를 박진감이 넘치게 하고 감정을 자극한다. 그리고 끝. 그런 글은 우리가 무엇을 해야 하며, 그에 뒤따르는 여러 가지 현실적인 제약을 어떻게 헤쳐 나가야 하는지에 대해 어떤 말도 하지 않는다.

어떤 글은 사람을 현혹하고 선동한다. 편을 가르고, 적과 희생양을 만든다. 자기 눈에 보이고, 자기가 볼 수 있는 것만이 진실이라고 말한다. 우리는 너무 쉽게 자기가 갖고 싶은 믿음을 결정한다. 폴 슬로빅이라는 심리학자는 사람들이 세상에서 일어나는 일을 보면서 자기가 그것을 좋아하느냐 싫어하느냐에 따라 그 일을 믿을지 말지 결정한다고 보았다.[63] 그런 사람은 자기가 내린 결정만 가치가 있다고 생각한다.

글을 쓰는 사람은 자기가 쓴 글이 사람들에게 기쁨과 감동을 주고,

세상을 더 행복하고 살기 좋은 곳으로 바꾸는 데 도움을 주기를 바란다. 권위와 영향력을 두루 갖춘 매체에 글을 싣고, 훌륭한 출판사와 연결해 책을 출간하기를 원하는 것은 모든 작가나 저자가 똑같이 꿈꾸는 바람이다. 그렇다고 글을 쓰는 모든 사람이 한 편의 글이나 책으로 세상을 좌지우지하지는 않는다.

세상 한편에는 자기 신념을 맹신하면서 세상을 호령하고 싶은 유혹에 빠진 '평범한 괴벨스'들이 존재한다. 진짜 괴벨스는 죽었지만 괴벨스가 걸었던 선동 책략의 길은 여전히 살아 있다. 평범한 괴벨스가 되지 않기 위해 제정신을 붙들고 살 수 있는가. 우리의 언어는 자신의 맹목적인 신념을 강화하는 데 쓰이는가 세상의 진실을 밝히는 데 쓰이는가. 그것은 우리가 무엇을 말하고 왜 쓰느냐에 따라 달라질 것이다.

---

63. '감정 어림짐작(affect heuristic)'을 설명하면서 한 말이었다고 한다. 감정이 개입하여 결론이 논쟁을 압도하거나 하는 것은 감정 어림짐작이 작동했기 때문이다. 대니얼 카너먼 씀, 이창신 옮김(2018), 《생각에 관한 생각》, 김영사, 161쪽.

바른 글쓰기의 유혹

교사들은 대체로 학창 시절을 '모범생'으로 보낸 사람들이다. 모범생 출신 교사는 교육의 전통적인 개념과 어울린다. 교육은 한 사회의 표준, 공통 가치, 보편적인 질서를 중시하므로 본질적으로 보수적인 면이 있다. 교사는 이것들을 학생에게 가르치고 전수하기 위해 사표師表가 될 것을 기대받는다. 그래서 사람들은 교육제도나 정책의 적절성 여부와 무관하게 교사의 도덕성이 교육의 성패를 좌우하는 핵심 요소인 것처럼 생각한다.

교사들 자신이 한 사회에 통용되는 도덕 윤리의 수호자 역할을 자임한다. 교사가 도덕적으로 올바르지 않은 행위를 해서 구설에 오르면 만인의 질책을 받아 마땅한 존재로 낙인이 찍힌다. 이런 관점은 표면적으로 교사들로 하여금 올바름을 향한 강박적인 태도를 고수하게 만든다. 그러나 올바름의 태도를 내면화하고 실천하는 일은 힘들다. 교사들은 쉬운 길을 택한다. 바름의 태도를 이미지화하여 의식과 행동의 장식품처럼 활용하는 것이다.

교사들은 바름을 놓고 벌어지는 시비 논란에 휘말리지 않으려고 독특한 생존술을 터득한다. 튀지 않기, 비슷비슷하게 생각하기, 복지부동,

무사안일주의, 명령에 복종하고 시스템에 순응하기. 바름을 향한 강박적인 태도는 글쓰기에도 그대로 반영된다. 교육용 공문서나 보고서 등에 상투적으로 쓰이는 개조식 글쓰기 요령을 따라 글을 쓰고, 그런 글이 훌륭한 글이라고 여긴다.

개조식 글이나 개조문 쓰기는 학교 글쓰기의 전범처럼 군림한다. 개조문은 정해진 투식을 따른다. 내용과 형식의 바름을 놓고 시비 다툼을 벌일 가능성이 낮다. 교사는 개조식 글쓰기를 하면서 학교교육 시스템과 어울리는 관용적인 용어나 서술 방식을 익히고, 그것에 맞춰 쓰기만 하면 된다.

생기부 쓰기는 개조문 쓰기와 더불어 학교 글쓰기의 특징을 보여 주는 또 다른 사례다. 생기부는 엄격한 기준에 따라 쓰인다. 수백 쪽 분량에 이르는 '학교생활기록부 작성 요령(생기부 작성 요령)'은 교사가 생기부에 기록해 넣어야 하는 것과 기록해도 되는 것과 기록해서는 안 되는 것에 관한 거대한 목록집이자, 무엇인가를 써넣을 때 어떤 형식과 격식을 갖추어야 하는지 세세하게 설명해 놓은 말 그대로의 모범 작문 사례집이다.

생기부 기록을 모범적인 상태로 유지하려는 교육 당국의 노력은 생기부 작성 요령을 제작하는 데서만 그치지 않는다. 지역 교육청은 학교 생기부 담당 교사를 정기적으로 불러 모아 생기부 관리 및 기록에 관한 연수를 실시하고, 이들이 학교에 돌아가 주요 내용을 전체 교사에게 그대로 설명하게 하는 '전달 연수'를 하게 한다. 생기부 관련 연수를 듣고 있으면 생기부 작성 요령에 조금도 어긋나지 않게 생기부를 기록하는 일이 학교교육을 완성하는 일인 것처럼 보인다.

생기부 작성 요령이 항상 만능인 것은 아니다. 해마다 학기 말이나 학년 말에 이르면 담임 교사들이 생기부 기록을 교차 점검하고, 교무실 한편에서 생기부 기록 방식을 놓고 토의를 한다.

몇 년 전 우리 학교 교직원회의에서 '체육대회'와 '체육행사'를 놓고 길게 토론을 벌인 적이 있었다. 생기부 작성 요령에서 '행사'는 써도 되지만 '대회'는 안 된다고 했으므로 모든 '대회'를 '행사'로 고쳐야 한다는 주장과, 행사든 대회든 이미 기록한 것은 무시하고 앞으로 '행사'라고 기록하는 수준에서 절충하자는 의견이 맞섰다.

회의가 1시간 가까이 진행되었다. '행사'는 써도 되고 '대회'는 안 된다고 보는 주장의 근거는 명확했다. '대회'라는 용어는 '행사'라는 용어보다 학생들의 경쟁 심리를 지나치게 유발한다. 그것은 누구도 의도치 않은 비교육적인 결과다. 절충파도 가만히 있지 않았다. 그런 관점을 존중하지만, 그것을 전국 40여만 명의 교사들에게 설득력 있게 전달해 그대로 따르게 하는 일은 다른 차원에서 생각하고 다룰 문제다.

한국은 생기부가 상급학교 진학 자료로 쓰이는, 세계적으로 유례없는 고부담 고경쟁 평가 시스템에 따라 학교를 운영하는 국가다. 경쟁 심리 유발이니 비교육적인 분위기 조성이니 등을 앞세워 생기부 기록을 통제하려는 발상에 누가 얼마나 수긍할까. 이런 상황에서는 논란이 될 만한 모든 사례를 생기부 작성 요령에 넣어 처리하는 방법 말고는 다른 해결책이 없을 것 같다.

생기부는 학생의 학교생활에 관한 전반적인 '사실'을 온전히 기록해 향후 학생이 성상하고 변화하는 데 참고 자료로 쓰기 위해서 관리하고 유지하는 공적 기록물이다. 이런 점에 유의하면서 사실에 주목하고 그것을 기록하는 일에 주의를 기울이는 교사가 얼마나 될까. 생기부에서 학생에 관한 기록의 총화이자 집약체인 행동 특성 및 종합 의견이나 교과 세부 능력 특기 사항이 극도로 섬세하게 수행해야 하는 고난도 작문 과제의 대상처럼 전락한 것은 아이러니다.

나는 생기부 쓰기가 학교 글쓰기의 품격을 가늠케 하는 시금석이라고 생각한다. 지금 교사들은 생기부를 쓰면서 상급학교 진학에 필요한 입시 전형 자료로서의 객관성 측면과, 학생의 성장과 변화 가능성에 대한 교사의 주관적이고 교육적인 고려 사이를 혼란스럽게 오가고 있다. 그것은 공정성과 진실성 사이의 고민이다. 생기부 작성 요령은 이런 교사들을 체계적이고 효율적으로 지원한다. 학생 기록에 관한 한 올바른 글쓰기에 대한 부담감으로 힘들어하는 교사들이 심리적인 압박에서 빠져나올 수 있도록 돕는다. 그러나 생기부 작성 요령의 한계는 뚜렷하다.

교사들이 생기부 쓰기를 부담스러워하는 것은 당연하다. 생기부에 실리는 기록들은 훗날 학생의 정체성을 가늠하는 데 중요한 참고 자료로 활용될 수 있다. 교사들은 학생을 함부로 판단해서는 안 되며, 학생에 관해 무엇인가를 판단해 결정했다고 하더라도 다시 살피고 조정하는 과정을 거쳐야 한다고 생각한다. 교육자가 한 학생의 외면과 내면을 살펴 그가 어떤 사람인지를 규정하는 일은 매우 신중하게 수행해야 하는 엄중한 과업이다.

언젠가 《한 아이》[64]라는 책을 읽으면서 최근 몇 년 새 내 곁에 있다가 떠난 준, 혁, 난, 민을 떠올렸다. 내게 각별한 경험을 안겨 준 학생들이었다. 준은 수업 시간에 책을 읽기 싫다며 문을 쾅 소리 나게 닫고 밖으로 뛰쳐나갔다. 혁은 수업 시간에 빈정거리는 듯한 표정으로 나를 자주 째려보았다. 지각과 외출과 결석을 제멋대로 밥 먹듯이 했던 난은, 내가 자초지종을 물으면 차가운 표정을 지으며 아무 대꾸도 하지 않았다. 민은 어느 날 친구와 다툰 일을 내가 나무라자 비속어를 섞어 가며 참견하지 말라고 소리를 질렀다.

진정한 교육은 관계에서 시작하는 것이 원칙이다. 교육학적인 지침은 교사인 내가 준과 혁과 난과 민의 태도를 받아들이고 그들이 내게 가하는 보이지 않는 힘을 뛰어넘어야 한다고 가르친다. 나는 교육의 원칙과 교육학이 가리키는 지침을 생각하며 실천했지만, 자주 무용지물로 끝났다. 너무 일찍부터 독립적인 재판관이나 냉철한 도덕주의자를 자임하며 준과 혁과 난과 민을 재단했다.

사람은 하루아침에 바뀌지 않는다. 준과 혁과 난과 민은 며칠 몇 주 몇 달이 지나고 학년이 바뀌면서 변했다. 변했다기보다 자기 자신을 되찾았다. 그들은 감정과 생각이 각자 서로 다른 이유 때문에 폭발한 그 일련의 상황들 속에서 솔직함, 용기, 진실과 유머 같은 것들을 보여 줄 수 없었다. 준과 혁과 난과 민은 그럴 만한 구조와 배경과 환경 속에 있었으며, 나는 그것을 뒤늦게 깨달았다.

준, 혁, 난, 민 말고도 나를 아프고 힘들게 한 학생들로 인해 학교에 있기 싫을 때가 있었다. 그들 모두를 차례차례 기억에 떠올려 본다. 또 다른 준, 혁, 난, 민이 갖가지 방식으로 나를 무시하고 외면할 때 열패감

---

64. "아동교육심리학의 영원한 고전"이라는 부제가 인상적인 책이다. 미국에서 20년 넘게 정서 장애아들을 전문적으로 가르치는 일을 한 특수교육 교사 토리 헤이든이 썼다. 유년기를 충격적인 체험 속에서 보낸 쉴라 렌스배드의 이야기를 통해 처절한 고난의 과정을 겪으면서도 꾸준히 성장하고 변해 가는 인간 영혼의 힘을 들려준다.

을 느꼈다. 한 명의 교육자로서 교사가 학교와 교실에서 짊어져야 하는 책임의 범위와, 가르치는 사람으로서 교사가 학생을 대할 때 갖추고 있어야 하는 정체성과 태도와, 학생을 변화의 길로 이끄는 데 필요한 능력의 크기 등을 생각했다. 화와 부끄러움이 동시에 밀려왔다.

나는 준, 혁, 난, 민에 얽힌 일을 떠올리면서 도덕이나 도덕성에 관한 교사의 강박적인 태도를 생각한다. 학생의 도덕성 문제가 교사가 교실에서 직면하는 교육의 문제처럼 부각될 때 교사들은 즉각적이고 감정적으로 반응하는 경향을 보인다. 교사는 오래 기다리는 일을 참아 내지 못하고, 듣는 사람이 받아들이기 힘든 언어를 발설한다. 마침내 교사는 근엄한 도덕주의자의 자리에 서서 학생에게 꼬리표를 붙인다. "너는 나쁜 학생이야."

그러나 착하고 바른 마음은 하나가 아니다. 전통적으로 도덕은 실재하며, 우리는 이성에 따라 그에 맞춰 살아가기만 하면 된다고 생각하는 사람이 많았지만[65], 최근에는 도덕이 감각이나 감정처럼 감성적 차원에 있는 것으로 보는 사람이 많아졌다.[66] 우리 사회는 하나의 합리적인 도덕률만 있다고 여기는 도덕 일신론자들이나 정의 이분법주의자들의 목소리가 여전히 높다. 하지만 나와 당신의 도덕이 그들을 악덕으로 똘똘 뭉친 파렴치한으로 몰아갈 때 그들 역시 고개를 저으며 우리를 악덕에 찌든 사람으로 낙인을 찍는다.

---

65. 이마누엘 칸트로 대표되는 도덕 의무론자나 제러미 벤담 같은 공리주의자들이 여기에 속할 것이다.
66. 데이비드 흄으로 대변되는 도덕 감성주의자들이 대표적이다. 우리가 옳고 그름을 판단할 때 '직관이 먼저 전략적 추론은 그다음'이라고 보는 조너선 하이트 같은 심리학자들이 흄의 후계자라고 할 수 있다.

많은 교사가 학생을 '착함-나쁨'이라는 이분법적 구도를 기반으로 평가한다. 학생이 공부를 잘하면 착한 학생이라고 보고, 공부를 안 하거나 못하면 나쁜 학생이라고 생각한다. 공손하게 인사를 잘하면 착한 학생이고, 인사하지 않으면 나쁜 학생이다. 교사 말을 고분고분 잘 따르면 착한 학생, 교사에게 반항적이고 적대적이면 나쁜 학생이다. 나쁜 학생보다 착한 학생이 이 세상에 가득 퍼져야 갈수록 정글 같은 곳이 되어 가는 우리 사회가 조금이라도 따뜻해지지 않을까. '어른'인 교사와 부모는 나쁜 학생, 나쁜 아이가 아니라 착한 학생, 착한 아이를 갈망한다.

우리에게 감정 개념이 '기분이 아주 좋다'와 '기분이 더럽다' 두 개밖에 없다고 가정해 보자. 당신과 나는 각자 감정을 경험하거나 다른 사람의 감정을 지각할 때마다 오직 이 거친 붓으로만 감정을 범주화한다. 그런 사람은 감성 지능이 낮다고 한다. 감성 지능이 낮으면 감정 지각력이 떨어져 행동과 주변 환경 사이에서 조화를 이루기 힘들어진다.[67]

학교와 교실에는 '착한'이라는 말이 범람한다. 교사들이 학생들을 '착함-나쁨'이라는 거친 붓으로만 채색하듯 바라보기 때문이 아닐까. '착함-나쁨'이라는 거친 붓은 학생들의 정신에 선악이라는 단순하고 이분법적인 세계관을 심을 수 있다. 여기에 확증 편향의 오류와 자기 충족적 예언의 오류[68]가 덧붙여진다. 교사는 착한 학생이 나쁜 행동을 하면 실수라고 생각하고 나쁜 학생이 나쁜 행동을 하면 원래 그런 성향 때문에

---

67. 리사 펠드먼 배럿 씀, 최호영 옮김(2017), 《감정은 어떻게 만들어지는가?》, 생각연구소, 334~346쪽.
68. '확증 편향'은 자신의 가치관, 신념, 판단 따위와 부합하는 정보에만 주목하고 그 외의 정보는 무시하는 사고방식을 말한다. '자기 충족적 예언'은 어떤 예언이나 생각이 이루어질 것이라고 강력하게 믿고, 무의식적으로 행동을 바꿔 직간접적으로 그 믿음을 실현하는 태도를 가리킨다.

벌인 일이라고 생각한다. 교사가 자기를 나쁜 학생이라고 낙인을 찍었다고 믿는 학생은 자기도 모르게 나쁜 짓을 한다. 그러나 어떤 교사도 자기가 가르치는 제자가 그런 모습으로 성장하기를 바라지 않을 것이다.

바르고 착한 교사들이 이렇게 말하는 소리가 들리는 것 같다. "당신의 그런 생각이 학교를 비도덕과 무질서가 뒤섞인 아노미 상태로 만들 수 있다. 그것은 잘못된 생각이다." 교사들은 충분히 그렇게 말할 수 있으며, 나는 그들의 걱정 어린 말에 담긴 충심을 잘 안다. 교육을 하면서 도덕을 무시해서는 안 된다.

그러나 나는 나쁜 짓을 한 학생을 그대로 두자고 주장하는 것이 아니다. 교사가 하나의 도덕률, 하나의 정의, 하나의 진실에 사로잡힐 때 그는 우리 곁의 수많은 준과 혁과 난과 민을 더는 어찌할 수 없는 학교 부적응자, 도저히 구원할 수 없는 문제아의 늪 속으로 밀어낼 것이다. 그렇게 하는 것은 교육이 아니며, 교육자가 할 일은 더욱 아니다.

불복종의 글쓰기

심리학자 스탠리 밀그램[1933~1984]과 필립 짐바르도[1933~현재]는 복종과 불복종에 숨은 기제를 연구한 대표적인 학자였다. 밀그램과 짐바르도는 각각 전기 충격 실험과 스탠퍼드 카운티 교도소Stanford County Jail 실험이라는 이름이 붙은 실험 연구를 통해 평범한 사람이 자기와 무관한 다른 사람에게 고통을 주고 나약한 처지에 놓인 사람을 모욕하거나 그에게 폭력을 행사하는 일을 아무렇지 않게, 심지어 자발적이고 적극적으로 할 수 있다는 점을 극적으로 보여 주었다.

1961년, 미국 예일대학교 심리학과 조교수였던 스탠리 밀그램은 1시간당 4달러의 보수를 지급하는 조건으로 이발사, 바텐더, 건축업자, 사업가 등 평범한 남성 500명을 모집했다. 밀그램이 고안한 실험의 진짜 목표는 사람들이 권위자가 내리는 명령을 듣고 타인에게 어디까지 고통을 가할 수 있는가를 밝히는 일이었다. 밀그램은 참여자들을 '교사'와 '학습자'로 나누고 이들을 분리시켰다. 교사는 15볼트에서 450볼트까지 있는 30개의 버튼을 눌러 전기 충격을 가할 수 있는 기계 앞에 앉게 하고, 학습자는 옆방에서 의자에 묶여 기억력 검사를 수행하게 했다. 교사와 학습자 사이에는 (가짜) 전기선이 연결되어 있었다.

실험은 이렇게 진행되었다. 실험 책임자가 학습자에게 2개의 단어로 이루어진 일련의 단어쌍 목록을 보여 준다. 곧이어 실험 책임자가 특정 단어 쌍에 있는 2개의 단어 중 1개의 단어를 제시하면 학습자가 나머지 단어를 알아맞힌다. 학습자가 정답을 말하면 다음 문제로 넘어가고, 오답을 말하면 교사 역을 맡은 피험자에게 전기 충격 기계의 버튼을 누르게 한다. 전기 충격은 15볼트에서 시작하며, 오답 횟수가 늘어날수록 전압이 15볼트씩 강해진다.[69] 밀그램의 결론에 따르면 연구 참가자의 65퍼센트가 최고 전압인 450볼트에 이를 때까지 전기 충격을 가했다.

짐바르도의 실험은 1971년 8월에 있었다. 미국 서부 해안 도시인 팰로 앨토시의 경찰 교도관 역할을 하는 대학생 9명이 죄수 역할을 하는 또 다른 대학생 9명을 현장에서 실제로 체포하면서 시작되었다. 가짜 교도관들은 가짜 죄수들의 머리에 두건을 씌우고 그들을 스탠퍼드대학교 심리학과가 있던 420동의 지하실에 꾸며진 가짜 교도소로 압송했다.

짐바르도는 교도관과 죄수 역할을 맡은 실험 참가자들이 내보이는 행동들을 분석해 인간 본성의 한 측면을 밝히려고 했다. 교도관들은 자기들에게 주어진 권력을 이용해 죄수들을 굴복시키려고 온갖 야만적인 방법을 동원했다. 죄수들은 그런 교도관들의 전술에 속수무책으로 굴복했다. 실험은 점점 걷잡을 수 없이 폭력적으로 변해 갔고, 결국 6일 만에 중단되었다.[70]

---

69. 물론 실제로 전기 충격이 전달되지는 않았다.
70. 네덜란드 저널리스트 뤼트허르 브레흐만은 짐바르도의 '실험'이 과학적인 객관성의 측면에서 사기나 다름없었다고 비판한다. 자세한 내용이 뤼트허르 브레흐만의 책 《휴먼 카인드》(2021) 제7장 "스탠퍼드 교도소 실험의 진실: 그곳에선 아무 일도 벌어지지 않았다"에 나온다.

밀그램과 짐바르도의 실험 이야기를 읽어 보면 우리가 처하는 '상황' 여하에 따라 복종과 불복종의 기제가 다르게 작동하는 것처럼 보인다. 상황은 시스템이나 제도와 같은 말과 비슷하다. 밀그램의 실험에서는 권위자(실험 책임자)가 교사 역할을 맡은 피험자와 (가짜) 학생 역할을 맡은 피험자가 서로 소통하지 못하게 했을 때 교사 피험자가 전기 충격을 높은 강도까지 누르는 비율이 높았다. 교사 피험자가 학생 피험자의 상태를 확인하면서 전기 충격 버튼을 누르는 상황에서는 전기 충격 강도가 크게 낮아졌다.

밀그램은 실험자와 피실험자, 또는 피실험자 상호 간의 관계, 이들 사이에 나타나는 공감 행위 등이 상황 여하에 따라 달라지면서 실험 결과가 차이가 났다고 분석했다. 실제로 개인은 혼자 있거나 홀로 있다고 생각할 때 권위적인 힘이 맹위를 펼치는 상황에서 자신을 지배하려는 권위에 저항하기 어려워진다. 주변 사람 모두가 달이 아니라 달을 가리키는 손가락을 보며 수군거릴 때 달에 대해서 이야기하려면 상당한 용기를 내야 한다.

심리학자 솔로몬 애시가 수행한 고전적인 실험은 다른 사람이나 주변 상황에 쉽게 휘둘리는 인간 내면의 어떤 측면을 생각하게 한다. 애시와 그의 동료들은 진짜 피험자 1명과 가짜 피험자 3명을 구별했다. 실험 진행자가 피험자들에게 각각 직선 1개가 그려진 카드와 3개가 그려진 카드를 차례로 보여 준다. 그리고 두 번째 카드에 그려진 3개의 직선 중에서 첫 번째 카드의 직선과 길이가 같은 선을 골라내라는 과제를 주고, 가짜 피험자 → 진짜 피험자 순서로 정답을 말하게 한다. 문제라고 할 것도 없는 단순한 문제였는데, 진짜 피험자는 의도적으로 오답을 정답처럼 말하는 가짜 피험자들의 의견에 이끌려 엉뚱한 직선을 정답으로 제시했다.

생각도 생각하기 나름일까. 근대과학은 신이나 악령도 '2+2=4'라는 사실은 바꿀 수 없다고 생각한다.[71] 이성과 합리성은 절대적인 진리의 세계를 상정하며, 인간은 그와 같은 절대 진리의 법칙에 따라 사는 존재다. 그런데 조지 오웰의 소설 《1984》에서 주인공 윈스턴 스미스는 2+2의 정답이 4만이 아니라 3도 될 수 있고 5도 될 수 있다고 생각했다.

스미스가 생각을 바꾸게 된 표면적인 이유는 그렇게 말하기 전에 받은 고문의 고통 때문이었다. 하지만 이미 스미스는 '죄중단' 훈련[72]을 해서 머리에 지성 대신 우매성이 자리 잡게 하려고 노력했다. 결국 스미스는 자기 생각을 완전히 바꿨으며, 그때부터 2+2의 정답이 무엇인지 고민하지 않았다. 스미스는 수십 년 동안 빅 브라더를 불신하고 혐오했으나, 간수가 쏜 총탄이 뒤통수에 날아와 박히는 순간 빅 브라더에 대한 자기 생각을 바뀌었다. "그는 빅 브라더를 사랑했다He loved Big Brother." 스미스는 최후의 시간을 맞이했고, 소설도 그렇게 끝난다.

고자질, 거짓말, 폭력, 이간질은 일반적으로 좋지 않거나 나쁜 행동이라고 간주되는 것들이다. 그런데 그것들은 나쁜 개인이 사악한 악마의 부추김을 받아 하는 행동이 아니다. 미국 교육철학자 마사 누스바움은 《학교는 시장이 아니다》에서 밀그램이나 짐바르도 같은 실험심리학자의

---

71. 한나 아렌트 씀, 이진우 외 옮김(1996), 《인간의 조건》, 351쪽.
72. 위험한 생각이 들 때마다 그와 같은 생각을 해서는 안 된다는 마음이 생겨야 하며, 그런 과정이 자동적이고 본능적으로 일어날 수 있게 하는 훈련이다.

실험 결과에 기대 시민교육에서 다루는 도덕적이거나 비도덕적인 감정을 논하면서 평범한 우리가 나쁘게 행동하는 상황들을 몇 가지로 정리했다.

첫째, 사람들은 "나에게는 개인적으로 책임이 없다"고 생각할 때 나쁘게 행동한다. 둘째, 아무도 비판적인 목소리를 내지 않는 경우에 나쁘게 행동한다. 셋째, 자기가 행사하는 권력의 대상인 사람들을 비인간화하거나 비개인화할 때 나쁘게 행동한다. 한마디로 우리는 윤리적 책임성의 부재, 폐쇄적인 의사소통 문화, 개인의 존엄성을 허용하지 않는 비정한 권력관계 아래서 나쁘게 행동한다.

관료주의는 학교에서 바람직하지 못한 교사 행동의 허가서처럼 쓰인다. 학교 교무회의에서 다수결 거수 투표로 이루어지는 집단적 의사결정의 위력과, 학생 생활지도와 관련된 민감한 사안에 대해 교사들이 침묵으로 동조하는 현상, 수업 시간에 학생을 익명의 존재처럼 취급하는 교실의 미묘한 분위기를 생각해 보자. 교사들은 그렇게 해도 되는 제도적이거나 문화적인 배경과 분위기 속에서 교육을 하고 학생들을 만난다. 교사들이 고민하고 고려하는 대상은 교육이나 학생이라기보다 제도, 법률, 지침, 규정들이다. 학교 관료주의가 그 한가운데 있다.

학교 관료주의는 부드러운 폭군처럼 움직인다. 그것은 온화한 표정을 지으며 교사들에게 이렇게 말한다. "당신의 언어를 쓰지 말고 법과 제도가 허용하는 언어만 사용하라." 진짜 글쓰기가 아니라 가짜 글짓기, 혹은 형식적인 작문 활동을 하지 않으면 언제 어디서 불똥이 튀어 교사를 괴롭힐지 모른다. 나는 교사들이 학교에서 글쓰기를 하면서 '묻지 마'식 안전주의를 지향하는 태도를 보이는 이유가 먼 데 있지 않다고 생각한다.

　다시 개조문 이야기로 돌아가 보자. 개조식 글쓰기는 교사들이 공유하는 공통 언어의 코드에 가장 부합한다. 개조문이 의사소통이나 의미 전달의 효율성이 높은 까닭도, 거기에 쓰인 구문의 성격이나 어휘 유형, 전체 체재나 구조 측면에서 의미 해석의 범위가 일정하게 제한되기 때문이다. 그렇다면 우리는 개조식 글쓰기를 학교 글쓰기의 공공성에 가장 걸맞은 글쓰기 유형 후보로 내세워도 되지 않을까.

　이렇게도 말할 수 있다. 개조식 글쓰기는 학교 관료주의의 지배를 받는 복종의 글쓰기다. 그것은 관성, 관행, 제도, 주류를 따르며, 이것들을 중요하게 여기는 권력과 강자에게, 관료주의라는 시스템에 봉사한다. 그러나 우리는 강자와 권력자의 힘에 맞서는 인류 공통의 양심과 정의에도 복종하며, 개조식 글쓰기는 이 두 번째의 복종과 불화한다. 개조식 글쓰기가 공공성에 걸맞은 글쓰기라면, 양심과 정의에 대한 복종과 불화하는 개조문을 어떻게 이해해야 하는가.

　심리학자 에리히 프롬이 고전적인 글 〈심리적·도덕적 문제로서의 불복종〉에서 구분한 타율적 복종heteronomous obedience과 자율적 복종autonomous obedience이라는 개념을 가져와 이 문제를 살펴보자. 타율적 복종은 사람이나 제도나 권력에 복종하는 것으로, 굴종에 해당한다. 자율적 복종은 자기 이성과 신념에 복종하는 것이다. 자기 의지를 밝히고 확인하면서 신념과 판단을 따른다는 점에서 굴종 행위와 다르다.

　괴벨스는 자기 신념과 판단에 근거하여 나치와 히틀러에게 충성을 다했고, 죽음의 순간까지 자신과의 약속을 지킨 것처럼 보인다. 프롬이 정의한, 자율적 복종의 소유자가 구비해야 하는 조건을 완벽하게 갖춘 것 같다. 그렇다면 괴벨스는 자기 신념과 의지에 따라 살았으므로 양심적이고 정의로운 사람이었다? 이런 결론은 우리를 당혹스럽게 한다.

괴벨스의 사례가 주는 딜레마를 양심에 관한 프롬의 논증을 이용해 풀 수 있다. 프롬은 양심을 2가지 서로 다른 현상을 가리키는 데 썼다. 권위주의적 양심authoritarian conscience은 우리가 그의 마음에 들고 싶어 하거나 심기를 거스르기 두려운 권위자의 목소리가 우리 안에 내면화된 것이다. 권위주의적 양심과 구별되는 인본주의적 양심humanistic conscience은 외부로부터 부과되는 제재나 보상과 무관하게 모든 인간에게 보편적으로 존재하는 목소리에 의지하는 양심이다.

권력 구도 아래서 갈등에 휩싸인 사람이 복잡한 이해관계로 얽힌 문제를 풀어 나가면서 자기 양심에 복종한다고 말할 때의 양심은 권위주의적 양심에 가깝다. 자기에게 내면화되어 있는 양심일지라도 결국 권력에 대해 복종하는 것이기 때문이다. 권위주의적 양심에 지배당하면 "의식상으로 나의 양심을 따르고 있는 것 같지만 사실 이미 나는 권력자의 원칙을 완전히 삼켜 내 안에 받아들인 상태"[73]에 놓인다. 괴벨스의 양심이 이에 속한다.

권위주의적 양심은 20세기 자본주의 체제 자체를 지탱한 관료주의의 기반이 되었다. 프롬은 이렇게 말했다. "노동자들은 거대하게 조직화된 생산 기계의 일부이며, 이 생산 기계는 마찰이나 교란 없이 부드럽게 돌아가야만 작동이 가능하다. 개별 노동자들과 사무직원들은 이 기계의

---

73. 에리히 프롬 씀, 김승진 옮김(2020), 《불복종에 관하여》, 마농지, 15쪽.

부품이 된다."[74]

　프롬은 관료들의 특징을 비인간성, 조심성, 상상력의 부족에서 찾았다. 관료들은 일과 사람을 행정적으로 관리하고 분배하며, 사람을 사물 대하듯 대한다. 사람이 사물이 되거나 사물처럼 관리되면, 관리를 하는 사람 자체가 사물이 된다. 프롬에 의하면, 사물은 의지나 비전이나 계획이 없다.

　개조문에서는 사람 냄새를 맡기 어렵다. 비인간적이다. 글을 쓰는 사람의 개성을 필요로 하지 않는다. 사물(처럼 된 사람)이 사물을 위해 쓴 것이므로 사람의 감정과 상상력이 없다. 비전이나 계획은 앞일을 미리 내다보고 상상하는 과정에서 구체화하는데, 개조문은 상상력과 무관하게 만들어진다. 인공 지능을 장착한 문장 기계가 만들어 내는 건조한 단어들의 조합이다.

　살아 있는 문장과 글은 자동 기계 공정의 생산품과 다르다. 거기에는 글을 쓰는 사람의 냄새가 짙게 배어 있다. 프롬을 따라 그것은 무엇인가에 '맞서' 이뤄지는 행위가 아니라 무엇인가를 '향해' 이뤄지는 행위다. 프롬은 무엇인가를 '향해' 이뤄지는 행위에 대해 이렇게 말했다.

　　볼 수 있는 능력, 본 것을 말할 수 있는 능력, 보지 않은 것을 말하기를 거부할 수 있는 능력인 것이다. 이를 위해 꼭 공격적이거나 반항적이어야 할 필요는 없다. 필요한 것은, 눈을 뜨고 온전하게 깨어 있고자 하는 의지, 그리고 반쯤 잠들어 있기

---

74. 에리히 프롬 씀, 김승진 옮김(2020), 《불복종에 관하여》, 마농지, 59~60쪽.

때문에 소멸할 위험에 처해 있는 사람들의 눈을 뜨게 해 줄 책임을 기꺼이 맡고자 하는 의지다.[75]

프롬은 양심과 의지에 따라 불복종하는 자유인의 반대편에 매사 조심스러워하는 조직인이 있다고 보았다. 교사는 전형적인 조직인처럼 살아갈 가능성이 높은 직군에 속한다. 법률과 규칙과 규정과 매뉴얼이 교사들의 생각, 언어, 업무, 활동, 판단과 결정, 인간관계에 이르기까지 학교 내 일상의 거의 모든 것을 관리하고 통제할 수 있다.

틈은 어디든 있다. 존 홀트[1923~1985]는 이렇게 말했다. "올바른 이유가 있을 때 복종할 줄 아는 사람들은 이유가 올바르지 않을 때 복종하지 않으며, 누가 스위치를 누르라고 지시하든 상관없이 고문자의 스위치를 누르지 않는다."[76] 교사는 학생과 학부모를 조직인의 눈으로 바라보기 쉽다. 조직인은 사람을 사물처럼 대한다. 그러나 교사가 만나는 대상은 학생과 학부모이기 이전에 한 명의 인간이다. 교사가 언제 무엇에 복종하거나 불복종해야 하는지는 명확하다.

교사들이 각자의 목소리로 학생과 교육에 대해 이야기할 수 있을 때 진정한 글쓰기가 시작된다. 나는 그것을 불복종의 글쓰기라고 명명한다. 불복종의 글쓰기는 '나'의 내부에서 출발하고 그곳에 굳건히 뿌리를 내리고 있지만 외부와 세계를 지향한다. 그것은 책임을 지는 글쓰기, 진실로 공공을 생각하는 글쓰기다.

75. 에리히 프롬 씀, 김승진 옮김(2020),《불복종에 관하여》, 마농지, 35쪽.
76. 존 홀트 씀, 공양희 옮김(2007),《존 홀트의 학교를 넘어서》, 아침이슬, 295쪽.

글쓰기의 공공성

공공성은 오래전부터 붙잡고 있었던 화두 중 하나였다. 나는 교직에 입문하면서부터 교사들이 학교 안팎에서 함께 책을 읽고 글을 쓰며 공부하는 삶에 관심이 많았다. 수년 전부터 전학공 바람이 뜨겁게 부는 것을 보면서 혼자 남다른 감회에 젖었다. 교사들이 스스로 배우고 연구하는 문화가 학교에 본격적으로 자리를 잡을 수 있겠다는 기대감에 가슴이 부풀었다. 책 읽기와 글쓰기의 공공성을 향한 바람도 함께 커졌다.

변화가 금방 찾아오지는 않았다. 학교교육의 성과 여부가 상급학교 진학 결과에 따라 평가받는 측면이 큰 현실에서 교사들이 모여 좋은 책을 엄선해 읽으며 스스로를 성찰하고 교육 활동을 돌아보는 시간을 갖기란 현실적으로 매우 어렵다. 교사들의 진짜 배움이나 공부를 방해하는 반지성적인 문화도 의외의 곳에서 발견된다. 요즘 나는 교사들이 책을 제대로 읽지 않거나, 적당히 책 읽는 시늉만 내도 전학공이라는 거창한 이름을 붙여 대접하는 풍토가 퍼져 나가는 모습을 우려스럽게 지켜보고 있다. 책 읽고 공부하는 '포즈'를 취한다고 학습의 전문성이 살아나지는 않을 것이다.

'전문적 학습'이라는 말 자체가 '둥근 세모'처럼 모순적이다. '전문적'

이라는 말의 수식을 받기에 더 적절한 말은 '학습'이 아니라 '연구'다. 학습과 연구는 심적 태도의 측면에서 다르다. 학습이 수동적이라면 연구는 능동적인 행위에 가깝다. 학습은 학습자가 자신에게 주어진 것을 그대로 받아들여 반복적으로 익히는 행위를 중심으로 하지만, 연구는 기존의 것을 분석하고 해석하여 새로운 의미를 재구성하거나 비판적으로 문제 제기하는 행위를 기반으로 한다.

교사들은 국가가 마련해 놓은 전문적인 양성 과정을 거친 전문직 종사자들이다. 이들이 무엇인가를 '학습'한다는 아이디어 자체는 이미 전문직으로 분류되는 교사 집단과 어울리지 않는다. 그런 점들을 이미 알았는데도 '전문적 학습'이라는 표현을 썼다면, 이는 교사들에게 학습이나 공부를 함께하는 것을 장려하려는 계몽적인 차원에서밖에 그 의도를 해석할 수 없다.

전학공 활동과 계몽적인 의도 사이의 관계가 밀접하다는 사실은, 전학공 아이디어를 처음으로 주창한 미국 시카고대학교 교수 댄 로티의 관점을 통해 방증된다.[77] 로티는 1975년 출간한 책 《교직사회》에서 교직사회에 개인주의, 현재주의, 보수주의라는 고유하고 독특한 문화가 긴밀하게 결합되어 존재한다고 보고, 이 중 개인주의 문화(교사들이 동료들로부터 고립된 채 혼자 일하는 특성)를 극복하기 위한 대안으로 전학공을 구안해 제안했다.

로티의 논리는 이렇다. 교직사회에서 가장 지배적인 문화는 개인주의

---

77. 아래 전학공 아이디어의 역사적 기원과 댄 로티의 관점에 관한 내용들은 서울교육대학교 교수 정바울이 2017년 9월 5일 브런치 사이트에 올린 글 〈전문적 학습공동체의 기원을 찾아서〉(https://brunch.co.kr/@onlys/34)에서 가져왔다.

다. 교사들은 전학공 활동을 함으로써 교직사회의 개인주의 문화를 협력적인 문화로 바꿀 수 있다. 그렇게 하는 과정에서 교사들은 '바로 지금, 이곳'과 '오늘 수업과 내일 수업'을 중시하는 태도(현재주의)와, 학교나 정책 차원의 변화나 개선보다 자신들의 학급이나 수업을 잘하려는 데 치중하려는 성향(보수주의 문화)을 개선할 수 있다.

　로티의 논리를 따라 최근 우리나라에서 일반적으로 권장(?)되고 있는 전학공 활동을 관찰해 보자. 전학공 활동의 일환으로 이루어지는 교사 동아리나 공부 모임의 표준적인 모습은 수업 공개와 그에 대한 분석과 비평이다. 책을 선정해 읽고 공부하는 행위도 교사들의 본격적인 연구 역량을 강화하기 위한 것이라기보다 수업을 개선하기 위한 도구 정도로 간주되는 경향이 강하다. 그렇다면 결과적으로 현재의 전학공 활동이 오히려 교직사회의 보수주의나 현재주의를 강화하는 데 기여하는 것이 아닐까.

　로티의 애초 의도가 그런 데 있지는 않았을 것이다. 전학공 활동을 강조하는 우리나라 교육 당국자들 역시 교사들이 보수주의와 현재주의에 빠져 있기를 바라지는 않았을 것이다. 하지만 나는 앞으로 교사들이 진지하게 공부하는 일이 갈수록 어려워질 것 같은 생각이 든다. '전문적 학습'에 관한 합의된 정의가 불분명한 채로 이루어지는 교사 공동체 활동에서 얼마나 전문적인(?) 결과물을 얻을 수 있을까 의문이 들기 때문이다.

　그래서 이런저런 학교 밖 자리에서 교사들을 만날 때마다 전학공 대신 '전문적 연구 공동체(전연공)' 같은 말을 쓰자고 제안한다. 전연공은 전문 연구자들인 대학교수들을 중심으로 구성되는 '학회'와 비슷하다.

그런데 어찌 보면 '연구' 자체가 전문성을 바탕으로 하고 있으니 '전문적 연구'는 중복 표현에 가깝다. 그렇다면 '교사 연구 공동체(교연공)' 같은 이름이 더 적절할지 모르겠다. 전연공이든 교연공이든 내 제안을 진지하게 듣는 교사들은 별로 없었던 것 같다.

전학공을 둘러싼 명칭 시비를 통해 강조하고 싶은 것은 명칭 자체가 아니다. 나는 교사들이 학습이나 연구 공동체를 꾸려 활동을 할 때 어떤 심적 태도나 자세를 취하면서 책을 읽고 글을 쓰는지 정말 궁금하다. 전학공 활동이든, 전연공이나 교연공 활동이든 '공동체'라는 말에 걸맞게 책 읽기와 글쓰기의 공공적 측면을 깊이 생각하면서 활동에 참여하는 교사들은 얼마나 될까.

책 읽기의 공공적 측면이나 글쓰기의 공공성 같은 표현은 낯설다. 책이 시장의 한복판으로 내몰린 건 어제오늘의 일이 아니며, 사람들은 오래전부터 책을 가볍게 한 번 읽고 던져두는 소비 상품처럼 간주했다. 인터넷이 등장한 이후에는 첨단 기술에 힘입은 영상과 이미지가 사람들의 눈과 귀를 사로잡으면서 책을 읽는 사람들 수가 급격히 줄었다. 사람들은 글쓰기를 매우 사적인 행위처럼 받아들인다.

관점을 조금 바꿔 생각해 보면 글이나 책을 포함하여 언어를 매개로 하는 모든 미디어가 공적 특성을 갖는다는 사실을 알 수 있다. 언어 자체가 사람들이 함께 쓰는 공공의 것이라는 점에서 공적이고 사회적인 성격을 갖는다. 언어는 사람들 사이의 약속이며, 개인은 공통의 도구로서의 언어를 함부로 바꾸지 못한다. 우리는 언어를 이용해 의사소통을 하고 관계를 맺는다. 언어 없는 사회, 언어 없는 삶을 상상하기 힘들다.

글쓰기, 나아가 책 쓰기야말로 가장 공적이고 사회적인 행위 중 하나다. 글은 누군가에게 읽히는 것을 전제로 한다. 이 세상에 독자 없는 책은 존재하지 않으며, 설령 그런 책이 있다고 하더라도 그것은 죽은 사물, 존재하지 않는 것과 같다. 누군가가 글을 써서 세상에 내놓는 것은 세계에서 다른 사람들과 평화롭게 공존하기 위해 선택하는 공적 행위 중의 하나다.

나는 대만 작가 탕누어가 《명예, 부, 권력에 관한 사색》에서 이렇게 쓴 대목을 읽으며 무척 반가웠다. "글쓰기의 근본은 당연히 공공적이고 책은 공공의 형식이며 언어와 문자도 모두 공공적 의미가 있다."[78] 탕누어는 이 책에서 언어의 공공적 측면이나 글쓰기의 공공성에 관한 굳건한 신념을, 독자를 계몽하는 방식이 아니라 즐겁게 읽을 만한 감각적인 문장들과 다양한 역사적인 사례를 제시하는 방식을 통해 자연스럽게 깨닫게 해 주었다.

탕누어의 책은 본질적으로 글쓰기와 책 읽기에 관한 책이며[79], 그것도 아주 독특한 글쓰기와 책 읽기 책이다. 책의 맨 앞 장과 마지막 장에 잠깐 스치듯 등장하는 언어관들은 대다수가 무심히 지나칠 만한 것이다. 탕누어는 우리에게 다양한 언어관 유형(문장관, 문예창작관, 독서관 등등)의 이면에 공통적으로 깔린 언어의 본질적인 특성을 깊이 생각하도록 이끈다. 그것은 글쓰기의 공공성, 책 읽기의 공공성 등으로 표현되는 언어의 공공적 측면을 강조하는 언어관이다.

아르헨티나 출신의 세계적인 소설가 보르헤스는 《셰익스피어의 기억》

---

78. 탕누어 씀, 김택규 옮김(2020), 《명예, 부, 권력에 관한 사색》, 글항아리, 500쪽.
79. 부제가 "무미건조한 세계에서 작가와 독자가 살아남으려면"이다.

에서 "모든 말은 일종의 공동의 경험을 필요로 한다"라는 말을 남겼다고 한다. 나는 처음에 이 문장을 읽으면서 막연히 언어의 사회성이나 의사소통적인 측면에서 의미를 생각했다. 탕누어는 상식조차 공동의 경험, 공동의 기억이 망각과 재기억을 되풀이하면서 늘기만 하고 줄지는 않는다고 '설명'[80] 하고 갑자기 이렇게 묻는다. "왜 계속 글을 쓸까?"

탕누어의 대답은 이랬다. 저자는 예외 없이 독자이고, 우선적으로 독자였다. 모든 저자는, "작은 연못"으로 비유된 인간의 글쓰기와 인간의 지적 성과물에서 먼저 보상을 가져갔고, 필요한 것을 계속 가져갔다. 그렇게 해서 현재의 작가 자신(탕누어)이 만들어졌다. 아이작 뉴턴의 "거인의 어깨 위에 올라탄 난쟁이" 비유를 떠올려 보라. 탕누어는 "작은 연못"이라고 표현했지만, 그곳에 있는 물은 난쟁이를 거뜬히 태운 "거인의 어깨"처럼 공동의 언어를 가지고 글쓰기를 시작하는 모든 사람이 퍼 가더라도 마르지 않을 것이다.

저자들은 "작은 연못"의 물을 마음껏 들이마신 것에 대해 세상에 보답해야 한다. 그런 점에서 글쓰기는 의무나 책임, 윤리적 책무에 가깝다. 탕누어는 서문처럼 실린 글의 첫머리에 출현하는 한나 아렌트를 책 말미에 다시 등장시키면서 공공성의 글(쓰기)에 대해 이야기한다. 한나 아렌트는 저술 활동 말기까지 일관되게 글과 글쓰기의 공공성을 천착했다. 글과 글쓰기에 대한 아렌트의 생각은 간명했다. "당신이 써서 세계에 퍼뜨리는 글은 공공의 것이 된다." 보르헤스의 관점과 일맥상통하는 말이다.

---

80. 머리말 같은 이 장의 제목도 '설명'이다.

'예루살렘의 아이히만' 같은 무사유자와 전체주의 사이의 관계를 주로 탐구한 철학자 아렌트가 글쓰기에 관심을 가졌다는 사실은 조금 의외다. 그런데 나는 한나 아렌트가 글과 글쓰기의 공공성에 관한 생각의 단초를 이미 《인간의 조건》에 자세히 풀어놓았다는 것을 알고 있다. 아렌트가 《인간의 조건》의 핵심 용어인 '활동적 삶'이나 '노동', '작업', '행위' 등을 통해 펼친 특별한 사유 과정은 우리에게 글과 글쓰기에 관한 새로운 통찰의 계기를 제공한다.

아렌트에 따르면 활동적 삶vita activa은 노동, 작업, 행위라는 인간의 3가지 근본 활동이다. 글쓰기는 이들 중 어디에 속할까. 아렌트는 우리가 말과 행위를 통해 인간 세계에 참여한다고 보았다. 참여는, 우리가 결합하기를 원하는 타인의 현존에 의해 자극을 받는다. 이렇게 풀어 설명하면 쉽게 이해된다. 인간은 언어로 세계에 참여한다. 언어는 다른 사람과 어울리고 함께하게 해 주는 수단이다. 언어의 공적 성격을 이보다 더 명확하게 표현할 수는 없을 것이다.

인간이 언어를 매개로 세계에 참여하고 싶어 하는 충동은 세상에 태어나 존재하게 되는 순간부터 발생한다. 아기들의 언어 습득 과정이 거의 본능적으로 이루어지는 모습을 보라. 동아프리카 일대에서 쓰이는 스와힐리어에서는 갓 태어난 아기를 '사물'이라는 뜻의 'ki-tu'로 부르다가 언어를 비로소 쓸 수 있게 될 때 '사람'이라는 뜻의 'm-tu'라고 부른다. 인간됨이나 인간다움의 전제를 언어에서 찾는 세계관을 반영하는 사례다.

언어와 함께 인간의 진정한 삶이 시작된다. 말하기와 글쓰기는 인간의 삶을 인간답게 하는 데 절대적인 요소로 작용한다. 아렌트는 이렇게 말했다. "언어가 없는 삶은 문자 그대로 세계에 대해 죽은 삶이다."

글쓰기의 공적 성격이나 공공성을 강조하는 내 주제 의식도 이와 비슷한 맥락에 있다. 글을 쓰는 행위 자체가 공공적이다. 공적 측면을 고려하지 않은 글쓰기, 공공성과 무관한 글쓰기는 원천적으로 불가능하다. 교사가 학교에서 교육에 관한 글을 쓰는 일은 교사로서 세계에 참여해 살아가는 데 필요한 책임이자 의무다.

제4장

무엇을 해야 하는가

나는 책을 실제적인 물체로서 좋아한다.
나는 책을 데리고 다니는 게 좋다.
무게가 얼마나 나가든 상관없다.
게다가 책을 데리고 다닐 때는 부려야 할
종(鐘)이나 호루라기가 없어도 된다.
글을 쓰기 전에 나는 왕성하게 독서하는 탐서가였다.

_릭 무디, 〈악마가 필요 없는 악마〉(《잘 쓰려고 하지 마라》에서)

책 읽기에서 글쓰기로

    내가 다닌 고등학교에는 열댓 평 남짓 크기의 조그만 도서실이 있었다. 나는 자주 점심 도시락을 먹자마자 도서실에 갔다. 그곳에는 머리가 하얘서 나이가 지긋해 보이는 사서 선생님 한 분이 풍경화 한쪽을 채운 정물처럼 혼자 조용히 앉아 계셨다. 공손히 인사를 드리면 말없이 눈웃음을 지으며 받아 주셨다.

    나는 도서실 한쪽에 놓인 조그만 철제 의자에 앉아 책을 읽었다. 세로쓰기로 편집된 무겁고 두꺼운 책들, 책등 위아래 끝부분이 모지라지고 책장이 누렇게 바랜 오래된 책들을 시간 가는 줄 모르고 읽었다. 입시 준비로 바쁜 3학년 때에도 도서실 들락거리는 일을 멈추지 않았다.

    대학교에서는 교내 중앙 도서관에서 근로 장학생으로 일하면서 책과 인연을 맺었다. 학생들이 반납한 책들을 책 수레 한곳에 모아 두었다가 서가에 정리하거나, 새로 들어온 책에 기본 서지 사항이 인쇄된 붙임 딱지를 붙이는 일을 했다. 책이 모여 있는 도서관이나 서점에 가면 책 종이에서 뿜어져 나오는 특유의 냄새가 난다. 도서관 안쪽 깊은 곳에 있는 서고 작업실 테이블에서 일을 하고 있으면 오래된 책들에서 만들어진 묵은 종이 냄새가 짙게 풍겨 나와 코를 간질였다. 그곳에서 조용히 책을 읽는 일이 참 좋았다.

한 푼 두 푼 돈을 모아 손에 만 원짜리 몇 장을 쥐면 학교 앞 서점으로 달려갔다. 오래전부터 봐 둔 비싸고 묵직한 책들을 들고 나오는 걸음이 얼마나 가벼웠는지 모른다. 아르바이트를 해서 받은 월급을 통째로 들고 광화문이나 종로에 있는 대형 서점들로 책 쇼핑을 가기도 했다. 이 책 저 책 들었다 놨다 하면서 온종일 서가 앞을 돌아다녔다. 거액의 책값을 치르고 두 손에 책을 잔뜩 들고 밖으로 나오면 세상을 전부 얻은 것 같은 기분이 들었다.

대학 학부 마지막 해부터 4학기(2년) 과정으로 이루어진 대학원 석사 과정을 마칠 때까지 서울 남쪽 달동네의 낡은 비탈집 단칸방들과 반지하 월세방을 전전하며 살았다. 몸 하나 간신히 눕힐 공간밖에 없는 비좁은 방들이었지만 대학 입학 후 한 권 두 권 사 모은 책들을 버리지 못했다. 방 한쪽 구석에 놓인 책 무더기를 보면서, 지상의 넓은 곳에 온전한 방 한 칸이 생기면 사방을 책으로 채우고 그 사이에서 자는 꿈을 꾸곤 했다.

중·고등학교 국어 교사가 된 뒤에는 학생들에게 책을 읽는 일이 얼마나 귀하고 필요한 일인지 깨닫게 하고 싶었다. 학생들에게 다양한 책들을 소개하거나 직접 읽어 주고, 교실에서 함께 책을 읽는 시간을 자주 가졌다. 학급 담임을 맡으면 교실 한쪽에 조그만 책꽂이를 마련해 학급 문고라는 이름을 붙이고 그 안에 책을 꽂아 학생들이 책을 자주 만지고 책과 친해지게 했다.

아침에 교실에 들어갈 때에는 손에 책 한 권을 들고 갔다. 교탁 앞 키다리의자에 앉아 책을 펼쳐 읽고 있으면 막 등교한 학생들이 자연스럽게 학급문고에서 책을 꺼내 읽었다. 책이 있으면 책을 읽는다. 이렇게 평범한 진리를 몸소 보여 주면 학생들이 책과 더 친숙해질 것이라고 생각했다.

몇 년 전 담임을 할 때였다. 원래 서가 하나만 있던 교실에 서가 두 개를 더 들여놓았다. 그렇게 마련한 서가를 채우려고 집에 잠자고 있던 책들을 교실로 옮겼다. 그해 우리 반은 매일 아침 10여 분씩 조용히 책 읽는 시간을 가졌다. 1년여를 지내는 동안 꿈에서조차 책을 만나지 않을 것 같았던 학생들, 책을 펴 놓고 엎드려 자기에 바빴던 학생들이 책장을 넘기며 읽는 시늉이라도 냈다. 책을 읽는 아이들을 보면서 감동과 보람을 느꼈다.

재작년쯤 언젠가 담임을 맡으면 교실 사방에 서가를 들여 '학급 도서실'을 만들어 운영해 봐야겠다는 생각을 했다. 서가가 사방 벽을 채우고 있다면 교실이 색다른 분위기를 풍기는 곳이 될 것 같았다. 그해 국어 수업 시간에 '깊이 읽기'라는 이름의 책 읽기 활동을 했다. 삼십여 명의 학생들이 고개를 숙이고 차분하게 책을 읽는 광경을 지켜보고 있으면 가슴이 뭉클해져 왔다. 지난날 지상의 방 한 칸에 책을 쟁여 놓고 지내고 싶었던 바람이 이렇게 실현되는가 싶었다.

평소 책과 함께 지내면 놀라운 일이 벌어진다. 2017년 10월 24일 인터넷판 〈경향신문〉에서 내 눈길을 사로잡은 특이한 제목의 기사 하나를 보았다. 홍진수 기자가 쓴 "책 쌓아만 둬도 똑똑해질까"라는 짤막한 칼럼 기사였다. 홍 기자는 일주일 전인 2017년 10월 17일 〈서울신문〉에 실린 "80권 넘는 책, 쌓아만 둬도 아이 머리 좋아져요"라는 기사를 인용하면서 칼럼을 썼다. 〈서울신문〉의 기사를 찾아보았다. 집 안 가득 책을 쌓아 놓는 것만으로도 지적 능력을 높일 수 있다는 흥미로운 연구 결과가 소개돼 있었다.

호주와 미국 출신의 연구자들로 이루어진 연구 팀은 경제협력개발기구OECD의 국제성인역량조사PIAAC 데이터 5년 치를 분석해 그 결과를 사회학 및 통계학 분야의 국제학술지인 〈사회과학연구Social Science Research〉에 실었다. 이들의 연구 결과에 따르면 아이들은 책을 읽지 않아도 집에 책이 쌓여 있는 장면을 보는 것만으로 지적 능력이 향상되었다. 책이 많이 있는 집안에서 어린 시절을 보낸 성인들은 학교에 다닐 때 학업 성적도 좋았다. 80권~250권 정도의 책만 있으면 되었다고 한다.

책이 있었다는 기억만으로 인지 능력과 학업 성취도가 향상되었다는 분석 결과는 놀라웠다. 호사가들의 능변에서나 들을 법한 생각을, 방대한 기초 자료에 기반해 이를 과학적으로 분석한 논문을 통해 증명했다는 게 인상적이었다. 기사를 읽으면서 여러 생각이 떠올랐다. 학생들이 공부를 혐오하면서 반지성의 태도를 갖게 만드는 차가운 교실을 뜨거운 배움의 공간이나 지성의 전당으로 바꾸는 방법이 단순한 곳에 있을지 모르겠다고 생각했다.

쌓아 놓기만 한 책들이 주는 효과가 이렇게 큰데, 좋은 책들이 꽂힌 서가가 교실과 교무실 벽을 둘러싸고 있으면 그곳에서 어떤 일들이 벌어지겠는가. 나는 꾸준한 책 읽기가 우리를 좋은 글쓰기로 이끄는 가장 손쉬운 방법이라고 생각한다. 좋은 책 읽기는 좋은 글을 보는 눈을 길러 준다. 책과 함께하고 좋은 책을 읽으며 넓고 깊게 생각하면 자기 주변이 그때까지와 다르게 보이는 순간이 찾아온다. 지금 보는 사람과 세상이

어제의 그것들과 다르다는 것을 알게 될 때 우리는 반드시 자신만의 펜과 원고지를 찾는다.

아는 만큼 보인다. 이것은 미지의 문화유산이나 빼어난 예술작품을 감상할 때뿐만이 아니라 세계를 사는 모든 사람이 삶을 이해하려고 할 때 꼭 기억해야 할 말이다. 무엇을 어떻게 아는가. 소설 〈변신〉으로 유명한 체코 출신 소설가 프란츠 카프카는 언젠가 불행처럼 우리를 자극하는 책들, 우리에게 아주 깊이 상처를 남기는 책이 필요하다고 말했다. 그 말 끝에 카프카는 이런 문장을 덧붙였다. "책은 우리 내면에 얼어붙어 있는 바다를 내리치는 도끼 같은 것이어야 한다." 책 읽기는 글쓰기의 시작이다.

밤의 책상

어린 시절 우리 집에는 책상이 없었다. 형제들은 방바닥에 배를 대거나 무릎을 굽혀 엎드린 자세로 학교 숙제를 하고 일기를 쓰고 공부를 했다. 네모난 나무밥상도 함부로 쓸 수 없었다. 나는 교실에서처럼 조그만 책상이라도 있어 그 앞에 의자를 놓고 앉아 숙제를 하고 일기를 쓰고 공부를 하면 훨씬 더 잘할 수 있겠다는 생각을 얼마나 자주 했는지 모른다. 4학년인가 5학년이었을 때 친한 친구 집에 놀러 가서 처음으로 나무 책상을 보았다. 친구가 그렇게 부러울 수가 없었다.

중학교 입학 후 2학년 2학기부터 자취 생활을 시작했다. 학교에서 멀지 않은 도시에 지역 명문으로 알려진 고등학교가 있었다. 비평준화 시절이라 중학교마다 그 학교에 학생을 더 많이 입학시키려고 경쟁하는 분위기가 치열했다. 우리 학교에도 고입 열풍이 불어 월간 모의고사와 야간 자율학습과 특별 보충학습이 3년 내내 이어졌다. 2학년 때 담임은 열의 넘치던 젊은 교사였다. 1학기 끝 무렵이 되자 공부깨나 하는 몇몇에게 야간 자율학습을 권유하셨다.

학교는 면사무소 소재지에 있었다. 우리 마을에서 그곳까지 가려면 거친 내리막 풀밭 길을 지나 조그만 강 옆으로 난 구불구불한 아스팔트

길을 따라 10여 리를 걸어야 했다. 어느 주말 아버지와 함께 조그만 손수레에 장작과 솥단지와 풍로 같은 살림살이를 싣고 자취방으로 향했다. 내가 앞에서 수레를 끌고 아버지가 뒤를 따랐다. 추석이 멀지 않은 때였다.

시장통 좁은 골목 사잇길을 따라 가면 나오는, 제방 바로 안쪽에 자리한 게딱지 같은 슬레이트집 단칸방에서 생애 처음 자취 생활을 시작했다. 방은 길쭉하고 비틀어진 마름모 모양이었다. 길 쪽으로 조그만 창문이 하나 있었으나 해가 들어설 만한 방향이 아니었다. 가끔 방바닥에 배를 대고 엎드려 일기를 쓰고, 시나 잡문을 끄적거렸다.

가을이 깊어지자 방바닥 글쓰기를 더 하기 힘들어졌다. 방은 장작 땔감으로 방바닥을 데우는 온돌식이었으나, 야자를 마치고 돌아오면 싸늘히 식어 있었다. 추운 겨울 새벽에는 코끝이 시려워 머리끝까지 이불을 뒤집어썼다.

찬 서리가 어설픈 도둑처럼 마당에 내려앉거나 가을비가 낮은 슬레이트 지붕을 요란하게 때리는 밤이면 군불로 따뜻하게 데워진 넓고 환한 방이 그리웠다. 그런 방에서 밝은 불빛 아래 놓인 책상 앞 의자에 앉아 책을 읽고 글을 쓰고 싶었다. 가난 속에서도 의연함을 잃지 않았던 옛날 선비들처럼 삶을 담담하게 묘사하는 멋진 글들을 금방이라도 써낼 수 있을 것 같았다.

고등학교 입학을 얼마 남겨 놓지 않은 1985년 2월 중순 어느 날이었다. 늦겨울 차디찬 햇살이 눈부시게 빛나던 그날 아침, 아버지와 나는 나란히 집을 나섰다. 산길을 걸어 내려가 아랫동네 복찻다리 근처에 있는 버스 정류장으로 가서 집에서 100여 리 떨어진 도시로 향하는 완행

버스에 올랐다.

우리는 버스에서 내려 터미널을 빠져나와 근처 오일장 입구에 있던 한 가구점으로 갔다. 가슴이 뛰었다. 그 전에 나는 힘들게 자취 생활을 하면서 목표로 삼았던 지역 명문고에 합격했다. 아버지께서는 그런 내게 책상과 의자 일습을 선물해 아들의 고교 합격을 스스로 기념하시려고 하신 것이다.

아버지와 나는 신중하게 책상과 의자를 골랐다. 그러고는 그것들이 하나가 되게 위아래로 묶어 가구점에서 수백 미터 떨어진, 학교 뒤편에 얻어 둔 새 자취방으로 들고 갔다. 2년 전 손수레를 끌었을 때처럼 내가 앞에서 걷고 아버지가 뒤를 따랐다. 2월 중순의 이른 아침 길은 시렸다. 아버지는 이미 환갑을 넘긴 노인이었다. 책상과 의자는 한 덩어리로 묶여 있어 더 무겁게 느껴졌다. 우리는 가다 쉬다를 되풀이했다.

책상과 의자는 자취방 한쪽 벽면 정중앙에 모셔졌다. 그때부터 그곳은 나만의 신전이자 성소였으며, 조용한 연구실이 되었다. 나는 16절지나 8절지 갱지에 "하면 된다", "인내는 쓰고 열매는 달다", "Heaven helps those who help themselves", "懸頭刺股(현두자고)" 같은 말들을 굵은 사인펜으로 큼지막하게 써서 책상 앞 벽면 위쪽에 붙였다. 학교 공부와 자취 생활이 힘들어 게으름을 피우거나 포기하고 싶을 때마다 스스로를 경계했다.

대학 때는 책상과 의자가 흔했다. 입학 후 3년 동안 지낸 기숙사에는 큼지막한 붙박이 책걸상이 방마다 설치돼 있었다. 천장과 출입구 위쪽에 달린 형광등과 책상 한쪽에 개인별로 쓸 수 있게 해 놓은 조명등 덕분에 원하는 방향과 공간의 어둠을 없애고 밤늦게까지 책을 읽으며 공부했다. 도서관 열람실 한편에는 커다란 나무 테이블이 있었다. 그 위에 책을 잔뜩 쌓아 놓고 읽으면서 보고서를 쓰거나 발표문을 쓰고 있으면 시간이 얼마나 빨리 가는 줄 몰랐다.

1996년 학부를 졸업하고 대학원에 입학했다. 처음에는 달동네 허름한 언덕배기 집 툇간 한편 구석에 붙어 있던 단칸 셋방에서 살다가 3층짜리 상가 건물 반지하에 나란히 서 있던 여러 칸의 벌집방 중 하나에서 지냈다. 단칸 셋방과 벌집방 모두 책상과 의자를 들일 여유가 없었다. 나는 조그만 밥상을 책상 삼아 쓰면서 나만의 오롯한 방과, 편하게 앉거나 기댈 수 있는 의자와, 상판 위쪽이 들판처럼 탁 트인 넓은 책상을 그리고 또 그렸다.

2000년대 초반 교사 생활을 시작하면서 도시 외곽에 조그만 임대아파트를 얻었다. 생애 처음으로 장만한 나만의 공간이었다. 어느 날 짬을 내 동료와 함께 시내에 있는 한 가구점에 들렀다. 곧장 무엇을 사려고 해서가 아니라 머리에 그려 본 책상과 의자들을 두 눈으로 직접 보고 싶었다. 가구점 매장에 들어서다가 기역(ㄱ) 자 모양으로 된 크고 긴 책상을 보았다. 1미터가량 되는 높이에 길다란 쪽 길이가 2미터를 넘는 사무용 책상이었다. 주저하지 않고 대금을 치렀다.

그 책상은 지금도 우리 집 거실 벽 한쪽에 위풍당당하게 자리 잡고 있다. 20년을 한결같이 함께 보내고 있으니 인생 책상이나 마찬가지다. 나는 그 책상 앞에 앉아 밤늦게까지 책을 읽거나 글을 쓰고, 두 발을 책상머리에 올린 채 생각에 잠긴다. 몸 상태가 좋을 때는 서너 시간 넘게 그와 함께하기도 한다. 다른 곳에서 읽으면 눈에 들어올 것 같지 않은 책 속 문장들이, 늦은 밤 그 앞에 앉아 읽으면 머리에 쏙쏙 들어와 박혔다. 진도가 잘 나가지 않는 글도 그 앞에 앉아 쓰면 술술 풀린다.

　가끔 방바닥에 배를 깔고 엎드려 책을 읽고 글을 쓰고 싶어진다. 어린 시절 호롱등이나 석유등 아래서 동생과 함께 부모님의 그윽한 눈길을 받으며 숙제를 하던 순간의 포근함과 편안함과 뿌듯함 같은 것들이 그리울 때, 그럴싸한 책상이 아니었을지라도 다가올 내일을 생각하면서 꿈을 꾸고 기분 좋은 상상을 하게 해 준, 수많은 자취방의 밥상 책상과 방바닥과, 그것들이 내게 건네준 조그만 위로 같은 것들이 떠오를 때, 나는 넓은 방과 멋진 책상이 채워 주지 못하는 어떤 힘을 느낀다.
　누구에게나 밤의 책상이 있다. 우리는 배를 깔고 엎드린 방바닥과 허름한 사과상자에, 네모난 밥상과 서재방 한가운데 놓인 커다란 책상에 기대 생각을 하고 책을 읽고 글을 쓴다. 어떤 사람은 차디차고 좁은 감옥 독방 안에서 손바닥을 책상 삼고, 어떤 사람은 고급스러운 호텔방 침대에서 특별한 글쓰기 작업을 수행한다. 책상의 모양과 종류나, 우리가 그곳에 앉아 글을 쓰는 방식은 다양하지만, 그 모든 것은 우리가 느끼고 생각하고 경험하면서 만들어 온 우리 자신의 역사를 돌아보게 만든다. 지금 당신에게 밤의 책상은 무엇이고 그것은 어디에 있는가. 당신은 그 앞에 앉아 무엇을 읽고 쓰는가.

교육의 정부

교육은 '백년지대계百年之大計'라는 말이 있다. 오랜 시간을 두고 꾸준히 행해야 하는 큰일이 교육임을 나타내는 말이지만, 교육이 이런 뜻에 걸맞게 대접을 받고 있는지는 자못 의심스럽다. 우리나라에서는 교육이 십년지대계는 고사하고 오년지대계 대접도 제대로 받지 못하는 것 같다. 교육에 관한 상투어 사전이 있다면 백년지대계는 분명 그 맨 첫 자리에 있을 것이다.

교육 당국에서는 노상 변화와 혁신을 강조하면서 새로운 실천을 종용하지만 학교와 교사는 꿈쩍도 하지 않거나 시늉만 낸다. 교육을 둘러싼 문제들을 해결하는 데 무엇인가를 무조건 바꾸는 일이 만능의 수단이 아님이 분명한데도 변화나 혁신을 줄기차게 말한다. 이런 상황이 계속 이어지면서 무엇인가를 하지 않으면 안 되는 지경에 이르면 마지못해 변화하고 혁신하는 듯한 폼을 낸다. 결국 '무늬만 혁신'이라는 우스운 사태가 벌어진다.

내 기억이 맞다면 노무현 대통령이 이끈 참여정부 때부터 '혁신'이라는 말이 교육 생태계 안에 넓게 퍼지기 시작했다. 새 정부 출범 직후 당국에서는 대통령 직속 교육혁신위원회를 만들어 교육 분야의 정책과 제도를 혁신하는 작업에 착수했다. 그 뒤 제목에 '혁신'이 들어간 공문이 학교에 지속적으로 전달되었다. 얼마 안 가 학교 안팎에서 '혁신 피로감'을 호소하거나, 그런 상황을 초래한 시스템을 비난하는 목소리들이 터져 나왔다.

혁신은 묵은 풍속, 관습, 조직, 방법 따위를 완전히 바꾸어서 새롭게 한다는 말이다. 짐승의 가죽을 벗겨 내는 일과 비슷하게 과거의 유습을 철저히 뜯어고치는 상황이라야 혁신이라는 말을 쓸 수 있다. 혁신을 하려면 중장기적인 미래 변화의 흐름을 면밀하게 분석해야 한다. 나는 교육 당국이 주도하는 혁신 관련 정책들이 이런 점들을 얼마나 고려한 바탕 위에서 나온 것인지 잘 모르겠다.

누구나 교육 문제를 이야기하지만 아무도 교육 문제를 쉽게 풀지 못한다. 교육 문제를 해결하려는 시도는 해가 갈수록 하기 어려워진다. 교육 당국은 시스템의 근본에 메스를 들이대기를 주저한다. 무책임하고 부도덕한 짓이다.

교육 당국이 해야 할 일은 백년지대계로서의 교육의 기초와 철학을 단단히 붙잡고 방향을 제시하는 일이다. 국정 목표의 앞자리에 교육을 두고 '교육의 정부'를 전면에 내세우는 정부가 출범해 집권 초기부터 교육개혁을 강하게 밀어붙이기를 바라는 사람이 나뿐만은 아닐 것이다.

나는 '교육의 정부'라는 말을 쓰면서 다른 소망을 품는다. 가끔 선생님들이 모인 자리에서 강의를 하면 교사들 각자가 학교에서 '교육의 정부'처럼 보냈으면 좋겠다는 바람을 이야기한다. 교사가 교육을 대하는 태도나 교육 문제를 다루는 방법을 결정할 때 더 큰 책임감을 갖고 폭넓게 생각하자는 취지를 담아 강의의 결론으로 삼는다. 선생님들은 대체로 미적지근하다. '정부'라는 말이 부담감을 주기 때문일 것이다.

여기서 '정부'라는 말은 비유어처럼 쓰인다. 지금부터 20여년 전 한 잡지에서 서정주 시인을 '시의 정부'에 비유한 글을 우연히 읽은 적이 있다. 서정주는 일제 강점기의 친일 행적으로 이미지가 많이 훼손된 시인이지만 시를 좋아하고 공부하는 사람들 사이에서는 여전히 상당한 영향력을 행사하고 있는 분이다. 시의 정부는 시 창작 분야에서 일가를 이룬 서정주 시인에 대한 극존칭의 표현이다.

나는 시의 정부라는 표현을 보면서 '문학의 정부'라는 표현을 떠올렸다. 문학의 정부처럼 전방위적이고 뛰어난 활동을 펼친 문학인이 있다면 그의 어떤 측면이 '정부'라는 평가의 근거가 될까 생각해 보았다. 그런 생각들이 꼬리에 꼬리를 물고 떠오르면서 '○○의 정부'라는 표현이 머리에 저장되었다. 그러다가 교사의 역할과 태도를 고민하는 내게 우연한 화두처럼 떠오른 말이 '교육의 정부'였다.

'교육의 정부'라는 말을 쓰면서 내가 의도하는 것은 두 가지다. 첫째, 교사는 교육에 관해 많은(가능하다면 모든) 것을 알려고 노력해야 한다. 교육 정책이나 제도, 교육과 관련된 법률들에 대해 많이 알고 제대로 알아야 교육에 대해 더 깊이 있게 말할 수 있다. 그때 교육 문제의 해법을 생각하고, 그것을 바르게 실천하려는 의지가 생겨난다. 둘째, 교사는 교육의 말단이나 지엽이 아니라 전체와 본질을 보는 데 초점을 맞추어야 한다. 정부라는 말이 함축하는 것처럼, 교사는 교육의 통합성과 전체성과 포괄성을 숙고하는 사람이어야 한다.

교사는 다양한 직업인 유형 중의 한 부류나, 가르치는 일에 특화된 전문인만이 전부가 아니다. 한 사회의 양심과 지성의 총합의 일부가 사람들이 받는 교육의 결과에 따른다면, 나는 교사야말로 사회의 양심과 지성을 책임지는 중대한 임무를 갖는 사람이어야 한다고 생각한다. 그러므로 교사는 그저 가르치고 배우는 단계를 뛰어넘어 교육의 표면과 심층에 깃들인 교육적 의미를 파악하고 그것이 사회 전체에 선하게 작용할 수 있게 하는 원리를 꿰뚫어 보려고 노력해야 한다.

우리는 교육 문제에 정답이 없다는 말을 자주 하고 듣는다. 교육 문제를 제대로 건들면 온 나라가 시끄러워진다는 말이 널리 퍼져 있다. 모두가 교육 문제의 복잡성을 가리키는 말들이다. 교사가 교육의 정부가 되고, 교육의 정부처럼 살아야 한다는 말에는 다양하고 복잡하게 펼쳐지는 교육 사태를 일면적으로 보지 말자는 의미가 담겨 있다.

학교가 존재하는 핵심 근거이자 이유는 학생이다. 교육은 학생과 교사의 일일 뿐 아니라 교육 당국과 학부모와 시민(지역사회)의 일이다. 학교는 교사 집단, 정부의 교육정책과 교육제도, 세금을 내는 시민이나 생활 공동체로서의 지역사회의 요구 같은 현실적인 조건들의 영향권 안에서 움직인다. 이들이 바라는 교육의 모습은 하나가 아니다. 학생을 생각하는 교육을 한다는 것은 때로 이들 모두가 원하는 교육을 통합하고 조절하고 절충하는 일이다.

그래서 나는 교사가 교육 사태를 바라볼 때 교사 집단 자신의 관점에만 얽매여서는 안 된다고 생각한다. 학생을 중심으로 학부모, 교육 당국, 시민이 교육 사태를 어떻게 바라보고 있는지까지를 폭넓게 고려하지 않으면 교육이 교사의 사사로운 활동으로 전락할 가능성이 높아진다.

교사가 교육의 정부로서 갖춰야 할 중요한 덕목 중 하나는 교사 이외의 주체들의 관점과 요구를 제대로 보기 위해 노력하는 태도와 감각이다. 여기에는 몇 가지 전제가 있어야겠다. 교육은 순수한 진공의 세계에서 이루어지지 않는다. 학교는 정치적 무풍지대가 아니며, 학생과 교사가 학교에서 일과를 보내는 데 관여하는 인적·물적·제도적 힘은 다양한 정치적 세력들 사이에서 이루어지는 상호작용이나 투쟁의 산물이다. 교육 생태계는 보이는 힘과 보이지 않는 힘이 동시에 작용하는 공간이다. 이런 사실을 염두에 두고 학교와 교실 안팎을 둘러볼 때, 교사는 그 힘들을 좀 더 분명하게 감지할 것이다.

누가 내게 좋은 글의 개념을 정의해 달라고 부탁하면 국어 교과서에 담겨 있는 좋은 글의 특징이나 요건 등을 활용해 몇 마디 하다가 그만둘 것이다. 좋은 글에 관한 교과서적인 설명은 단순하고 명쾌하다. 좋은 글은 주제가 명확하고 관점과 기조가 분명하다. 좋은 글은 구성이 매끄럽고 문장이 깔끔하고 문맥의 흐름이 자연스럽다.

이것들은 일반적인 내용이다. 그러나 좋은 글의 개념은 상대적이다. 글은 그것이 쓰이고 읽히는 맥락, 사회와 시대, 그것을 쓰고 읽는 작가(저자)와 독자들에 따라 달라질 수 있다. 고전 작품의 예를 들어 좋은 글의 보편성이나 탁월성을 설명하지만, 맥락과 시대가 거세된 고전 읽기는 종종 힘든 '번역' 작업으로 전락한다.

교사가 글을 쓰는 일이 교과서 작문론의 차원에서 모범적인 글을 생산하는 일에 그쳐서만은 안 되겠다. 교사가 학교와 교육의 문제를 다루는 글을 쓴다는 것은 가르치는 일에 함축된 전체성, 통합성, 포괄성을 두루 살피는 일을 전제로 한다. 그것이 교육의 정부를 지향하는 교사의 글쓰기이며, 그렇게 될 때 우리는 교사가 비로소 좋은 글을 쓸 수 있는 준비를 마쳤다고 말할 수 있다.

교육의 정부를 지향하는 글쓰기는 이런 것이다. 교사는 학생이 수업 시간에 교과서를 덮고 엎드려 자는 이유를 교육적 차원에서 분석할 수 있다. 교직원 회의를 하는 교사들이 침묵을 고수하고 학교를 찾아오는 민원인이 흥분한 표정을 짓는 배경과 요인을 교육적 사유의 장으로 끌고 들어가 고찰할 수 있다.

그때 중요한 것이 교사의 관점이다. 좋은 글이 있다면, 그것은 교사의 관점이 뚜렷하게 드러나는 글이다. 관점은 하나가 아니다. 대상, 사태, 상황에 따라 관점의 적용 방식과 수준(강도)이 나뉘고, 하나의 상위 관점 아래 여러 가지 하위 관점이 중첩될 수 있다. 이들을 가르고 합치는 과정에 또 다른 관점이 개입한다.

글쓰기는 자기 안에 공존하면서 때로 경합하고 때로 통합하는 관점을 다루는 일이다. 글쓰기는 글쓴이가 글감(소재)을 고르고, 내용을 선정하고, 구조를 조직해 실제 글을 쓰기까지 무엇인가를 선택하고 결정하는 행위 속에서 이루어진다. 그 모든 과정에서 행하는 선택과 결정의 잣대가 관점이다. 가령 이런 관점에 따르면 저런 글감과 내용은 배제해야 한다. 한 편의 글은 이와 같은 선택과 결정 속에서 무늬와 색깔이 결정된다.

교사의 글쓰기는 어느 한 가지 종류의 글에 국한할 수 없으며, 그렇게 되어서도 안 된다. 교무수첩 메모, 생기부 기록, 교단 일기와 수업 일지, 학생 상담 기록, 학교 일상을 기술하는 객관적인 기록, 교육정책에 관한 에세이 쓰기 등 문자로 기록하고 쓰는 행위 모두를 학교 글쓰기의 범주에 포함시킬 수 있다.

　"2020년 12월 1일 15시, 1층 회의실, 제15차 학교생활교육위원회 개최, 위원 절반 불참, 보호자 전원 불참"이라는 교무수첩의 메모 한 줄에서 학교 규율 체계의 작동 방식과 학생생활교육 시스템을 읽을 수 있다. 각자 경험한 모든 의미 있는 일을 꼼꼼히 기록하고 넓게 쓰기. 그것이 교육의 정부로서 교사에게 필요한 중요한 글쓰기 원칙이다.

언어는 힘이 세다

"전쟁은 평화다. 자유는 예속이다. 무지는 힘이다." 빅 브라더는 단문 3개가 큼지막한 글자로 새겨진 포스터를 거리 곳곳에 붙였다. 모든 사람을 감시하는 텔레스크린 화면에 문장을 띄워 내부당원들이 보게 했다. 전쟁이 평화가, 자유가 예속이, 무지가 힘이 되었다. 마침내 말이 사람들의 생각을 바꾸고 세상을 바꾸었다.

빅 브라더가 말장난처럼 행한 언어 선동이 우습게 보인다면 순진한 것이다. 평화를 지키기 위해서라며 전쟁터에 자원해 나서는 애국심 강한 군인과, 개인이 행복하게 사는 길은 조직에 충성하는 것이라며 조직이 내리는 명령과 지시에 성실과 근면과 열정으로 절대복종하는 기계 같은 회사원 및 공무원과, 사회 문제를 이성적이고 합리적으로 풀자는 사람들의 지성을 조롱하는 익명의 대중들을 떠올려 보라. 소설 안에서 그들 모두를 지배하는 '영국식 사회주의'라는 이데올로기는 《1984》라는 허구적인 소설 속에만 존재하지 않는다.

때로 우리는 제정신을 잃지 않고 다른 사람을 해칠 수 있다. 언어가 전면에 서는 무기가 된다. 2001년 9·11 사태가 일어나자 미국은 2년 뒤인 2003년 이라크 침공 전쟁을 감행했다. 미국 정부는 대량 살상 무기

개발 의혹을 받고 있는 사담 후세인 독재 정권을 제거한다는 명분을 앞세워 그 전쟁에 '이라크의 자유Freedom of Iraq'라는 이름을 붙였다. 이라크의 자유 전쟁은 20년 가까이 계속되었다. 대량 살상 무기는 발견되지 않았고, 대신 무고한 민간인들이 수없이 죽었다.

언어는 전쟁 중에 억울하게 죽은 사람들을 시야에서 깨끗이 사라지게 한다. 제2차 세계대전 당시 히틀러가 이끈 독일 나치 당국은 엄격한 '언어 규칙'을 만들어 체계적으로 사용했다. 나치는 연인원 600여만 명에 이르는 유태인과 사회적 소수자들을 학살하는 전무후무한 짓을 저지르면서, 그와 같은 대규모 참상을 계획하고 실행하는 과정 중에 만든 공문과 보고서에 '최종 해결책', '소개', '특별 취급' 같은 말을 썼다.

나치의 잔혹극은 중립성과 객관성으로 포함된 언어들을 통해 체계적으로 감추어졌다. 실질적으로 죽음을 의미했던 강제 수용소로의 '이송'은 '재정착'이나 '동부지역 노동' 같은 말로 대체되었다. 일반 행정 경로에서는 '제거', '박멸', '학살' 같은 말들을 전혀 쓰지 못하게 했다. 그 말들은 오직 학살의 최일선에서 사람들을 직접 죽이는 일을 자행한 나치 돌격대 보고서에만 쓰였다고 한다.

나치가 만들어 낸 가장 경악스러운 언어 규칙은 '살인'을 '안락사 제공'으로 바꿔 쓴 것이었다. 1939년 9월 1일 자 나치 당국이 내린 포고령에는 "불치병에 걸린 사람들에게 안락사가 허용되어야 한다"라고 적혀 있었다고 한다. 이 포고령에 따라 최초의 가스 방들이 곳곳에 건설되었다. 그들은 독일 국민들에게 가스 수용소를 의료 시설인 것처럼 설명하고 선전했다.

나치의 언어는 비극적인 진실을 은폐하고 사실을 왜곡하면서 사람들의 눈과 귀를 현혹하는 선전 선동의 수단이었다. 그것은 일종의 암호화한 언어였다. "비밀을 가진 자들"(고위층)만이 암호화하지 않은 원래의 말을 쓸 수 있었다. 고위층들조차도 일상적인 업무 수행 과정에서는 암호화한 언어를 사용했다. 그들은 사람들이 죽어 나가는 순간에 암호 언어를 사용해 제정신을 유지하려고 했을 것이다.

　우리는 제2차 세계대전 당시의 세상과는 다른 현실 속에 있다. 인종학살이라는 패륜적인 범죄로 인해 양심의 가책을 느낄 일이 없다. 그런데 교사는 학교에서 자기 자신의 숨을 서서히 끊어 놓는 일을 하면서도 제정신을 잃지 않을 수 있다. 교사는 '평가'와 '성과'를 앞세우면서 경쟁적인 관행과 습속을 유지하기 위해 노력한다. 사람을 서열화와 등급제로 분리하고 배제하는 일에 말없이 동참하고 직접 그 일을 수행한다. 승진을 좌우하는 소수점 몇 점을 따기 위해 불합리에 눈을 감고, 성과 등급을 산정하는 항목을 유리하게 만들려고 목에 핏대를 세운다. 보이지 않는 시스템에 순응하고 복종하면서 자기도 모르게 행정 기계가 된다.

　교사는 자율적인 심리학자나 사람을 보는 깊이와 넓이를 갖춘 인간학자처럼 학생들을 관찰하고 평가한다. 교사가 학생들을 관찰하고 평가할 수 있는 권리는 누가 왜 주었을까. 교사가 학생 한 명 한 명에 대해 어떤 사람이라고 규정할 때, 그렇게 생각하는 근거가 무엇일까. 우리는 교육에 관한 법률 규정과 교육학의 이름으로 학생의 생각과 행동을 재단한다고 생각할지 모르지만, 그것들이 절대적인 기준이 될 수 없음은 너무나도 분명하다.

　나는 새 학년을 시작할 때마다 학생 한 명 한 명을 특정한 '하나의 정체성'을 가진 사람으로 규정하고 싶은 유혹에 빠진다. 유혹은 행동으로 이어진다. 처음 며칠 동안 학생들의 말과 행동을 탐색하면서 시간을 보내다가 한 명씩 평가한다. '이 녀석은 차분하게 수업에 임하는 것으로 보아 성실한 모범생이다. 저 녀석은 주의가 산만하고 거친 말을 쓰니 골치 아픈 문제아처럼 보인다.' 나는 학생의 정체성을 그의 태도와 내면을 규정하는 몇 가지 단어의 범주 안에서 결정한다.

가끔 초등학교와 중학교와 고등학교 때 만난 담임 선생님들이 나를 어떻게 바라보고 평가했는지 궁금해진다. 초등학교 때 만난 여섯 명의 담임 선생님은 내 '생활통지표'에 나를 어떤 내면과 태도를 지닌 학생으로 적어 놓았을까. 중학교와 고등학교 때 담임 선생님들이 수 개의 단어로 그려 놓은 내 모습들은 얼마나 같고 다를까. 그들은 고정적이거나 편향적이지 않게 진짜 내 모습을 묘사하려고 얼마나 노력했을까.

생기부에 학생에 관한 기록들을 입력하다 보면 머리가 자주 지끈거린다. 거의 일 년 내내 수업 시간에 책상에 엎드려 있거나 딴짓을 하고, 미인정 지각과 결석을 밥 먹듯이 하며, 학교생활교육위원회에서 여러 차례 징계를 받은 학생을 종합적으로 평가하고 내면의 잠재력과 장래 가능성까지 고려하면서 행동 특성과 종합 의견을 정리해 적을 때, 나는 그곳을 채우는 문장들 속에 담긴 내용이 교육적으로 얼마나 의미가 있는지 확신하지 못한다.

생기부가 학교교육에서 차지하는 각별한 위상을 고려하지 않더라도 생기부 쓰기는 그 자체로 엄중한 일이다. 나는 고난도 작문 과제처럼 전락해 위태롭게 줄타기를 하듯 이루어지는 생기부 쓰기 작업을 하면서 원칙과 현실, 진실과 거짓 사이에서 간극과 딜레마를 경험한다.

첫째, 교사는 학생을 완벽하게 평가할 수 없다. 둘째 학생은 언제든 변하고 성장할 수 있다. 사람됨은 쉽게 규정될 수 없다. 학생의 본성이나 본질은 학생 자신을 포함하여 누구도 완벽하게 정의하지 못한다. 교사는 학생의 전모를 알고 설명할 줄 아는 신 같은 존재가 될 수 없으며, 그렇게 행세해서도 안 된다.

교사가 학생의 몇 가지 말과 행동을 보고 평가하는 것이 잘못됐다고 말하기는 힘들다. 그런데 평가의 결과가 마치 학생의 전부인 것처럼 말하는 것은 다른 차원의 문제로 비화할 수 있다는 점에서 위험하다. 교사가 견지해야 하는 자세는 학생이 변할 수 있고 학생을 판단할 때 오류를 저지를 수 있다는 가능성을 믿으면서 신중을 기하는 태도다.

학교 글쓰기의 가나다가 있다면 그것은 사실과 진실 말하기에 있다. 사실과 진실 말하기는 쉬운 일이 아니다. 사실과 진실이 무엇이고, 그것을 어떤 언어로 표현할 것인지를 규정하는 일이 어렵다. 사실과 진실의 언어를 확정했더라도 그것을 올바르게 전달하는 것은 또 다른 차원에서 깊이 생각해 보아야 하는 문제다.

하나의 사실을 전하는 언어가 발화 주체, 맥락, 배경, 의사소통 구조에 따라 제3의 사실을 전하는 언어처럼 쓰일 수 있다. 때로 메신저와 채널의 영향으로 인해 사실의 의미가 변화를 겪는다. 사실이 하나라도 언어를 둘러싼 요인들의 상호작용 아래서 만들어지는 진실이 사람에 따라 다르게 다가온다. 사실과 진실 말하기는 이와 같은 조건 안에서, 또는 이와 같은 조건들을 뛰어넘는 수준에 이르러서야 가능해진다.

학교 관료주의 시스템이 교사에게 전달하는 것은 하나다. 당신의 언어를 쓰지 말고 관료주의 시스템이 지정한 언어를 쓰라. 공문서 작성 규칙을 기계적으로 따르고, 일정한 격식과 투식을 중시하라. 인간의 육체와 정감이 거세된 기호와 숫자를 적극적으로 배치하라.

관료주의 시스템에 따른 글쓰기 규칙이 지배하면 관료주의의 합리성과 효율성을 신봉하며 명령과 지시를 성실하게 수행하는 책무성 강한 교사들이 앞장을 선다. 그들은 사실과 진실 말하기보다 규정과 지침에 어울리는 언어 쓰기에 더 관심을 기울인다. 학생과 교육에 관해 고민하는 일은 그다음이다.

관료주의가 규정하는 언어들은 선하다. 교육 당국이 앞세우는 교육정책이나 교장실 벽에 걸린 학사 운영 지표에는 아름다운 언어들이 즐비하다. 민주시민을 양성하고 학교를 혁신하자는 말에 누가 이의를 제기하겠는가. 우리는 민주시민을 가르치는 수업이 가능한지, 혁신이 무엇이고 그것이 교육적으로 의미가 있기 위해서 어때야 하는지 질문하지 않아도 된다. 학교가 '행복 공동체'라고 말하는 순간 그곳은 행복 공동체가 된다. 수업 앞에 '협력'을 붙이면 평범한 수업이 협력수업이 된다.

그렇다면 학교 안에서 일어나는 언어 전쟁은 승자와 패자가 이미 정해진 싸움인가. 나는 그렇지 않다고 본다. 프랑스 작가 귀스타브 플로베르1821~1880는 '일물일어설一物一語說'을 말했다. 하나의 사물을 나타내는 적절한 말은 하나밖에 없다.

나는 플로베르의 일물일어설을 소설 작법상의 수사학이나 문체론의 원칙으로만 이해하지 않는다. 언어 자체는 미약하지만, 현실을 핍진하게 드러내는 언어, 세계의 본질과 진실을 말해 주는 언어가 우리에게 주는 힘은 세다. 교사는 그런 언어를 생각해야 한다.

1인 연구자

교사가 남이 쓴 책과 글을 꾸준히 읽는 일은 매우 중요하다. 많이 알고 넓게 알고 깊이 알수록 교육 활동에 나름의 품격이 세워진다. 좋은 책, 좋은 글을 읽으며 저자와 작가가 책과 글에 남겨 놓은 경험과 사유 과정을 간접적으로 체험하면서 자기 연찬을 위한 밑재료를 얻을 수 있다. 책과 글에서 다른 사람의 경험과 사유를 만나는 일은 간접적이지만, 그러한 간접 경험의 횟수와 수준이 늘어날수록 교사의 직접 경험의 폭이 넓어진다. 다른 사람의 경험과 생각이 자극을 주고, 동기 부여를 하기 때문이다.

그런데 교사가 성장하는 데 더 결정적이고 지속적인 영향을 주는 것은 자기 성찰이다. 성찰은 메타적인meta 활동이다. 메타는 '초월', '상위(의)', '한 차원 높은' 등의 의미가 있는 말이다. 예컨대 영문법을 한국어로 설명할 경우에 한국어가 메타언어, 또는 상위언어가 된다.

나를 객관적으로 바라보는 또 다른 나가 있다. 나를 중립적으로 평가할 수 있는 나, 현실보다 높은 곳에서 나를 내려다보는 나가 있다. 또 다른 나와 좀 더 높은 곳의 나가 나의 사고와 생각을 사고하고 생각한다. 그들이 하는 활동이 메타적인 활동으로서의 성찰 행위다.

성찰은 행위나 행동이 아니라 생각과 사유로 이루어진다. 제대로 알아야 제대로 행한다. 그저 행하는 것은 쉽지만 제대로 알고 제대로 행하기는 어렵다. 그래서 성찰이 필요하다. 성찰은 자기 자신을 스스로 반성하고 살피는 일이다. 자기 평가를 전제로 한다. 엄정한 잣대를 마련해 자기 행위나 행동을 분석하고 평가할 수 있어야 한다. 깊이 생각하고 꾸준히 사유하는 과정에서 그런 능력이 길러진다. 공부와 책 읽기와 글쓰기가 필수적이다.

학교 현장에서는 공부하거나 연구 활동을 하는 교사를 별로 환영하지 않는다. 교사의 연구 역량은 교사가 학생을 교육하는 데 꼭 있어야 하는 자질로 간주되지 않는다. 대부분의 교사는 학생 생활지도를 효과적으로 수행하고, 학교행정과 관련된 업무를 매끄럽게 처리하며, 수업은 대체로 무난하게 하기를 기대한다. 교사들 자신이 학술이나 연구가 들어가는 활동을 어려워하거나 싫어해서 피하는 경향이 있다. 교사들은 학술 활동이나 연구가 대학교수나 전문 연구기관의 연구자들에게 더 어울린다고 생각한다.

리처드 호프스태터는 어느 책[81]에서 존 듀이 유의 진보주의 교육에서 강조하는 성장 개념 때문에 교육 사상가들이 부당하게 두 가지를 대립시키게 되었다고 말했다. 스스로 결정하고 스스로 지시하는 내부로부터의 성장은 선善이고, 외부에서 오는 틀에 박힌 행위는 악惡이라는 것. 이미 자격을 갖추었으니 스스로 배우고 공부하기를 즐기지 않아도 된다고 생각하는 교사는 호프스태터가 말한 선악 성장론에 빠진 것이다. 더는

---

81. 리처드 호프스태터 씀, 유강은 옮김(2017), 《미국의 반지성주의》, 교유서가, 508쪽.

성장하지 않아도 된다고 믿는 교사는 자기 자신에게뿐 아니라 그가 가르치는 학생들에게도 해롭다.

교사들이 학술이나 연구 활동을 별로 좋아하지 않는 모습은 교직 정체성에 대한 교사들의 심적 태도가 방증한다. 많은 교사가 수업 시간을 적당히 채우면서 학생들을 무난하게 관리하는 교육 시스템의 말단 행정가 수준에서 자신의 정체성을 찾는다. 교사가 수업을 성실히 수행하는 일은 중요하며, 학생들이 교육 시스템 안에서 안전하게 지내게 하는 일을 소홀히 해서는 안 된다. 그러나 그런 일을 중시하는 것과, 그런 일을 할 때 어떤 정체감을 갖는가 하는 것은 별개의 문제다. 나는 우리 집 아이들을 가르치는 교사가 학생 관리자나 말단 행정가처럼 사는 사람이기보다 교육자로서의 책임감과 정체감이 무엇인지 깊이 고민하고 성찰하는 사람이라면 좋겠다.

교육은 전문적인 일이다. 교사는 전문직이다. 국제 사회에서 그렇게 권고하고[82], 우리나라 헌법과 법률에서 똑같이 규정한다. 일반 시민들은 전문성을 제대로 갖춘 교사가 교육 활동을 하기를 기대한다. 그러나 학교 교무실을 지배하는 잠재적인 교직 문화, 교사직의 정치적·법률적 위상과 직무 특성, 교사 집단의 전문성 관점 등을 두루 종합해 보면 교육의 전문성이나 전문직 종사자로서의 교사상은 찾기 힘들다.

교사가 전문성 역량을 개발하고 늘리기 위해 기울이는 노력은 크게 두 가지 방향에서 이루어진다. 연수와 현장 연구다. 연수는 주로 직무 연수 형태로 실시된다. 교육 일반, 전공 교과, 교육행정과 관련한 내용이

---

82. 국제연합(UN)이 1966년 제정한 〈교원의 지위에 관한 권고〉 제6조는 "교원은 전문직으로 간주되어야 한다"라고 되어 있다.

주를 이룬다. 연수는 연중 상시적으로 진행된다. 연수 내용과 과정이 얼마나 충실하며, 연수 간 내용이 얼마나 긴밀하게 연계돼 있는가 하는 문제가 자주 논란거리가 된다. 교사 대상 연수에 공부 밀도가 떨어지는 원격연수가 상당 부분을 차지하는 점도 고민이 필요한 지점이다.

현장 연구는 교과 연구 모임이나 수업 연구 모임을 기반으로 이루어진다. 최근에는 전학공이 교사 현장 연구의 주요 장이 되고 있다. 교사가 주로 참여하는 현장 연구는 사례 발표나 공유 활동이 중심이다. 교육 사례를 과학적이고 체계적으로 분석해 이론화하는 등의 연구 활동도 있으나, 이는 교사가 아니라 대학교 교수나 교육청 산하 전문 연구기관의 연구원들이 주로 맡는다. 교사들이 하는 연구라도 그 결과가 학교 안에서 공유되거나 직접적으로 적용되는 경우는 찾아보기 힘들다.

교사들이 참여하는 연수와 현장 연구는 갈 길이 멀다. 연수 시스템의 질적 수준이나 현장 연구를 바라보는 교사들의 관점을 종합해 볼 때 교사들이 자율성과 책임성을 겸비한 교육 전문직 종사자로 참여할 만한 여지가 넓지 않다. 교육 시스템의 최말단에서 상부 지시를 수행하는 행정가적 위상이 교사 정체성에 대한 주류적 관점의 핵심을 이룬다. 교육정책과 교육제도, 국가교육과정과 교과서와 교사용 지도서 등 일체의 교육 '표준'을 만들고 집행하는 데 중요한 역할을 맡는 부류가 비교사 집단에 속해 있다.

교사는 유사 전문직처럼 간주된다. 교사가 교육자로서 교육 시스템에 주도적이고 주체적으로 관여할 수 있는 기회나 경로 자체가 제한적이다. 공적 연수 시스템이 현장 교사들의 목소리를 듣기 힘든 곳에서 결정되고, 현장 교사의 생각이 반영되더라도 최종적이고 실질적인 단계에서 비교사 집단이 선택과 결정의 주도권을 행사한다. 학교 현장을 분석하고 연구하는 일에 교사들이 주도적으로 참여하지 못한다. 교사는 교육 관련 학회들 내에서도 특별한 존재감이 없다.[83]

그동안 학교교육을 둘러싼 연구 생태계의 중심은 대학교 교수 집단과 연구소, 교육 당국 산하의 연구 기관들이었다. 교육의 핵심 주체인 교사들이 고유의 언어로 학교 시스템 전반을 주도적으로 탐구하고 결과를 공유할 수 있는 장이 거의 없었다. 한때 전교조 산하 전국교과모임이나 각 시도교육청에서 운영하는 교과별 교사 모임이 그와 비슷한 역할을 일부 담당했으나, 오늘날 이들이 차지하는 비중은 제한적이다.

앞에서 메타 활동으로서의 성찰을 강조했다. 우리는 무엇인가를 생각하면서 행동하고, 행동하면서 생각한다. 성찰은 생각하고 행동하는 나를 먼 곳에 서서 살피는 행위다. 배움, 학습, 연구, 공부는 궁리하고 분석하고 비판하는 활동을 통해 얻을 수 있다. 책을 읽고, 글을 쓰는 행위가 기본이다.

나는 기본적으로 교사들 각자가 1인 연구자처럼 지냈으면 좋겠다. 최근 몇 년 사이 들불처럼 번진 전학공은 나중의 일이다. 교사 각자가 고유의 성찰 능력으로 무장한 1인 연구자가 될 때 사람들은 교사 공동체가 신뢰를 기반으로 움직이는 연구 공동체로 거듭날 것이라고 믿을 것이다. 교사 집단이 그런 공동체들로 채워질 때 교육이 희망의 대명사가 될 수 있다.

---

83. 국내 최대 교육 관련 학회는 교육학회다. 교육학회 안에는 하위 분과별 연구학회가 총 26개가 있다. 이들은 모두 개별적이고 독립적으로 운영되며, 대학교수들이 구성원의 대부분을 차지한다. 26개 학회 중 교사가 대표나 회장으로 있는 조직은 하나도 없다.

나오며

　나는 중학교 2학년 무렵까지 아버지와 동생과 함께 이발소에 다녔다. 우리 동네는 깊은 산골에 있었다. 이발소는커녕 흔한 구멍가게 하나 없던 동네였다. 걸어서 꽤 먼길을 오가는 이발소행이 내게는 특별한 나들이길처럼 다가왔다.

　이발소는 아이들 걸음으로 30분쯤 걸어야 도착할 수 있는 근동 마을 초입에 있었다. 아버지를 '형님'이라고 부르며 친하게 지내시던 분이 꾸려 가는 조그만 이발소였다. 이발소 앞에는 조그만 구멍가게가 있었다. 과자와 빵 몇 봉지, 커다란 술독에 든 막걸리가 전부인 가게 같지도 많은 가게였다. 아버지는 이발을 마치고 이발소 주인아저씨와 막걸리 추렴을 하셨다. 나와 동생에게는 과자 한 봉지씩을 안겨 주셨다.

　우리는 아버지와 이발소 아저씨가 막걸리잔을 기울이시는 동안 가게 앞을 지나는 철길 쪽으로 가서 놀았다. 한 손에 든 과자 봉지에서 과자를 아껴 꺼내 먹으면서 철로 위를 오래 걷는 내기를 하고, 철도 침목 사이에 깔린 자갈돌을 멀리 던졌다. 그마저 지루해지면 다시 이발소 안으로 들어가 나무마루에 걸터앉아 쉬었다.

　나는 지금도 삐걱거리는 나무마루에 앉아 바라보던 이발소 안 풍경이 눈에 선하다. 투박한 액자에 끼워져 벽에 걸려 있던 그림 몇 점이 유난히 뚜렷하다. 그림 액자는 모두 네 개였다. 문을 열고 들어서면 이발 의자가 놓인 정면 위쪽 약간 오른편에 대숲을 배경으로 위엄 있게 앉아 있는 커다란 호랑이 그림 한 점이 있었다. 정면 가운데에는 여의주를 물고 승천하는 용 그림이 있었다.

출입문에서 오른쪽 대각선 방향에 있는 벽과 출입문 바로 위쪽 벽에는 시화가 걸려 있었다. 대각선 방향의 벽에 걸린 시화에는 시인 김소월 1902~1934의 〈먼 후일〉이 단정한 궁서체로 적혀 있었다. 어색할 정도로 키가 크고 늘씬한 몸매의 여자가 배경이었다. 그녀는 검은색 물방울무늬의 흰색 원피스를 차려입고 챙이 넓은 모자를 쓰고 기차역 승강장에 서 있었다. 분위기가 뻔하고 유치했지만, 김소월의 시가 그리는 그리움의 정서를 드러내기에는 부족함이 없었다.

출입문 바로 위쪽 시화에는 제정 시대 러시아 시인 푸시킨 1799~1837의 〈삶이 그대를 속일지라도〉가 적혀 있었다. 김소월 시화와 달리 푸시킨 시화의 배경 그림은 시의 내용이나 정서와 그다지 어울리지 않았다. 국적과 시대 불명의 밀짚모자를 쓴 농부가 등 윤곽이 과장스럽게 휜 흑우 黑牛에 쟁기를 걸어 밭을 갈고 있었다. 원경과 중경은 우리나라에서 보기 힘든 고산준봉의 설산과 시린 호수로 채워졌다. 전형적인 이발소풍 산수화였다.

나는 〈먼 후일〉이 적혀 있는 그림이 제일 좋았다. 이발소에 가면 꼭 그 아래쪽에 앉아 이발 순서를 기다렸다. 그곳에 앉아 멀리서 울려 오는 기차 소리를 들으면 가슴이 설렜다. 나는 가지 못한 곳과 볼 수 없는 것들을 동경했다. 시화 속의 아름다운 여자가 멋진 도시 신사가 된 나를 기다리고 있다고 상상하면 기분이 묘했다. 나는 머릿속에서 그녀를 만나려고 어느 조그만 역에서 기차를 탔다. 이발 의자에서 까무룩 졸다가도 그런 생각을 하면 금세 정신이 났다. 그럴 때마다 원피스를 입은 여자가 환하게 맞아 주었다.

집으로 돌아가는 길은 늘 허전했다. 다시 이발하러 올 때까지 과자를 먹을 길이 없었고, 철로에서 마음껏 뛰어놀거나 아름다운 여자와 멋진 산수화가 그려진 시화를 당분간 볼 수 없었다. 아버지는 시무룩한 내 마음을 아는지 모르는지 막걸리 몇 잔에 기분이 좋은 듯 집에 도착할 때까지 콧노래를 흥얼거리셨다. 그러면 나도 이상하게 다시 이발소를 찾는 날이 금방 올 것 같은 기분이 들었다.

아버지는 농사를 그만두고 고향 마을을 떠나오기 전까지 내내 그곳에서 머리를 깎으셨다. 이발사 아저씨는 아버지 같은 단골 노인들 때문에 돌아가시기 직전까지 이발소 문을 열어 두셨다. 그사이 다리 수술을 여러 차례 받으셨다는 이야기를 들었다. 아버지는 고향을 떠난 지 3년여만에 세상을 뜨셨다. 고향 가는 길이 뜸해서 아저씨 소식을 가끔 풍문으로만 들었다. 그러다 아저씨가 몇 년 전 고인이 되셨다는 말을 우연히 전해 들었다. 마음이 이상했다.

작년 여름 어느 날이었다. 수년 전 폐교가 된 국민학교(초등학교) 모교에 들렀다가 이발소가 있는 동네 쪽으로 차를 몰았다. 이발소는 옛 모습 그대로였다. 낡고 바랜 파란색 출입문이 자물통으로 굳게 잠겨 있었다. 사람 발길 끊긴 출입구 쪽 문턱과 벽 사이에 바람에 날려 온 마른 풀가지와 흙모래가 수북했다. 이제 고향에는 아버지도, 이발사 아저씨도 없다.

어느 날 꿈을 꾸었다. 나는 코스모스 하늘거리는 조그만 간이역에서 물방울무늬가 박힌 원피스를 입은 한 여자를 만났다. 가슴 설레며 그녀를 바라보던 나는 어느 순간 나타난 호랑이 등에 올라타 계곡 사이를 질주하다가 고산준봉의 설산 아래 있는 넓은 호수에서 얼음을 지쳤다. 어느새 풍경이 바뀌었다. 나는 용의 목덜미를 잡고 입 안에 든 여의주를 빼낸다며 안간힘을 쓰다가 잠에서 깼다.

나는 어린 시절 이발소에 얽힌 추억을 회상하며 '그리움'이 주는 힘을 생각한다. 이발소는 언제나 아버지, 고향, 어린 시절의 꿈과 상상 같은 것들을 불러와 내 앞으로 데려왔다. 그때마다 내 머릿속에는 이발소 그림 속 주인공들이 등장하는, 스펙터클한 영화보다 더 영화 같은 이야기가 꿈속에서처럼 펼쳐지는 것이었다.

글은 무엇이며, 우리는 왜 글을 쓰는가. 글은 꿈이고 그리움이다. 나는 꿈과 그리움을 직접 보려고 글을 쓴다. 꿈과 그리움이 주는 힘으로 글을 쓴다. 묘하게 들리지 않는가.

꿈과 그리움을 주는 것은 이발소만이 아니다. 나는 수업을 하고 학생들을 만나면서 내가 원하는 교육을 꿈꾸고 학교를 그리워하며 글을 쓴다. 차를 몰고 출퇴근을 하고, 동료와 술잔을 기울이다가 내가 살고 싶은 세상을 꿈꾸고 그리워하며 글을 쓴다. 늦은 밤 책상 앞에 앉아 글을 쓰고 책을 읽으면서 내가 간절히 쓰고 싶고 읽고 싶은 글과 책을 꿈꾸고 그리워하며, 그 꿈과 그리움이 주는 힘으로 글을 쓴다.

글을 쓰는 사람은 자기가 쓰는 글이 어떤 모습으로 눈앞에 나타날지 모른다. 나는 글을 쓰다가 바로 직전에 컴퓨터에 입력한 문장이 처음 생각한 문장과 다른데도 자판을 계속 두드리는 나를 보면서 깜짝 놀란다. 그때 내 글쓰기는 볼 수 없고 보이지 않는 것을 그리워하는 마음으로 몸부림치듯 하는 행위 같다. 그래서 써야 할 문장이 떠오르지 않아 모니터 화면을 멍하니 쳐다보며 쓰이지 않는 글을 향해 저주를 퍼붓다가도 바로 고개를 가로저으며 자판을 두드린다. 나를 그렇게 만드는 힘이 무엇인지 모르지만, 나는 분명히 그것이 있다는 것을 느낀다.

우리는 글 한 편을 쓸 때마다 더 멋있고 훌륭한 글, 다른 사람이 보고 감탄하거나 감동하는 글을 쓸 수 있다고 생각한다. 그러나 어떤 뛰어난 작가도 자기가 쓴 글이 멋있고 훌륭하며, 다른 사람에게 감탄과 감동을 줄 것이라고 쉽게 자부하지 못한다. 그런 작가는 없을 것이다. 그런 작가와 글은 만나기 힘들다. 그런데도 우리는 기꺼이 술래가 되어 보이지 않고 볼 수 없는 것들을 찾아 떠나는 숨바꼭질을 멈추지 않는다.

조지 오웰은 모든 작가는 허영심이 많거나 이기적이거나 게으르며, 글 쓰는 동기의 맨 밑바닥은 미스터리로 남아 있다고 말했다. 오웰이 세상 모든 작가에 대해 남긴 말은 작가로서의 자기 위신과 자존감을 살리기 위해 쓴 위악적인 표현처럼 보여 곧이들리지 않는다. 오웰을 포함하여 대부분의 작가는 인간에 대한 연민과 자기가 살고 있는 사회를 향한 책임감, 규칙적이고 성실한 노동의 자세로 글을 쓴다.

오웰이 글 쓰는 동기에 대해 펼쳐 놓은 '미스터리론'이 허랑한 과장법에 따라서만 쓰이지는 않았을 것이다. 우리는 가끔 우리 자신을 강타하는 강력한 글쓰기 충동이나 글을 향한 본능적인 감정의 꿈틀거림을 감지하지만, 그것이 왜 어디서 어떻게 왔는지 명료하게 설명하지 못한다. 그것은 보이지 않고 볼 수 없고 알기 힘든 어떤 힘들이 이끈다. 그 힘들에 이끌리는 순간 거기서 벗어날 수 있는 사람은 아무도 없다.

그 미스터리한 힘은 우리가 글을 쓰도록 강하게 충동한다. 그것은 한 순간 갑작스럽게 생겨나 우리 앞에 찾아오지 않는다. 오랜 시간 동안 우리 삶의 한 귀퉁이에 웅크리고 있으면서 조금씩 커 나가다가 우리가 무엇인가를 그리워하고 갈망하는 순간 오래된 손님처럼 찾아온다. 우리는 그를 보지 못하지만 그는 언젠가 반드시 찾아온다.

나는 지금 글과 글쓰기가 조지 오웰식의 미스터리한 힘에 이끌려 글을 쓰는 사람에게 찾아온다는 이야기를 하려는 것이 아니다. 사람들은 우리가 운명이나 우연 같은 보이지 않는 힘에 이끌려 글을 쓴다고 생각하지만, 우리를 글쓰기로 이끄는 힘과 우리가 실제로 글을 쓰게 하는 힘은 다르다.

글쓰기와 책 읽기는 사적인 시공간에서 이루어질지라도 공적 영역을 전제로 하는 행위들이다. 우리를 글쓰기와 책 읽기로 이끄는 힘은 미스터리할지 모르지만 우리는 세계 안에 있을 때 실제로 글을 쓰고 책을 읽는 행위를 할 수 있다. 그러므로 글은 세계 안에서 만들어진다. 글은 세계와 함께 세계를 향해 세계를 위해서 존재한다. 우리가 만나는 모든 글은 세계가 만든 것이다.

글은 내 것인 동시에 세계의 것이다. 우리는 각자의 감정과 생각과 경험을 섞어 가며 글을 쓴다. 가만히 생각해 보면 온전히 나 혼자 만든 감정과 생각과 경험은 없다. 다른 사람과 무관한 감정이나 생각, 세계 없는 경험은 존재하지 않는다. 그것은 불가능하다. 글은 내가 쓰지만 내 것이 아니다. 글쓰기는 세계 안에서 세계와 함께 하는 공동의 일이다. 이 책에서 가장 힘주어 말하고 싶었던 문장이다.

글쓰기는 기록하여 기억하는 일이다. 우리는 쉽게 사라지고 희미해지기 쉬운 것들을 함께 나누고 공동의 시간 속에 새기기 위해 글을 쓴다. 문자로 무엇인가를 쓴다는 것은 내가 공동체 안에서 공동체와 함께하겠다는 의지를 밝히는 일이다. 글을 쓰면 쓸수록 우리가 사는 공동체는 더 풍요로워지고 넓어지고 깊어진다. 글쓰기는 개인이 사적인 기호에 따라 행하는 사사로운 취미 활동이 아니다. 글쓰기는 공동체를 살아가는 교양 있는 시민이 마땅히 수행해야 하는 책임이자 의무다.

도움받은 책

- 김두식(2011),《헌법의 풍경: 잃어버린 헌법을 위한 변론》, 교양인.
- 김정환(2008),《페스탈로치의 생애와 사상》, 박영사.
- 김지영(2011),《피동형 기자들: 객관보도의 적, 피동형과 익명 표현을 고발하다》, 효형출판.
- 엄기호(2013),《교사도 학교가 두렵다: 교사들과 함께 쓴 학교현장의 이야기》, 따비.
- 은유(2015),《글쓰기의 최전선: '왜'라고 묻고 '느낌'이 쓰게 하라》, 메멘토.
- 이오덕(2017),《이오덕의 글쓰기: 글쓰기의 시작》, 양철북.
- 임정훈(2018),《학교의 품격: 삶이 있는 공간이 되려면 학교는 어떻게 변해야 할까?》, 우리교육.
- 임홍빈(1998),《국어 문법의 심층: 문장 범주와 굴절》, 태학사,
- 넬 나딩스 씀, 심성보 옮김(2016),《21세기 교육과 민주주의: 개인적 삶, 직업적 삶, 그리고 시민적 삶을 위한 교육》, 살림터.
- 대니얼 카너먼 씀, 이창신 옮김(2018),《생각에 관한 생각: 우리의 행동을 지배하는 생각의 반란》, 김영사.
- 댄 로티 씀, 진동섭·정수현·박상완·김병찬 옮기고 씀(2017),《미국과 한국의 교직사회: 교직과 교사의 삶》, 양서원.
- 뤼트허르 브레흐만 씀, 조현욱 옮김(2021),《휴먼 카인드: 감춰진 인간 본성에서 찾은 희망의 연대기》, 인플루엔셜(주).
- 리사 펠드먼 배럿 씀, 최호영 옮김(2017),《감정은 어떻게 만들어지는가?》, 생각연구소.

- 리처드 호프스태터 씀, 유강은 옮김(2017), 《미국의 반지성주의》, 교유서가.
- 마사 누스바움 씀, 박용준 옮김(2013), 《시적 정의: 문학적 상상력과 공적인 삶》, 궁리.
- 마사 누스바움 씀, 우석영 옮김(2016), 《학교는 시장이 아니다: 공부를 넘어 교육으로, 누스바움 교수가 전하는 교육의 미래》, 궁리.
- 막스 반 매넌 씀, 정광순·김선영 옮김(2012), 《'가르친다는 것'의 의미》, 학지사.
- 메러디스 매런 엮음, 김희숙·윤승희 옮김(2013), 《잘 쓰려고 하지 마라: 퓰리처 상 수상 작가의 유혹적인 글쓰기》, 생각의길.
- 밀턴 마이어 씀, 박중서 옮김(2014), 《그들은 자신들이 자유롭다고 생각했다: 나치 시대 독일인의 삶, 선한 사람들의 침묵이 만든 오욕의 역사》, 갈라파고스.
- 빌 루어바흐·크리스틴 케클러 씀, 홍선영 옮김(2011), 《내 삶의 글쓰기: 기억을 회고록으로, 아이디어를 에세이로, 삶을 문학으로 담는 법》, 한스미디어.
- 셰퍼드 코미나스 씀, 임옥희 옮김(2018), 《나를 위로하는 글쓰기: 몸과 마음을 치유하고 자기를 발견하는 글쓰기의 힘》, 홍익출판사.
- 스탠리 밀그램 씀, 정태연 옮김(2009), 《권위에 대한 복종》, 에코리브르.
- 아리스토텔레스 씀, 천병희 옮김(2002), 《시학》, 문예출판사.
- 에리히 프롬 씀, 김승진 옮김(2020), 《불복종에 관하여》, 마농지.
- 오즐렘 센소이·로빈 디앤젤로 씀, 홍한별 옮김(2016), 《정말로 누구나 평등할까?: 민주시민을 위한 사회정의 교육 입문서》, 착한책가게.
- 요하임 바우어 씀, 이미옥 옮김(2014), 《학교를 칭찬하라: 학교, 교사, 학부모 모두가 행복한 학교를 위한 7가지 전망》, 궁리.
- 윌리엄 진서 씀, 이한중 옮김(2007), 《글쓰기 생각 쓰기》, 돌베개.
- 윌리엄 진서 씀, 서대경 옮김(2017), 《공부가 되는 글쓰기: 쓰기는 배움의 도구다》, 유유.
- 유협 씀, 김민나 옮기고 씀(2005), 《문심조룡: 동양 문예학의 집대성》, 살림.
- 제임스 W. 페니베이커·존 F. 에반스 씀, 김아영 옮김(2016), 《단어의 사생활: 우리는 모두, 단어 속에 자신의 흔적을 남긴다》, 사이.
- 제임스 W. 페니베이커·존 F. 에반스 씀, 이봉희 옮김(2017), 《표현적 글쓰기: 당신을 치료하는 글쓰기》, 엑스북스.

- 조너선 코졸 씀, 김명신 옮김(2008),《젊은 교사에게 보내는 편지》, 문예출판사.
- 조너선 코졸 씀, 김명신 옮김(2011),《교사로 산다는 것: 학교교육의 진실과 불복종 교육》, 양철북.
- 조지 오웰 씀, 정희성 옮김(2003),《1984》, 민음사.
- 조지 오웰 씀, 이한중 옮김(2010),《나는 왜 쓰는가: 조지 오웰 에세이》, 한겨레출판.
- 존 홀트 씀, 공양희 옮김(2007),《존 홀트의 학교를 넘어서: 학교 밖에서 찾는 능동적 배움의 길》, 아침이슬.
- 지그프리트 렌츠 씀, 정서웅 옮김(2000),《독일어 시간 1·2》, 민음사.
- 탕누어 씀, 김택규 옮김(2020),《명예, 부, 권력에 관한 사색: 무미건조한 세계에서 작가와 독자가 살아남으려면》, 글항아리.
- 토리 헤이든 씀, 이희재 옮김(1998),《한 아이 1·2: 아동교육 심리학의 영원한 고전》, 아름드리미디어.
- 파커 J. 파머 씀, 이종인·이은정 옮김(2010),《가르칠 수 있는 용기》, 한문화.
- 필립 짐바르도 씀, 이충호·임지원 옮김(2015),《루시퍼 이펙트: 무엇이 선량한 사람을 악하게 만드는가》, 웅진지식하우스.
- 한나 아렌트 씀, 이진우·태정호 옮김(1996),《인간의 조건》, 한길사.
- 한나 아렌트 씀, 김선욱 옮김(2006),《예루살렘의 아이히만》, 한길사.
- 한스 쇼이얼·안드레아스 플리트너 씀, 송순재 옮김(2006),《사유하는 교사》, 내일을여는책.
- 헨리 데이비드 소로 씀, 강승영 옮김(2011),《시민의 불복종》, 은행나무.
- 헨리 데이비드 소로 씀, 강승영 옮김(2011),《월든》, 은행나무.
- 헨리 지루 씀, 이경숙 옮김(2001),《교사는 지성인이다》, 아침이슬.

삶의 행복을 꿈꾸는 교육은 어디에서 오는가?

● **교육혁명을 앞당기는 배움책 이야기** 혁신교육의 철학과 잉걸진 미래를 만나다!

한국교육연구네트워크 총서

01 핀란드 교육혁명
한국교육연구네트워크 엮음 | 320쪽 | 값 15,000원

02 일제고사를 넘어서
한국교육연구네트워크 엮음 | 284쪽 | 값 13,000원

03 새로운 사회를 여는 교육혁명
한국교육연구네트워크 엮음 | 380쪽 | 값 17,000원

04 교장제도 혁명
한국교육연구네트워크 엮음 | 268쪽 | 값 14,000원

05 새로운 사회를 여는 교육자치 혁명
한국교육연구네트워크 엮음 | 312쪽 | 값 15,000원

06 혁신학교에 대한 교육학적 성찰
한국교육연구네트워크 엮음 | 308쪽 | 값 15,000원

07 진보주의 교육의 세계적 동향
한국교육연구네트워크 엮음 | 324쪽 | 값 17,000원
2018 세종도서 학술부문

08 더 나은 세상을 위한 학교혁명
한국교육연구네트워크 엮음 | 404쪽 | 값 21,000원
2018 세종도서 교양부문

09 비판적 실천을 위한 교육학
이윤미 외 지음 | 448쪽 | 값 23,000원
2019 세종도서 학술부문

10 마을교육공동체운동: 세계적 동향과 전망
심성보 외 지음 | 376쪽 | 값 18,000원

11 학교 민주시민교육의 세계적 동향과 과제
심성보 외 지음 | 308쪽 | 값 16,000원

12 학교를 민주주의의 정원으로 가꿀 수 있을까?
성열관 외 지음 | 272쪽 | 값 16,000원

한국교육연구네트워크 번역 총서

01 프레이리와 교육
존 엘리아스 지음 | 한국교육연구네트워크 옮김
276쪽 | 값 14,000원

02 교육은 사회를 바꿀 수 있을까?
마이클 애플 지음 | 강희룡·김선우·박원순·이형빈 옮김
356쪽 | 값 16,000원

03 비판적 페다고지는 세상을 변화시킬 수 있는가?
Seewha Cho 지음 | 심성보·조시화 옮김
280쪽 | 값 14,000원

04 마이클 애플의 민주학교
마이클 애플·제임스 빈 엮음 | 강희룡 옮김
276쪽 | 값 14,000원

05 21세기 교육과 민주주의
넬 나딩스 지음 | 심성보 옮김 | 392쪽 | 값 18,000원

06 세계교육개혁: 민영화 우선인가 공적 투자 강화인가?
린다 달링-해먼드 외 지음 | 심성보 외 옮김 | 408쪽 | 값 21,000원

07 콩도르세, 공교육에 관한 다섯 논문
니콜라 드 콩도르세 지음 | 이주환 옮김
300쪽 | 값 16,000원

08 학교를 변론하다
얀 마스켈라인 • 마틴 시몬스 지음 | 윤선인 옮김
252쪽 | 값 15,000원

09 존 듀이와 교육
짐 개리슨 외 지음 | 김세희 외 옮김
372쪽 | 값 19,000원

10 진보주의 교육운동사
윌리엄 헤이스 지음 | 심성보 외 옮김
324쪽 | 값 18,000원

11 사랑의 교육학
안토니아 다더 지음 | 유성상 외 옮김
412쪽 | 값 22,000원

혁신학교
성열관·이순철 지음 | 224쪽 | 값 12,000원

행복한 혁신학교 만들기
초등교육과정연구모임 지음 | 264쪽 | 값 13,000원

서울형 혁신학교 이야기
이부영 지음 | 320쪽 | 값 15,000원

대한민국 교사, 어떻게 가르칠 것인가?
윤성관 지음 | 320쪽 | 값 15,000원

아이들을 어떻게 가르칠 것인가
사토 마나부 지음 | 박찬영 옮김 | 232쪽 | 값 13,000원

모두를 위한 국제이해교육
한국국제이해교육학회 지음 | 364쪽 | 값 16,000원

● 비고츠키 선집 시리즈 발달과 협력의 교육학 어떻게 읽을 것인가?

 생각과 말
레프 세묘노비치 비고츠키 지음
배희철·김용호·D. 켈로그 옮김 | 690쪽 | 값 33,000원

 도구와 기호
비고츠키·루리아 지음 | 비고츠키 연구회 옮김
336쪽 | 값 16,000원

 어린이 자기행동숙달의 역사와 발달 I
L.S. 비고츠키 지음 | 비고츠키 연구회 옮김
564쪽 | 값 28,000원

 어린이 자기행동숙달의 역사와 발달 II
L.S. 비고츠키 지음 | 비고츠키 연구회 옮김
552쪽 | 값 28,000원

 어린이의 상상과 창조
L.S. 비고츠키 지음 | 비고츠키 연구회 옮김
280쪽 | 값 15,000원

 비고츠키와 인지 발달의 비밀
A.R. 루리야 지음 | 배희철 옮김 | 280쪽 | 값 15,000원

 정서학설 I
L.S. 비고츠키 지음 | 비고츠키 연구회 옮김
584쪽 | 값 35,000원

 수업과 수업 사이
비고츠키 연구회 지음 | 196쪽 | 값 12,000원

 비고츠키의 발달교육이란 무엇인가?
비고츠키교육학실천연구모임 지음 | 412쪽 | 값 21,000원

 비고츠키 철학으로 본 핀란드 교육과정
배희철 지음 | 456쪽 | 값 23,000원

 성장과 분화
L.S. 비고츠키 지음 | 비고츠키 연구회 옮김
308쪽 | 값 15,000원

 연령과 위기
L.S. 비고츠키 지음 | 비고츠키 연구회 옮김
336쪽 | 값 17,000원

 의식과 숙달
L.S 비고츠키 | 비고츠키 연구회 옮김
348쪽 | 값 17,000원

 분열과 사랑
L.S. 비고츠키 지음 | 비고츠키 연구회 옮김
260쪽 | 값 16,000원

 성애와 갈등
L.S. 비고츠키 지음 | 비고츠키 연구회 옮김
268쪽 | 값 17,000원

 흥미와 개념
L.S. 비고츠키 지음 | 비고츠키 연구회 옮김
408쪽 | 값 21,000원

 관계의 교육학, 비고츠키
진보교육연구소 비고츠키교육학실천연구모임 지음
300쪽 | 값 15,000원

 비고츠키 생각과 말 쉽게 읽기
진보교육연구소 비고츠키교육학실천연구모임 지음
316쪽 | 값 15,000원

 교사와 부모를 위한 비고츠키 교육학
카르포프 지음 | 실천교사번역팀 옮김
308쪽 | 값 15,000원

 혁신교육, 철학을 만나다
브렌트 데이비스·데니스 수마라 지음
현인철·서용선 옮김 · 304쪽 | 값 15,000원

 혁신교육 존 듀이에게 묻다
서용선 지음 | 292쪽 | 값 14,000원

 다시 읽는 조선 교육사
이만규 지음 | 750쪽 | 값 33,000원

 대한민국 교육혁명
교육혁명공동행동 연구위원회 지음
224쪽 | 값 12,000원

 경쟁을 넘어 발달 교육으로
현광일 지음 | 288쪽 | 값 14,000원

 핀란드 교육의 기적
한넬레 니에미 외 엮음 | 장수명 외 옮김
456쪽 | 값 23,000원

 한국 교육의 현실과 전망
심성보 지음 | 724쪽 | 값 35,000원

독일의 학교교육
정기섭 지음 | 536쪽 | 값 29,000원

교과서 밖에서 만나는 역사 교실   상식이 통하는 살아 있는 역사를 만나다

전봉준과 동학농민혁명
조광환 지음 | 336쪽 | 값 15,000원

남도의 기억을 걷다
노성태 지음 | 344쪽 | 값 14,000원

응답하라 한국사 1·2
김은석 지음 | 356쪽·368쪽 | 각권 값 15,000원

즐거운 국사수업 32강
김남선 지음 | 280쪽 | 값 11,000원

즐거운 세계사 수업
김은석 지음 | 328쪽 | 값 13,000원

강화도의 기억을 걷다
최보길 지음 | 276쪽 | 값 14,000원

광주의 기억을 걷다
노성태 지음 | 348쪽 | 값 15,000원

선생님도 궁금해하는
한국사의 비밀 20가지
김은석 지음 | 312쪽 | 값 15,000원

걸림돌
키르스텐 세룹-빌펠트 지음 | 문봉애 옮김
248쪽 | 값 13,000원

역사수업을 부탁해
열 사람의 한 걸음 지음 | 388쪽 | 값 18,000원

진실과 거짓, 인물 한국사
하성환 지음 | 400쪽 | 값 18,000원

우리 역사에서 사라진
근현대 인물 한국사
하성환 지음 | 296쪽 | 값 18,000원

꼬물꼬물 거꾸로 역사수업
역모자들 지음 | 436쪽 | 값 23,000원

즐거운 동아시아사 수업
김은석 지음 | 240쪽 | 값 15,000원

노성태, 역사의 길을 걷다
노성태 지음 | 324쪽 | 값 17,000원

혁신학교
역사과 교육과정과 수업 이야기
황현정 지음 | 240쪽 | 값 15,000원

교과서 밖에서 배우는 역사 공부
정은교 지음 | 292쪽 | 값 14,000원

팔만대장경도 모르면 빨래판이다
전병철 지음 | 360쪽 | 값 16,000원

빨래판도 잘 보면 팔만대장경이다
전병철 지음 | 360쪽 | 값 16,000원

영화는 역사다
강성률 지음 | 288쪽 | 값 13,000원

친일 영화의 해부학
강성률 지음 | 264쪽 | 값 15,000원

한국 고대사의 비밀
김은석 지음 | 304쪽 | 값 13,000원

조선족 근현대 교육사
정미량 지음 | 320쪽 | 값 15,000원

다시 읽는 조선근대 교육의 사상과 운동
윤건차 지음 | 이명실·심성보 옮김 | 516쪽 | 값 25,000원

음악과 함께 떠나는 세계의 혁명 이야기
조광환 지음 | 292쪽 | 값 15,000원

논쟁으로 보는 일본 근대 교육의 역사
이명실 지음 | 324쪽 | 값 17,000원

다시, 독립의 기억을 걷다
노성태 지음 | 320쪽 | 값 16,000원

한국사 리뷰
김은석 지음 | 244쪽 | 값 15,000원

경남의 기억을 걷다
류형진 외 지음 | 564쪽 | 값 28,000원

어제와 오늘이 만나는 교실
학생과 교사의 역사수업 에세이
정진경 외 지음 | 328쪽 | 값 17,000원

우리 역사에서 왜곡되고 사라진
근현대 인물 한국사
하성환 지음 | 348쪽 | 값 18,000원

● 4·16, 질문이 있는 교실 마주이야기 통합수업으로 혁신교육과정을 재구성하다!

통하는 공부
김태호·김형우·이경석·심우근·허진만 지음
324쪽 | 값 15,000원

내일 수업 어떻게 하지?
아이함께 지음 | 300쪽 | 값 15,000원
2015 세종도서 교양부문

인간 회복의 교육
성래운 지음 | 260쪽 | 값 13,000원

교과서 너머 교육과정 마주하기
이윤미 외 지음 | 368쪽 | 값 17,000원

수업 고수들
수업·교육과정·평가를 말하다
박현숙 외 지음 | 368쪽 | 값 17,000원

도덕 수업, 책으로 묻고 윤리로 답하다
울산도덕교사모임 지음 | 320쪽 | 값 15,000원

체육 교사, 수업을 말하다
전용진 지음 | 304쪽 | 값 15,000원

교실을 위한 프레이리
아이러 쇼어 엮음 | 사람대사람 옮김
412쪽 | 값 18,000원

마을교육공동체란 무엇인가?
서용선 외 지음 | 360쪽 | 값 17,000원

교사, 학교를 바꾸다
정진화 지음 | 372쪽 | 값 17,000원

함께 배움
학생 주도 배움 중심 수업 이렇게 한다
니시카와 준 지음 | 백경석 옮김 | 280쪽 | 값 15,000원

공교육은 왜?
홍섭근 지음 | 352쪽 | 값 16,000원

자기혁신과 공동의 성장을 위한
교사들의 필리버스터
윤양수·원종희·장군·조경삼 지음 | 280쪽 | 값 14,000원

함께 배움 이렇게 시작한다
니시카와 준 지음 | 백경석 옮김 | 196쪽 | 값 12,000원

함께 배움 교사의 말하기
니시카와 준 지음 | 백경석 옮김 | 188쪽 | 값 12,000원

교육과정 통합, 어떻게 할 것인가?
성열관 외 지음 | 192쪽 | 값 13,000원

학교 혁신의 길, 아이들에게 묻다
남궁상운 외 지음 | 272쪽 | 값 15,000원

미래교육의 열쇠, 창의적 문화교육
심광현·노명우·강정석 지음 | 368쪽 | 값 16,000원

주제통합수업,
아이들을 수업의 주인공으로!
이윤미 외 지음 | 392쪽 | 값 17,000원

수업과 교육의 지평을 확장하는 **수업 비평**
윤양수 지음 | 316쪽 | 값 15,000원
2014 문화체육관광부 우수교양도서

교사, 선생이 되다
김태은 외 지음 | 260쪽 | 값 13,000원

교사의 전문성, 어떻게 만들어지나
국제교원노조연맹 보고서 | 김석규 옮김
392쪽 | 값 17,000원

수업의 정치
윤양수·원종희·장군 지음 | 280쪽 | 값 14,000원

학교협동조합,
현장체험학습과 마을교육공동체를 잇다
주수원 외 지음 | 296쪽 | 값 15,000원

거꾸로 교실,
잠자는 아이들을 깨우는 수업의 비밀
이민경 지음 | 280쪽 | 값 14,000원

교사는 무엇으로 사는가
정은균 지음 | 292쪽 | 값 15,000원

마음의 힘을 기르는 감성수업
조선미 외 지음 | 300쪽 | 값 15,000원

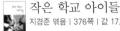
작은 학교 아이들
지경준 엮음 | 376쪽 | 값 17,000원

아이들의 배움은 어떻게 깊어지는가
이시이 준지 지음 | 방지현·이창희 옮김
200쪽 | 값 11,000원

대한민국 입시혁명
참교육연구소 입시연구팀 지음 | 220쪽 | 값 12,000원

교사를 세우는 교육과정
박숭열 지음 | 312쪽 | 값 15,000원

전국 17명 교육감들과 나눈 교육 대담
최창의 대담·기록 | 272쪽 | 값 15,000원

들뢰즈와 가타리를 통해 유아교육 읽기
리세롯 마리엣 올슨 지음 | 이연선 외 옮김
328쪽 | 값 17,000원

학교 민주주의의 불한당들
정은균 지음 | 276쪽 | 값 14,000원

프레이리의 사상과 실천
사람대사람 지음 | 352쪽 | 값 18,000원
2018 세종도서 학술부문

혁신학교, 한국 교육의 미래를 열다
송순재 외 지음 | 608쪽 | 값 30,000원

페다고지를 위하여
프레네의 『페다고지 불변요소』 읽기
박찬영 지음 | 296쪽 | 값 15,000원

노자와 탈현대 문명
홍승표 지음 | 284쪽 | 값 15,000원

선생님, 민주시민교육이 뭐예요?
염경미 지음 | 244쪽 | 값 15,000원

어쩌다 혁신학교
유우석 외 지음 | 380쪽 | 값 17,000원

미래, 교육을 묻다
정광필 지음 | 232쪽 | 값 15,000원

대학, 협동조합으로 교육하라
박주희 외 지음 | 252쪽 | 값 15,000원

입시, 어떻게 바꿀 것인가?
노기원 지음 | 306쪽 | 값 15,000원

촛불시대, 혁신교육을 말하다
이용관 지음 | 240쪽 | 값 15,000원

라운드 스터디
이시이 데루마사 외 엮음 | 224쪽 | 값 15,000원

미래교육을 디자인하는 학교교육과정
박승열 외 지음 | 348쪽 | 값 18,000원

흥미진진한 아일랜드 전환학년 이야기
제리 제퍼스 지음 | 최상덕·김호원 옮김 | 508쪽 | 값 27,000원
2019 대한민국학술원우수학술도서

폭력 교실에 맞서는 용기
따돌림사회연구모임 학급운영팀 지음
272쪽 | 값 15,000원

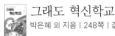

그래도 혁신학교
박은혜 외 지음 | 248쪽 | 값 15,000원

학교는 어떤 공동체인가?
성열관 외 지음 | 228쪽 | 값 15,000원

교사 전쟁
다나 골드스타인 지음 | 유성상 외 옮김
468쪽 | 값 23,000원

시민, 학교에 가다
최형규 지음 | 260쪽 | 값 15,000원

교육과정, 수업, 평가의 일체화
리사 카터 지음 | 박승열 외 옮김 | 196쪽 | 값 13,000원

학교를 개선하는 교장
지속가능한 학교 혁신을 위한 실천 전략
마이클 풀란 지음 | 서동연·정효준 옮김 | 216쪽 | 값 13,000원

공자뎐, 논어는 이것이다
유문상 지음 | 392쪽 | 값 18,000원

교사와 부모를 위한
발달교육이란 무엇인가?
현광일 지음 | 380쪽 | 값 18,000원

교사, 이오덕에게 길을 묻다
이무완 지음 | 328쪽 | 값 15,000원

낙오자 없는 스웨덴 교육
레이프 스트란드베리 지음 | 변광수 옮김
208쪽 | 값 13,000원

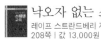

끝나지 않은 마지막 수업
장석웅 지음 | 328쪽 | 값 20,000원

경기꿈의학교
진흥섭 외 지음 | 360쪽 | 값 17,000원

학교를 말한다
이성우 지음 | 292쪽 | 값 15,000원

행복도시 세종,
혁신교육으로 디자인하다
곽순일 외 지음 | 392쪽 | 값 18,000원

나는 거꾸로 교실 거꾸로 교사
류광모·임정훈 지음 | 212쪽 | 값 13,000원

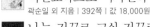

교실 속으로 간 이해중심 교육과정
온정덕 외 지음 | 224쪽 | 값 13,000원

교실, 평화를 말하다
따돌림사회연구모임 초등우정팀 지음
268쪽 | 값 15,000원

학교자율운영 2.0
김용 지음 | 240쪽 | 값 15,000원

학교자치를 부탁해
유우석 외 지음 | 252쪽 | 값 15,000원

국제이해교육 페다고지
강순원 외 지음 | 256쪽 | 값 15,000원

선생님, 페미니즘이 뭐예요?
염경미 지음 | 280쪽 | 값 15,000원

평화의 교육과정 섬김의 리더십
이준원·이형빈 지음 | 292쪽 | 값 16,000원

학교를 살리는 회복적 생활교육
김민자·이순영·정선영 지음 | 256쪽 | 값 15,000원

 수포자의 시대
김성수·이형빈 지음 | 252쪽 | 값 15,000원

 교사를 위한 교육학 강의
이형빈 지음 | 336쪽 | 값 17,000원

 혁신학교와 실천적 교육과정
신은희 지음 | 236쪽 | 값 15,000원

 새로운학교 학생을 날게 하다
새로운학교네트워크 총서 02 | 408쪽 | 값 20,000원

 삶의 시간을 잇는 문화예술교육
고영직 지음 | 292쪽 | 값 16,000원

 세월호가 묻고 교육이 답하다
경기도교육연구원 지음 | 214쪽 | 값 13,000원

 혐오, 교실에 들어오다
이혜정 외 지음 | 232쪽 | 값 15,000원

 미래교육, 어떻게 만들어갈 것인가?
송기상·김성천 지음 | 300쪽 | 값 16,000원
2019 세종도서 교양부문

 혁신교육지구와 마을교육공동체는
어떻게 만들어지는가?
김태정 지음 | 376쪽 | 값 18,000원

 교육에 대한 오해
우문영 지음 | 224쪽 | 값 15,000원

 선생님, 특성화고 자기소개서 어떻게 써요?
이지영 지음 | 322쪽 | 값 17,000원

 혁신교육지구 현장을 가다
이용운 외 4인 지음 | 344쪽 | 값 18,000원

  학생과 교사, 수업을 묻다
전용진 지음 | 344쪽 | 값 18,000원

 배움의 독립선언, 평생학습
정민승 지음 | 240쪽 | 값 15,000원

 혁신학교의 꽃, 교육과정 다시 그리기
안재일 지음 | 344쪽 | 값 18,000원

 교육혁신의 시대
배움의 공간을 상상하다
함영기 외 지음 | 264쪽 | 값 17,000원

 학습격차 해소를 위한 새로운 도전
보편적 학습설계 수업
조윤정 외 지음 | 225쪽 | 값 15,000원

 서울의 마을교육
이용운 외 지음 | 352쪽 | 값 18,000원

 물질과의 새로운 만남
베로니차 파치니-케처바우 지음 | 240쪽 | 값 15,000원

 평화와 인성을 키우는 자기우정
따돌림사회연구모임 우정팀 지음 | 240쪽 | 값 15,000원

 미래교육을 열어가는 배움중심 원격수업
이윤서 외 지음 | 332쪽 | 값 17,000원

● **살림터 참교육 문예 시리즈** 영혼이 있는 삶을 가르치는 온 선생님을 만나다!

 꽃보다 귀한 우리 아이는
조재도 지음 | 244쪽 | 값 12,000원

 선생님이 먼저 때렸는데요
강병철 지음 | 248쪽 | 값 12,000원

 성깔 있는 나무들
최은숙 지음 | 244쪽 | 값 12,000원

 서울 여자, 시골 선생님 되다
조경선 지음 | 252쪽 | 값 12,000원

 아이들에게 세상을 배웠네
명혜정 지음 | 240쪽 | 값 12,000원

 행복한 창의 교육
최창의 지음 | 328쪽 | 값 15,000원

 밥상에서 세상으로
김흥숙 지음 | 280쪽 | 값 13,000원

 북유럽 교육 기행
정애경 외 14인 지음 | 288쪽 | 값 14,000원

 우물쭈물하다 끝난 교사 이야기
유기창 지음 | 380쪽 | 값 17,000원

 시험 시간에 웃은 건 처음이에요
조규선 지음 | 252쪽 | 값 15,000원

 오천년을 사는 여자
염경미 지음 | 272쪽 | 값 16,000원

 다정한 교실에서 20,000시간
강정희 지음 | 296쪽 | 값 16,000원

● 더불어 사는 정의로운 세상을 여는 인문사회과학 사람의 존엄과 평등의 가치를 배운다

밥상혁명
강양구·강이현 지음 | 298쪽 | 값 13,800원

좌우지간 인권이다
안경환 지음 | 288쪽 | 값 13,000원

도덕 교과서 무엇이 문제인가?
김대용 지음 | 272쪽 | 값 14,000원

민주시민교육
심성보 지음 | 544쪽 | 값 25,000원

자율주의와 진보교육
조엘 스프링 지음 | 심성보 옮김 | 320쪽 | 값 15,000원

민주시민을 위한 도덕교육
심성보 지음 | 500쪽 | 값 25,000원
2015 세종도서 학술부문

민주화 이후의 공동체 교육
심성보 지음 | 392쪽 | 값 15,000원
2009 문화체육관광부 우수학술도서

교과서 밖에서 배우는 인문학 공부
정은교 지음 | 280쪽 | 값 13,000원

동양사상과 마음교육
정재걸 외 지음 | 356쪽 | 값 16,000원
2015 세종도서 학술부문

오래된 미래교육
정재걸 지음 | 392쪽 | 값 18,000원

교과서 밖에서 배우는 철학 공부
정은교 지음 | 280쪽 | 값 14,000원

대한민국 의료혁명
전국보건의료산업노동조합 엮음 | 548쪽 | 값 25,000원

교과서 밖에서 배우는 사회 공부
정은교 지음 | 304쪽 | 값 15,000원

전체 안의 전체 사고 속의 사고
김우창의 인문학을 읽다
현광일 지음 | 320쪽 | 값 15,000원

교과서 밖에서 배우는 윤리 공부
정은교 지음 | 292쪽 | 값 15,000원

카스트로, 종교를 말하다
피델 카스트로·프레이 베토 대담 | 조세종 옮김
420쪽 | 값 21,000원

한글 혁명
김슬옹 지음 | 388쪽 | 값 18,000원

일제강점기 한국철학
이태우 지음 | 448쪽 | 값 25,000원

우리 안의 미래교육
정재걸 지음 | 484쪽 | 값 25,000원

한국 교육 제4의 길을 찾다
이길상 지음 | 400쪽 | 값 21,000원
2019 세종도서 학술부문

왜 그는 한국으로 돌아왔는가?
황선준 지음 | 364쪽 | 값 17,000원
2019 세종도서 교양부문

마을교육공동체 생태적 의미와 실천
김용련 지음 | 256쪽 | 값 15,000원

공간, 문화, 정치의 생태학
현광일 지음 | 232쪽 | 값 15,000원

교육과정에서 왜 지식이 중요한가
심성보 지음 | 440쪽 | 값 23,000원

인공지능 시대의 사회학적 상상력
홍승표 지음 | 260쪽 | 값 15,000원

식물에게서 교육을 배우다
이차영 지음 | 260쪽 | 값 15,000원

동양사상과 인간 그리고 사회
이현지 지음 | 418쪽 | 값 21,000원

왜 전태일인가
송필경 지음 | 236쪽 | 값 17,000원

장자와 탈현대
정재걸 외 지음 | 424쪽 | 값 21,000원

한국 세계시민교육이 나아갈 길을 묻다
유네스코태평양 국제이해교육원 지음 | 260쪽 | 값 18,000원

놀자선생의 놀이인문학
진용근 지음 | 380쪽 | 값 185,000원

**코로나 시대,
마을교육공동체 운동과 생태적 교육학**
심성보 지음 | 280쪽 | 값 17,000원

포스트 코로나 시대, 예술과 정치
현광일 지음 | 288쪽 | 값 16,000원

포스트 코로나 시대의 교육
성열관 외 지음 | 224쪽 | 값 15,000원

서울대 10개 만들기
김종영 지음 | 348쪽 | 값 18,000원

**학교의 미래,
전문적 학습 공동체로 열다**
새로운학교네트워크·오윤주 외 지음 | 276쪽 | 값 16,000원